本书撰写人员名单

主　　编：杨　振

副 主 编：敖荣军

撰写人员：杨　振　敖荣军　汤　慧　丁启燕　肖泽磊

新时代中国县域脱贫攻坚案例 研究丛书

黔西

内外兼修助脱贫

全国扶贫宣传教育中心／组织编写

人民出版社

目 录
CONTENTS

第一章

黔西县情概览与脱贫攻坚总体历程

第一节　黔西县情概览

一、区位与政区沿革

贵州省黔西县地处乌蒙高原东部、乌江中游、鸭池河北岸，距省会贵阳 68 公里，距毕节市政府所在地七星关区 77 公里，是黔中经济圈旅游、物流、商贸经济流向西北方向的第一要塞，有"水西门户、贵筑藩屏，黔中腹地、省府咽喉"之称。境内的杜鹃花有马缨杜鹃、露珠杜鹃、团花杜鹃等 40 多个品种，囊括了世界杜鹃花 5 个亚属的全部。暮春 3 月下旬至 5 月，该县诸花竞相怒放，漫山遍野姹紫嫣红，绚丽多彩，享有"中国杜鹃花都"的美誉。

黔西历史悠久，早在五六十万年前就有人类在此繁衍生息，观音洞古人类遗址是中国南方人类始祖的发祥地，素有"北有周口店、南有观音洞"之称。黔西夏商时为梁州南徼外"荒裔"，商末周初属鬼方联盟的卢夷国，春秋战国时先后属蜀国和鳖国地，秦嬴政二十七年（公元前 220 年）纳入秦国版图，属夜郎县。经汉、唐、宋、元演变，至明洪武十五年（1382 年）筑水西城（今黔西县城），崇祯三年（1630 年）以安氏之水西地置水西宣慰司。清康熙五年（1666 年）以水西城置黔西府，康熙二十二年（1683 年）降为黔西州。民国三年（1914 年）1 月改称黔西县。黔西解放后，1949 年 12 月设一至五区分辖 26 个乡镇，1957 年 6 月改 11 个乡为民族乡，1991 年 6 月大方县吉星乡划入黔西县。2018 年全县总面积 2380.5 平方公里，辖 25 个乡镇、5 个街道、364 个行政村，居住着汉、彝、苗等 18 个民族。

二、自然地理条件

黔西县地势西北高，东南低。东北、西北、西南及南部山峦绵延。东、南、西三面呈河谷深切，中部为浅洼地、缓丘坡地和丘峰洼地，地势平坦开阔。境内最高点海拔 1679.3 米，最低点海拔 760 米，平均海拔 1250 米。具有低纬度、高海拔的特点。县城属丘陵地形，在群山环抱之中，九座狮山分布在城内外，城池如含莲花，故有"九狮闹莲"之称。气候属亚热带温暖湿润气候，类型多样，四季分明，水热同季，雨量较为充沛。多年平均气温 14.2 摄氏度，最低月平均气温 3.3 度（1 月），最高月平均气温 23 度（7 月），极端最高气温 35.4 度。全年降雨量 1087.5 毫米，日照时长 1066.9 小时，无霜期 271 天。气候温和，冬无严寒，夏无酷暑。

黔西矿产主要有煤、高岭土、大理石、重晶石、水泥石灰岩、软质黏土、土陶原料黏土、黄铁矿、赤铁矿、钴锰矿等。能源优势明显，是西部大开发"西电东送"工程拉开序幕的地方，优质无烟煤矿遍布全县，潜在储量预计 70 亿吨以上。县域东、南、西三面环水，河流属乌江水系，水资源径流年总量 77 亿立方米。境内已建成东风水电站、洪家渡水电站、索风营水电站等大中型水电站多座。有百余个天然湖泊分布在县南部和西南部，被誉为贵州省三大湖群之一。

三、社会经济概况

2018 年，黔西县国民生产总值 223.55 亿元，人均 33252 元。其中，第一产业增加值 38.70 亿元，第二产业增加值 86.73 亿元，第三产业增加值 98.12 亿元。一、二、三产业占比分别为 17.3%、38.8% 和 43.9%。农林牧渔业增加值 40.90 亿元，其中农业增加值 27.85 亿元，林业增加值 1.28 亿元，牧业增加值 9.36 亿元，渔业增加值 0.22 亿元，服务业增加值 2.22 亿元。猪、牛、羊、家禽、禽蛋、水产品分别为 31297 吨、5046 吨、295 吨、208.94 万只、858 吨、1051 吨。全县城镇居民人均可支配收入 29414 元，农村居民人均可支配收入 9473 元。当年城镇居民人均消费支出 17694 元，居民恩格尔系数为 24.0%；农村居民人均消费支出 9409 元，居民恩格尔系数为 24.6%。全县贫困发生率为 0.95%。

2018 年，黔西居住着汉、彝、苗、仡佬、布依、白、满等 18 个民族。户籍人口 96.49 万人，其中城镇人口 38.78 万人。户籍人口城镇化率为 40.2%，常住人口城镇化率为 49.3%。全县各类单位从业人员 35326 人，在岗职工 34867 人，年末城镇登记失业率为 3.4%。共有幼儿园 302 所，在园幼儿数 31511 人，学前 3 年幼儿入园率为 92.95%；有小学 124 所，在读小学生为 70190 人，学龄儿童入学率为 92.95%；初级中学 34 所，在校生 32397 人，适龄少年入学率为 97.55%；普通高中 8 所，在校生 15823 人，高中阶段毛入学率为 92.8%；中等职业学校 1 所，在校生 4501 人。

参加城镇职工基本养老保险在职人数为 35789 人，参加城镇职工基本医疗保险人数为 32815 人，参加失业保险人数为 24128 人，参加工伤保险人数为 31205 人，参加生育保险人数为 24113 人。享受城镇最低生活保障人数为 3050 户 7058 人，全年发放低保金 250.25 万元；农村最低生活保障人数为 19679 户 42460 人，全年发放低保金 1069.77 万元。全年医疗救助人员 57988 人次，救助资金 2134.32 万元。参加新型农村合作医疗保险人数为 800178 人，实际参合率为 82.9%。全年参合人口住院补偿人数为 12.96 万人次，补偿金额 40841.54 万元，实际住院补偿率为 67.8%；参合人口门诊补偿人数为 203.73 万人次，补偿金额为 7265.8 万元，补偿率为 75.2%。

第二节　黔西脱贫攻坚的总体历程

黔西属于毕节市的一个县。毕节曾被联合国定义为"最不适宜人居住的地方"，有"苦甲天下"之称。20 世纪七八十年代，为了打破长期困扰该地区的贫困怪圈，时任中共贵州省委书记的胡锦涛同志在深入调查研究、总结大量实践经验的基础上，以马克思主义为指导，准确把握时代特征，科学预测未来趋势，提出率先在喀斯特地貌发育极其典型的岩溶山区毕节建立"开发扶贫、生态建设"试验区的构想，并将这一构想付诸实践。毕节试验区的建立，成为黔西深入开展扶贫开发和脱贫攻坚工作的起点。

一、脱贫攻坚的探索起步阶段(1987—1999 年)

自毕节试验区建立以来，黔西在地委、行署的领导和民主党派中央、试验区专家顾问组及社会各界的支持和帮助下，围绕试验区"开发扶贫、生态建设、人口控制"三大主题，团结带领全县人民大力弘扬"坚定信念、艰苦创业、求实进取、无私奉献"的试验区精神，积极探索破解贫困山区"人增—环境脆弱—贫困—掠夺资源—环境恶化—贫困加剧"恶性循环怪圈的新路子。

在此阶段，黔西以发展农村经济为重点，推动商品经济发展；解决群众温饱，严格控制人口增长，提高人口素质；围绕"粮食—经济—人口—生态"相协调的发展目标，加大改革试验力度，走经济开发促生态建设、生态建设促经济发展的路子，寓生态建设于经济开发之中，主要做法包括：

（一）大力推广新型农业

按照生态农业观点，在全县范围内推行新型农业适用技术。对小麦实施麦肥分带间套作、杂交玉米营养坨育苗定向移栽，对水稻实行"两端育秧"栽培，烤烟"三化"种植（布局上优化、种植上区域化、品种上纯化），地膜覆盖栽培技术，大棚技术等。同时，将上述农业适用技术进行优化组合，由点到面，全面推广。

（二）大力发展庭院经济

在抓品改，引进优良种畜、种禽的基础上，实行林草混作加养畜的新型农家养殖。在水域内实施多层养鱼和水面养鹅鸭相配套，家养牲畜向商品牲畜发展，小流水梯级养鳝鱼，庭院内种植葡萄搭棚养畜禽等多项农家可操作的农区型发展牲畜、水产业，为农民开拓庭院经济示范区。

（三）生态效益和经济效益齐抓共管

走增加森林覆盖率与林果产业结构调整相结合之路，使生态效益与经济效益相统一。让长周期产业（用材）与短周期园林分别占适当比例；并实行荒山有偿使用制度，明确育林、护林的产权及效益分成、继承、转让等制度，以推动绿色屏障的恢复扩展，达到人富、山青、田园美化的秀美山川景致。

（四）多渠道促农增收

走发展生产、科技兴农，增强"造血"功能与项目覆盖，小额借款扶持贫困之路；推行单位部门包乡、包村扶持，干部到户帮扶措施；加大投入，改造村域、村际公路和公共文化卫生室等基础设施，稳步调整产业结构，达到新辟财源，增加贫困户收入的目的。

（五）严格控制人口增长

实行人口年度生育指标目标管理的一把手负责制和一票否决办法，推行部门联系乡镇负责制、乡干部包村负责制和以村为主的责任制。加强人口管理，提高技术和服务水平，严格执行人口计划生育政策。坚持适龄儿童、青少年义务教育和"普九"教育、职业教育，努力提高人口素质和劳动者技能。

经过十多年的发展，黔西县的开发扶贫初见成效。农村居民纯收入快速提高，贫困程度逐步缓解。

二、脱贫攻坚的加速推进阶段（2000—2012 年）

2000 年，国家制定和实施《中国农村扶贫开发纲要（2001—2010 年）》，扶贫开发工作进入新阶段，工作重心下沉到村。黔西审时度势，启动了社会主义新农村建设，安排试点村 45 个，其中省试点 1 个，地区试点 3 个村，县试点 3 个村，28 乡镇共试点 38 个村。围绕继续解决贫困人口温饱、进一步改善生产生活条件、调整和优化农业产业结构、提高农村居民的综合素质等问题，采取了大量积极措施。

（一）坚持科技兴农导向

以市场为导向调整生产结构，在注重粮食生产的同时积极发展特色蔬菜，不断推进种植业发展和提高单位面积产量。黔西在金坡乡桶井、锦星村实施扶贫攻坚示范工程，实行坡改梯 1000 余亩，实施洋芋、绿肥玉米配套耕作制，杂交玉米实行营养球育苗移栽，洋芋、玉米均获丰收，人均钱粮分别由原来的 207 元、149 公斤增加到 500 元、300 公斤，90%以上的农户基本解决温饱问题。

（二）积极推进沼气工程

2000 年，农业部开始沼气工程推广试点工作。黔西于 2003 年实施"一池三改"为主的沼气工程（沼气池的建造与改圈、改厕、改厨同步进行），共建沼气池 1500 多口，改厨 995 间，改厕 1287 间，改圈 837 间。沼气池建设，不仅有效地遏制了乱砍滥伐，有效恢复森林植被"生态功能"，还成为调整产业结构，增加农民收入的"富民工程"；不仅是环境卫生保护，减少疾病蔓延的"环卫工程"，还是解决农村能源紧缺、节约农户用能开支的"效益工程"。

（三）注重劳务输出培训

在此阶段，黔西将农民技能培训的重点转移到劳务输出培训领域。在抓好"绿色证书工程"的同时，也针对劳务输出人员的特点与实际，调整了培训课程体系，更多的关注劳务输出技能方面的培训。2006 年，在 17 个乡镇 100 个村培训骨干 2000 人，带动辐射 2 万人，建立科技书屋 100 个，发放科技光盘 46 盘，发放培训教材、技术手册 8000 册，技术资料 2.75 万份。2000—2012 年间，累计农村基层干部和农民 320 万人次接受了各种农业技术培训，其中农民受训达 297 万人次，占比 92.8%。

（四）实施住房建改工程

2000 年，贵州开展了居住山洞贫困户以工代赈搬迁项目。黔西县共投入 44.64 万元，帮助 37 户居住山洞的人员搬进新居。同时积极开展"爱心献功臣"活动，投入 14.7 万元，解决了 11 个乡镇 98 户复原退伍军人的住房难问题。在茅屋改造方面，黔西按照建设社会主义新农村要求，把改善全县住茅屋的 2.89 万户、无房屋的 6165 户困难户的居住条件作为改善民生的第一工程。成立黔西改造茅草房工程领导小组及办公室，按"政府引导，农民自愿，资金扶持，主攻效益"的工作思路制定实施方案，由各乡镇党委、政府组织实施。以扶贫开发重点村为主体，以积极性高、具有一定自筹能力的贫困户为对象，同时抓好示范点建设，发挥辐射带动作用。实施工作中，要求统一规划设计、分户进行，凡集中建房不少于10户。改茅资金严格实行专人管理，专款专用，封闭运行和县级报账制。截至2007年，累计投入各项资金1521.53万元，动工或完成改造3774户，直接拉动农户自筹资金700余万元，有效改善了农民的居住环境和村容村貌。

这一阶段持续的扶贫建设和发展，大大减轻了黔西农民的生活负担和生产负担，改善了农民生产和生活条件，推动了农业生产力的发展。

三、脱贫攻坚的精准施策阶段（2013—2018年）

2013年习近平总书记到湖南湘西考察时，首次作出"实事求是、因地制宜、分类指导、精准扶贫"的重要指示。精准扶贫要求"对象要精准、项目安排要精准、资金使用要精准、措施到位要精准、因村派人要精准、脱贫成效要精准"的六个精准。为深入贯彻落实精准扶贫工作要求，黔西按照"县领导牵头、单位到村、干部到户、责任到人、措施到位"的要求，因地制宜开展工作。

（一）注意提升党员干部群众的脱贫精神气

根据脱贫攻坚情势，黔西与时俱进将革命时期的农民讲习所进行科学创新，成立了"新时代农民（市民）讲习所"，切实做到"讲给农民听，做给农民看，带着农民干"，成为解决一些重要问题的抓手，也极大地激发了广大党员干部群众干事创业的积极性和主动性，推动实现群众思想从"要我脱贫"到"我要脱贫"的转变，群众脱贫致富内生动力被有效激发出来。

（二）注重特色产业培育，增加贫困户收入

结合自然风光优美、民族风情浓郁的特点，黔西确定了大力推动农旅结合的发展思路，推广"产业与旅游结合，输血与造血并举"模式，建设了一批美丽乡村、特色风情小镇。规划连缀百里杜鹃、织金洞等国家级风景名胜区的精品旅游线路，促进贫困农户脱贫增收。同时，黔西充分发挥旅游景区的辐射带动作用，鼓励和支持周边群众依托景区开发特色旅游产品，延长旅游扶贫产业链，发展"景区带动型"经济，带动周边农民增收致富。

（三）强化与中央民建的深层次合作

黔西的脱贫攻坚离不开全社会的大力支持。"人心齐、泰山移"，以"开发扶贫、生态建设、人口控制"为主题的毕节试验区，是各民主党派延伸功能、服务社会的重要实践基地，为了落实好黔西定点帮扶任务，民建中央注重从健全帮扶机制入手，整合全国民建资源，形成帮扶合力。

（四）创新扶贫思路举措，确保精准脱贫

全面掌握全县贫困人口的分布情况、居住条件、就业渠道、收入来源、致贫原因等，一户一台账、一户一个脱贫计划、一户一套帮扶措施。同时，对建档立卡贫困户实行动态管理、逐户销号，防止"数字扶贫""富帽穷戴"，杜绝"被脱贫"问题。

这一阶段，在中央的正确指引下，在全社会的帮扶下，经过全县人民群众的共同努力，黔西脱贫攻坚取得阶段性成效，于 2018 年 9 月 26 日正式摘掉贫困县的帽子，打破了毕节"不适宜人居"的定位，步入一个全新的时代。

四、脱贫攻坚的巩固提升阶段（2018 年至今）

摘帽后，黔西按照毕节市委提出的务求精准的要求，全面展开巩固提升和贫困人口"清零"工作。在巩固提升中坚持力度不减、政策不变，真正做到摘帽不摘责任、摘帽不摘政策、摘帽不摘帮扶、摘帽不摘监管，继续保持原有的帮扶格局和责任。通过推动脱贫攻坚目标标准向乡村振兴战略目标要求平稳过渡，实现经济、政治、社会、文化、生态文明的可持续发展。

（一）建立组织领导机制

建立组织领导机制，对脱贫攻坚后的后续工作进行深度分析、综合研判，及时解决工作中存在的困难和问题，认真研究脱贫攻坚与乡村振兴战略的有效衔接工作，做好总体部署。

（二）持续推进产业调整

为对接乡村振兴战略，黔西县通过调减玉米种植地，优先发展蔬菜、酒用高粱、精品水果、牧草等 10 种特色产业，制定了 50 万头牲畜、20 万亩皂角、20 万亩刺梨、10 万亩水果、10 万亩蔬菜、10 万亩中药材，即"522111"的产业规划，对"短平快"产业进行农资补助并在基础设施建设方面给予支持，全力保障对接乡村振兴战略的发展有序推进。

（三）抓好未脱贫人口脱贫

为实现剩余贫困人口"应脱尽脱"目标，黔西及时将剩余贫困人口的脱贫任务全部分解下达给各乡镇（街道），层层压实脱贫攻坚责任，按照"两不愁三保障"标准，对未脱贫户实行了户户见面核查，对部分已脱贫户开展"回头看"，建立了未脱贫户和已脱贫户间题台账，实行挂图作战，确保"脱贫路上不落下一人"。

改革开放的40多年，也是黔西逐步消除贫困的40多年。乘着毕节试验区建立的东风，黔西在减贫的道路上不断改革创新，通过脱贫攻坚统领黔西县经济社会发展。经过自身艰苦奋斗和外部大力支援，经济发展突飞猛进，人民生活水平极大提高，生态恶化有效遏制，城乡面貌重大改观，社会治理日趋完善，人民群众的安全感、满意度、获得感显著增强。

第二章

黔西贫困特征与致贫原因

黔西属于山区和边远地区。贫困落后的面貌与其他地区有一定相似之处，脱贫攻坚前"一达标、两不愁、三保障"远未实现。贫困致因复杂多样，既有客观的，也有主观的，既有经济因素，也有非经济因素，自然与人文因素交织在一起。

第一节　黔西贫困的基本特征

一、经济收入水平较低

一直以来，黔西大多数地区产业结构较为单一，以单纯的农业为主，基础薄弱，贫困面较大。2013 年，黔西县按人均纯收入 2736 元（相当于 2010 年不变价）以下为识别标准，全县贫困人口识别 35000户 138254 人，贫困发生率为 15.58%。收入水平是决定消费的直接因素，较低的收入导致群众有钱不敢花、不舍得花，地区产业发展难以形成规模。并且大多数农民自我发展能力弱，难以适应发展现代农业的需要。外出人员就业多数集中在劳动密集型产业，体力劳动强度大、安全风险高，收入水平低下。

二、食物安全水平不高

长期以来，黔西农村特别是经济比较落后的偏远山区，自然资源缺乏，生产条件恶劣，各类食物的产量难以满足需求，有相当一部分居民不够吃，没有解决温饱问题。不仅食物数量不足，而且营养摄入不合理。大多数居民一日三餐摄入的蔬菜很少，动物性食物的摄入多以自家养的家禽为主，猪肉多为腊肉，摄入量远未达到国家膳食指南推荐的标准。同时，广大居民的饮水问题也较为严重，饮用水主要来源是河水、泉水或水窖供水，没有任何的净化措施，水质差且取水路程遥远，来回耗费大量时间和体力。另外，由于在农民生活、生产过程中，不合理使用农药、化肥等化学投入品，以及人畜粪便和垃圾随意排放，造成水体污染，使部分地区的饮水安全问题更加突出。

三、医疗保障程度较低

多年来，黔西恶劣的人居生存环境对群众的身体健康造成严重威胁，各类慢性病发病率较高。然而，长期以来黔西各类卫生机构房屋破旧、服务站点数量少、医药物品供应不足、缺乏必要的基本设备，专业卫生人才紧缺，交通不便，部分群众难以获得基本的健康服务，"小病拖、大病挨"的现象比较普遍。大多数农民看病费用基本上是自己完全承担，社会医疗保障完全没有覆盖到位，看病难、看病贵问题给家庭造成巨大负担，影响到农业生产。

四、房屋居住条件较差

根据自然环境条件，黔西村民多就地取材，建造土坯房居住。土坯房寿命较短。偏远山区居民的多数房屋破旧、漏水、裂缝、地基下陷、防灾抗灾能力差，安全系数低，隐患大。受到地理环境的限制，部分群众背山依水居住，房屋靠山、靠崖、沿河而建，山体塌方、洪水、泥石流隐患严重。部分村庄群众居住在生态条件比较恶劣的高山、深山地区，户少人稀，居住分散，自来水无法通达，水源地较远，道路以山路、土路为主，坡陡弯急，出行不便，晴通雨阻，影响群众正常生活。大部分群众卫生意识淡薄，环保观念不强，畜禽圈舍与住宅混杂，生活用房和生产用房部分混杂，住人、存粮、堆放杂物混在一起，杂乱不堪。宅基地周围乱搭乱建，简易厕所和残墙断壁随处可见，院内外畜禽粪便遍地、柴草杂物乱堆乱放，污水垃圾乱泼乱倒，脏乱差现象严重。

五、教育保障水平不高

受限于自然环境，黔西贫困人口大多居住分散、偏僻，孩子上学路途较远，不少群众对中小学教育不重视，加之贫困户本身生活困难，父母供养孩子上学的积极性偏低，适龄儿童失学、辍学率较高，青、壮年文盲比例偏大。与此同时，县内不少学校的教学质量和办学水平不高，尤其缺乏熟悉环境、掌握地方方言，具备良好知识结构体系及综合素质较高的教师。部分居民教育保障水平低下，农业技能和非农技能少，进城务工也是主要从事低技能工作，思想上还守着"靠一身力气吃饭"的落后思维。伴随大量农村劳动力外出务工，只有老人、妇女和儿童留守村寨，这部分人文化程度更低。

六、思想观念相对落后

长期的贫困导致群众普遍存在强烈的宿命感、无助感和自卑感，没有远见，精神贫困问题十分严重。

（一）听天由命的宿命观

由于长期生活在恶劣的生存环境中，黔西山区的贫困群众一代又一代限于贫困的生活境地。面对恶劣的环境和贫苦的生活，老百姓显得无能为力，无法改变眼前的一切，久而久之，就认为贫困的现状是老天爷注定，是一辈子无法改变的。他们的人生价值观就会变为"命中只有八颗米，走遍天下不满升"。面对贫困，山区人民往往只有默默忍受，安于现状，精神深处不会有穷则思变、发奋图强、勤劳致富的内生动力。

（二）较低层次的生活观

合理的生活需求能够激发新的消费行为，是促进经济发展的原动力。但是在黔西县贫困山区，生活资料的匮乏导致人们生活消费意识极其淡薄，消费结构异常简单，娱乐生活更是匮乏。由于生活仅满足于一日三餐吃洋芋，导致毫无奋斗目标，整日无所事事、游手好闲，喝酒、赌博和迷信活动成了农村曾经的主流文化。这种低层次的生活观导致贫困人口饮食结构不合理，生活质量极差，易生病，加之医疗卫生条件差，身体素质下降，缺乏生产、改善生活的动力，结果必然导致精神和经济上的双重贫困。

（三）等、靠、要的依赖观

由于长期的贫困，党和政府对黔西给予大量的钱、粮、物等无偿救济。这种"输血式"扶贫虽然起到了一时减轻贫困的作用，但是也造就了部分贫困人民"等、靠、要"思想的副作用。生活困难等待救济，吃、穿、用依靠政府，不以被救济为耻，反以多得救济为荣。这种依赖观是一种严重的心理畸形和精神堕落，也是黔西最难拔掉的穷根。

第二节　黔西贫困的主要成因

一、自然地理环境较差是贫困发生的基本背景

20 世纪 50 年代，哈里斯和缪尔达尔指出欠发达地区的经济发展和地理位置有关。此后，越来越多的研究者把自然地理要素纳入贫困研究框架中，丰富并形成了系统的"空间贫困"理论。由一系列的指标合成的"地理资本"（Geographic Capital）显著影响了农村家庭消费的增长，自然地理因素导致了"空间贫困陷阱"（Spatial Poverty Traps，SPT）。根据该理论分析黔西自然地理环境的致贫效应。

（一）频发的自然灾害

黔西县位于乌蒙山区（我国集中连片特殊困难地区之一），地势高耸，自然条件复杂多样，春迟夏短，秋早冬长，降水量变化明显，小气候差异大，因此连年都有不同程度、不同区域的旱、雹、风、霜及低温（倒春寒或秋绵雨）、偶发性暴雨等自然灾害出现，给农业生产和群众生活带来较大影响。全县 1912—1988 年较大的自然灾害情况见表 1。

表 1　1912—1988 年黔西县自然灾害统计

年份	灾害类型	灾情概述
1912	大旱	53 天无雨，禾苗枯死过半
1917	大雨	8 月秋雨连绵，黍谷生秧
1918	大旱、大雨	入春久旱不雨，7 月之后雨水过盛，谷子不能扬花，低洼处成泽

年份	灾害类型	灾情概述
1924	大旱、大雨	春旱严重，6月到7月，淫雨为灾，谷子不能扬花，杂粮不能结实，偏坡刮成光土
1925	冰雹	4月冰雹，密如积雨
1933	大旱、冰雹	2月天旱，4月冰雹，春荒严重
1938	旱灾、虫灾	旱灾虫灾并至，禾稻枯萎，部分地方水稻全无收成
1942	旱灾、虫灾	入夏旱情严重，又加蝗虫为害
1943	春旱、秋蝗、霜灾	春旱无雨播种，秋蝗虫四起，又遭水霜灾
1944	旱灾、低温	春夏数月不雨，初秋低温，谷多秕壳
1945	冰雹、蝗灾	4月冰雹大作，农作尽毁；秋初，蝗灾又起，受灾面积达3945亩
1946	大旱	4月大旱，禾苗枯槁，受灾面积达5000多亩
1948	冰雹、暴雨、蝗灾	5月冰雹，大如鸡卵；同月暴雨倾盆成灾，受灾面积达42878亩；入秋，蝗害严重
1949	冰雹、暴雨、大旱	5月冰雹骤至，密集如雨，小季作物尽毁；7月大旱
1957	冰雹、大旱	1月连降6次冰雹；6月天旱
1960	大旱	7月大旱
1964	暴雨	6月连降暴雨，共冲毁水稻60655亩，玉米99249亩，大豆64955亩，杂粮50260亩，合计275119亩。冲坏烤烟8094亩，冲毁房屋1500多间，粮食损失75145斤
1966	干旱	大旱38天
1969	冰雹	全县33个公社，440个大队，116个生产队，8691户直接受损；打坏秧田3460亩，包谷136955亩，大豆杂粮受损80%以上，种子108万斤
1970	干旱	大旱28天
1972	大旱	持续干旱达79天
1979	暴雨、冰雹、风灾	5月风狂雨暴，风力达10级，民房宿舍毁坏800多栋
1981	干旱、风雹、暴雨	7月到8月，连续干旱整50天；暴雨全县受灾448482亩，受灾户数37557户，倒塌房屋38间，毁坏85间

续表

年份	灾害类型	灾情概述
1987	冰雹、暴雨	发生 6 次冰雹；10 月发生 1 次 8 级风暴，受灾 8 个区，26 个乡，103 个村，515 个村民组，受灾田 32281 亩，13393 户农民稻谷绝收；损失苞谷 2865 亩，蔬菜 5400 多亩

（二）脆弱的生态环境

黔西境内山脉众多，绵延起伏，素有"八山一水一分田"之说，其中 88% 以上的区域海拔在 1500 米以上。境内喀斯特地貌发育非常显著，出露的碳酸盐岩面积达 1149.35 平方千米，占全县土地面积的 45%，其中耕地面积 596.62 平方千米，占石灰土面积的 51.91%，具体分布情况见表 2。喀斯特是一种具有特殊的物质、能量、结构和功能的生态系统。这类地区土壤形成缓慢、土层贫瘠、土壤熟化程度低，再加上水土流失冲走土层中大量养分，使土壤的理化性状大大降低，土壤越来越贫瘠，单产越来越低。

表 2　黔西喀斯特地貌分布

名称	分布区	基本特征
峰丛沟谷	主要分布在绿化、雨朵、金碧、锦星等乡镇	峰丛沟谷严格受构造控制，峰丛多为锥状、塔状、浑圆状。一般比高 20—100 米，沟谷长 1000—5000 米，宽 100—500 米，深 100—300 米不等，谷地凹凸不平，多为干谷
峰丛洼地	主要分布在花溪、太来、大关、洪水等乡镇	主要由二叠系、三叠系石灰岩、白云岩地层组成。海拔高程 1250—1500 米，峰丛广布，貌似笔架，峰丛比高 20—100 米，峰丛间遍布长条形洼地、锥状漏斗、裂缝状落水洞等
溶丘洼地	主要分布在谷里、钟山等乡镇	由二叠系、三叠系石灰岩、白云岩组成。海拔高程为 1200—1500 米，岩溶发育，溶丘呈浑圆状、长棱状，规模大小不等，相对高差 10—50 米，溶丘间洼地、漏斗、落水洞星罗棋布，多沿岩层及断裂带走向呈串珠状排列

续表

名称	分布区	基本特征
溶丘谷地	主要分布在重新镇等地	主要由三叠系石灰岩、白云岩地层组成，海拔高程 1200—1350 米，地势平缓，谷地开阔，河溪发育。溶丘多为浑圆状，比高 20—50 米；谷地多为沿向斜核部发育，长一般几公里至十几公里，宽一公里至几公里；谷坡 10—15°，常见洼地、漏斗、天窗、岩溶湖、溶洞、暗河等

黔西贫困人口主要分布在石山区、深山区，与这些地区脆弱的生态环境具有较高的空间耦合性。例如，太来彝族苗族乡是一个典型的石山区贫困乡。2005 年总人口 0.9 万人，共有贫困村 7 个，其中一类贫困村 4 个，二类贫困村 2 个，三类贫困村 1 个。境内耕地面积 2.7 万亩，水稻田 0.25 万亩，人均不足 0.3 亩；旱地面积 2.45 万亩，旱地中 25 度以上的坡耕地有 1.1 万亩。中建乡位于黔西县东北边缘，光照条件差，日照百分率低于 25%；地势较高，起伏大，水资源缺乏，年降水量在 1000 毫米以下；土壤肥力较差，有机质含量<3%的土壤占全乡旱地面积的 53.61%，有效磷含量<5%的旱地面积占 58.41%，属严重缺磷地区，生产潜能较低。部分农户甚至在石头缝间种植玉米和其他粮食，粮食产量极低。"一季不够半年粮"，尽管群众勤劳经营，但大多数人还挣扎在温饱线上。绿化乡是黔西典型的石漠化地区，过去靠种玉米吃饭，连温饱也解决不了，部分群众的顺口溜称："一半山石一半土，一个旮旯栽一株。风里雨里刨苞谷，年年到头白辛苦。"

（三）水资源的相对短缺

黔西虽然降雨量尚可，多年平均为 958.74 毫米，但降水分布无论是时间上还是空间上均不协调。雨季一般为 4 月至 10 月，降雨量达 851.62 毫米，占全年降水量的 88.82%。枯季为 1 月至 3 月以及 11

至 12 月，降雨量仅为 107.12 毫米，占全年降雨量的 11.18%。降雨量在空间分布上，西部和南部的山地水量较多，年降雨量 1050 毫米，东部的降雨量较少，在 950 毫米以下。降雨的时空不均匀分布，加之喀斯特地貌强烈发育，导致水资源因跑、冒、漏等各种原因大量流失。地下水资源多，地上水缺乏，尤其在石山深山区、高山区，地形切割强烈，地表水易渗漏，干旱时节，部分贫困村群众不得不到几十里远的地方背水度日。素朴镇曾经流传这样一句顺口溜："素朴素朴，吃水'当吃肉'，男人不在家，女人坐起哭。"在吃水困难的岁月中，素朴镇村民如要出远门走亲戚，家庭里男人总是要先把水缸灌满，把各种桶、盆装满，然后才放心去，否则女人在家里洗菜做饭没水用。

同时，由于石山和高山地貌特征，建设蓄、引、提、排等水利工程施工难度大，投资金额大，投资效益差，导致工程性缺水十分严重。脱贫攻坚前，黔西小水源基本没有保障，尤其是季节性水源，枯水期基本全部干涸。由于缺少相适宜的水利工程，农业生产主要靠天吃饭，产量不稳定，农民增收难且易返贫。

二、社会经济条件较差是贫困发生的关键因素

（一）落后的交通路网建设

区位条件是影响区域经济发展的重要因素之一。良好的区位条件能为区域的发展创造更多、更好的发展机会，拥有区位优势的地区往往比那些没有区位优势的地区更容易步入经济发展的快速轨道。而交通的发达程度，一方面会影响一个地区的区位条件，另一方面会直接制约或促进地区经济社会的发展水平。黔西是偏安一隅的西南小县，不仅远离国家政治与经济中心，而且与西部经济中心成都、重庆等城市存在层层山峦阻碍，落后的交通条件严重影响区域经济发展。在石

漠化片区，是否通铁路对区域贫困发生率存在显著差异。该片区虽有湘黔线、黔桂线、桂昆线等铁路穿过，但黔西长期没有铁路站点。脱贫攻坚前，黔西在高等级公路方面的建设也鲜有"亮点"，2001 年10 月才有了第一条连接省会贵阳的贵毕公路。山路弯弯，这条路交通事故频频发生，死亡人数一直稳定在每年 50 多人，沿线的下半沟大桥、高家岩隧道等也是"死亡路段""魔鬼隧道"的代名词。2013年 2 月，黔织高速公路正式通车。该路起于石板枢纽互通，止于织金绮陌，在黔西境内 26.1 公里，在金碧镇、观音洞镇设落地互通，结束了黔西一直没有高速公路的窘状。

不仅如此，由于山高沟深，群众居住分散，道路需求线长、点多、工程量大，脱贫攻坚前黔西乡村公路体系建设也相当落后。"晴天一身灰，雨天一脚泥"是群众出行难、致富难的真实写照。在素朴镇，有一个边远落后的苗族村寨屯江，三面环山一面临水，80 多户村民几乎与世隔绝，多年靠一条悬挂在崖壁上的"天路"和寨门口的一条水路与外界取得联系，饱受交通闭塞之苦。寨子里的孩子读书要过河，物资买卖要坐船，修房的水泥、钢筋运进来成为天价。在一类贫困乡中建乡，曾几何时大多数村子运东西出去全靠人背马驮。即使有路，也是不到 3 米宽的砂子路，山高路陡，事故多发。落后的交通如同一把无形的枷锁，成为黔西经济社会发展和群众脱贫致富的制约因素。

（二）不合理的农业开发方式

黔西农业资源开发方式不合理主要表现在以下两个方面：（1）种植结构不合理。全县山区多，陡坡地多，如中建苗族彝族乡，海拔高差接近 1000 米；部分地区不适宜发展粮食种植，但却适宜发展生态型产业，如林业、果业、生态型畜牧业等。脱贫攻坚前，该乡由于缺少资金、技术以及市场组织化程度低等原因，导致农业生产方式以单一的水稻和玉米种植业为主，形成自给自足的垦殖型小农生产方式。

（2）农业生产方式落后。由于缺少资金和技术，再加上农业技术推广体系不健全，农业科技服务人员不足，导致农业生产的良种、良法推广面积小，大多采用粗放式的广种薄收模式，难以糊口，收入微薄。

（三）滞后的经济发展水平

区域经济发展水平、速度与贫困有着直接联系，黔西所在的西部落后地区同时也是贫困人口分布最集中、贫困问题最突出的地区。

从省域尺度来看，黔西所在的贵州省，是我国经济发展最为滞后的省份之一。2013 年全省的 GDP 为 8006.79 亿元，在全国排名倒数第三，不及广东省的 1/7；人均 GDP 排在全国最后，为 22862 元，只及全国平均水平的一半。黔西县所在的石漠化片区是西部落后地区中的落后地区。

从市域尺度来看，黔西所在的毕节市，其 800 多个乡镇中有 600 多个属于贫困乡镇，超过总数的 80%。虽然 2013 年 GDP 总量在贵州仅次于贵阳和遵义两市，但人均 GDP 位居全省末位，在全国 289 个城市综合实力排行榜中居第 247 位。

从周边县域来看，黔西周边的赫章、威宁、纳雍、大方、织金 5 个县同样也是国家级贫困县，贫困区县连片分布带来的"贫穷溢出效应"会进一步加剧黔西贫困治理的难度。显然，落后的区域发展会导致无论是救济式的输血扶贫还是开发式的造血扶贫，省、市、县都难以拿出足够的资金投入，这无疑在很大程度上制约了黔西扶贫事业的推进进程。

（四）落后的文化环境

1959 年，美国人类学家刘易斯（Oscar Lewis）在其所著的《五个家庭：墨西哥文化贫困实例研究》中提出"贫困文化"概念。他认为，贫困者之所以贫困和其所拥有的文化有关。黔西山大沟深，交通闭塞，信息不畅，长期的贫困使群众不能在广泛的社会文化背景中去认识自己的苦难。这种社会的、文化的或心理的因素长期沉淀后，就会形成落后的心态和一成不变的思维定式、价值取向，进而形成顽固的文化习俗、意识形态。"贫困对人的尊严和人性的堕落所造成的后果是无法衡量的"，僵化的思维方式遮蔽了黔西贫困群众的视野，制约了他们的生产和生活方式，要实现脱贫致富，内在动力应该首先被激发出来。

（五）人口综合素质不高

任何地区的经济社会发展均离不开人的因素，人是推动区域发展诸条件中最具活力的因素。黔西贫困人口综合素质低下的主要原因有：（1）获取、吸收和交流知识的路径困难。首先，贫困山区的群众子女上学机会太少、太困难，现有的农村教育服务质量太差。在新仁苗族乡，小寨小学因教室数量不够，只能在高年级（四、五、六）实行"二部制"教学模式，校园图书馆、实验室及健身娱乐器材几乎是一片空白。其他少数学校虽得到社会捐助的部分实验器材，但由于缺乏专业的实验教师以及实验器材的不完善，也几乎没有进行正常的实验教学。其次，留守儿童的上学难问题。由于黔西县的留守儿童一般都分布在海拔较高的山上，离学校路程遥远，上学往返时间接近2小时；再加上留守儿童的监护人都是年迈的祖父母，身体不好，文化素质不高，导致留守儿童的辍学率相对较高。（2）医疗卫生服务能力弱，妇幼保健力量不足，基层卫生服务能力不足。在政府支持不足和区域严重贫困的情况下，贫困山区要么卫生站房屋破旧，服务站点数量不足或医药物品供应不足，要么缺乏必要设备，贫困户很难获得良好的医疗服务。

三、自然与人文条件的交互是贫困发生的根源

具有较高综合性的地理学是重点研究人类经济社会活动与地理环

境关系的一门学科，对区域贫困问题有过较多探索。在理论研究和扶贫实践中，部分人文—经济地理学者发现，贫困的发生与贫困者所在的区位及区位自然、人文环境密切相关。就黔西实际情况来看，典型的喀斯特地貌和极其落后的传统思想及农业生产方式，是黔西贫困发生的根本原因。在这片脆弱的土地上生存和发展异常艰难，付出很多，收获很少。而极其原始的农耕生产方式使得人们只能靠天吃饭、靠地吃饭。为了有饭吃，人们必然要开垦土地，这就必然要生育男孩，投入劳力；必然要砍伐林木，破坏植被。当植被遭到破坏，水土流失就会越来越严重，石漠化就会越来越显现，土地也会越来越贫瘠，人们的收获就会越来越少，就越来越没有饭吃。如此，人们就会再去开垦土地……循环往复，形成了"越生越穷、越穷越生；越垦越穷、越穷越垦"的恶性循环，这是黔西长期以来面临的贫困现实。

实际上，自然环境条件恶劣对当地社会经济与民众思想意识有明显塑造作用，自然与人文因素的相互强化，共同构成贫困发生的根源。在黔西不同地区和不同时段，自然环境条件与人文社会因素对贫困发生的贡献不完全相同，由此形成自然环境主导型贫困、人文环境主导型贫困以及自然—人文环境共同主导型贫困等不同类别。针对不同贫困类型，因地制宜、因时而异，采取地域差别化、人群差别化、时间差别化的针对性措施，是脱贫攻坚精准发力应该遵循的基本原则。

第三章

脱贫攻坚规划部署、组织领导与精准发力

凡事预则立，不预则废。在县域层面抓落实的脱贫攻坚是一项复杂的系统工程，涉及群众收入、衣食、居住、医疗、教育等多个方面，必须根据国家和省市相关政策要求，结合县情进行科学的总体部署和具体安排。在此基础上，能否打赢脱贫攻坚战，还必须拥有坚强的"指挥部"和正确的"风向标"。黔西深刻认识到党的领导的重要意义，持续坚持加强党的建设，把党的引领作为脱贫攻坚的拉力器，发挥党员先锋模范作用，不断增强基层党组织的凝聚力和战斗力，切实增强脱贫攻坚的思想引领、组织引领和行动引领。同时，在加强党的建设和党的引领下，黔西紧紧围绕"一达标、两不愁、三保障"开展精准识别工作，在"扶持谁"的问题上下苦功夫，在扶持方式上精准发力，为打赢脱贫攻坚战奠定了坚实基础。

第一节　顶层设计：脱贫攻坚的总体部署与安排

一、总体部署

党的十八大以来，以习近平同志为核心的党中央把脱贫攻坚工作作为实现第一个百年奋斗目标的重点任务。结合习近平总书记对贵州和毕节工作的系列重要指示、批示精神，黔西县认真落实中央和省、市决策部署，统筹推进县域"五位一体"总体布局，协调推进"四个全面"战略布局；坚持把脱贫攻坚作为头等大事和第一民生工程，以脱贫攻坚统揽经济社会发展全局，深入实施大扶贫战略行动。

按照"中央统筹，省负总责，市县抓落实"和五级书记抓扶贫的要求，脱贫攻坚初期黔西着力建立健全指挥体系，成立以县委、县政府主要同志任双指挥长的县级扶贫开发领导机构和脱贫攻坚指挥中心，成立31个乡级指挥部和384个村级脱贫攻坚大队，实施统一调度。同时，认真落实"六个精准"（扶贫对象精准、措施到户精准、项目安排精准、资金使用精准、因村派人精准、脱贫成效精准）"五个一批"（发展生产脱贫一批、异地搬迁脱贫一批、生态补偿脱贫一批、发展教育脱贫一批、社会保障兜底一批）脱贫措施，持续打好脱贫攻坚"四场硬仗"（产业扶贫、农村公路"组组通"、易地扶贫搬迁和教育医疗住房"三保障"），用好"五步工作法"（政策设计、工作部署、干部培训、督促检查、追责问责），深入推进振兴农村经济的深刻的产业革命；坚持以供给侧结构性改革为主线，聚焦市委"113攻坚战"（聚焦"创新发展、同步小康"这一目标，突出"大党建"这一统领，围绕"大扶贫、大安全、大发展"三个重点）和县委"12345"奋斗目标，把推动绿色发展、人力资源开发、体制机制创新贯穿工作始终，在毕节建设全面小康社会进程中争当桥头堡、力做排头兵。

二、主要安排

在脱贫攻坚战打响初期，县委县政府在深入调研的基础上，综合分析黔西当时的优势和劣势，以及面临的机遇和挑战，积极响应国家和省市的总体工作部署，审时度势，对全县脱贫攻坚工作做了仔细论证和科学安排。

（一）坚决扛起脱贫攻坚政治责任

脱贫攻坚战初期，黔西深入学习、领会习近平总书记关于扶贫工作的重要论述，开展学习宣传《习近平扶贫论述摘编》系列活动，坚持用习近平总书记关于扶贫工作的重要论述，特别是对毕节试验区作出的重要批示、指示武装头脑、指导实践、推动工作；全面增强"四个意识"，注重意识形态责任落实。坚持扶贫开发领导小组"双组长"负责制，强化党政一把手负总责，层层签订脱贫攻坚责任状，确保脱贫攻坚责任落实到位。

（二）持续打好脱贫攻坚四场硬仗

聚焦产业扶贫全覆盖和"户户有增收渠道、人人有脱贫门路"目标，认真对照"八要素"要求，坚持"优势产业优先发展，优势品种率先突破"的原则，加快形成"专业化、精细化、特色化"的产业发展格局。积极拓展农产品销售渠道，充分利用好东西部扶贫协作平台和"黔货出山"通道，推动特色农产品走出黔西，为脱贫攻坚和巩固脱贫奠定基础。同时，按照"六个坚持"（坚持省级统贷统还，坚持以自然村寨整体搬迁为主，坚持城镇化集中安置，坚持以县为单位集中建设，坚持让贫困户不因搬迁而负债，坚持以产定搬、以岗定搬）、"五个体系"（基本公共服务体系、培训和就业服务体系、文化服务体系、社区治理体系、基层党建体系）要求，抓实项目建设、搬迁入住、拆旧复垦、风险防范等工作，全面落实就业、产业、就学、就医、社会保障等综合配套政策，深入推进易地扶贫搬迁。

（三）深入推进农村基础设施建设

基础设施建设在脱贫攻坚工作中具有基础性作用。一是全面打通村组断头路，补齐村组公路短板，加强农村"组组通"硬化工程养护工作，落实乡镇、村主体责任，在 2019 年达到省级"四好农村路"示范县目标。二是持续推进农村饮水安全巩固提升工程建设，严格落实各方责任，确保工程建得成、管得住、用得好，让贫困群众长久受益。三是持续推进电讯升级改造，加快小康电、小康讯行动，实现 30 户以上自然村 4G 网络全覆盖，加快启动 5G 网络建设。

（四）深入推进教育医疗住房三保障

教育、医疗、住房是最基本的民生，是国家脱贫标准的几个基本指标。一是持续压缩党政机关 6% 的行政经费用于支持教育脱贫，全面落实建档立卡农村贫困家庭学生资助政策，不让一个孩子因家庭经济困难而失学。二是落实好健康扶贫医疗保障救助工作，持续开展巡回医疗及巡诊义诊活动，为群众提供一站式的健康咨询服务工作，满足群众在家门口就能实现就医需求。三是在危房改造与易地搬迁中，加强工作培训指导，重点强化对象精准、责任落实、资金兑现、信息录入，夯实工作基础。

（五）聚焦未脱贫贫困户强力攻坚

按照"一达标、两不愁、三保障"的脱贫标准，全面核查脱贫短板，建立工作台账，逐一落实到位；坚持开发式扶贫与保障大扶贫并重，建立健全以社会保险、社会救助、社会福利制度为主体，以社会帮扶为辅助的综合保障体系；抓好城乡低保提标核查，加强农村低保与扶贫开发两项制度有效衔接，为完全丧失劳动能力和部分丧失劳动能力且无法依靠产业就业帮扶脱贫的贫困人口提供兜底保障。

（六）持续深化"三位一体"大扶贫格局

牢牢抓住东西部扶贫协作重大机遇，进一步强化东西部协作"六项行动"（组织领导、资金使用、人才交流、产业合作、劳务协作、携手奔小康）；充分发挥联络联系"直通车""助推器"的优势，以走出去、请进来的方式，调动社会各界参与的积极性，继续争取民建中央的支持，保持合力攻坚的大扶贫格局；充分发挥行业扶贫部门职能优势，持续推进旅游扶贫、金融扶贫、生态扶贫、电商扶贫等行业扶贫，各司其职、各尽其能全力推进全县脱贫攻坚工作。

（七）加大扶贫资金投入监管力度

加大财政扶贫资金投入力度，确保扶贫投入与攻坚克难相适应；加强扶贫资金统筹整合力度，巩固提升脱贫攻坚成效，集中物力、财力，为黔西县脱贫攻坚提供有力的财政保障。根据发展规划、农业产业发展、基础设施建设及新农村建设需要，完善县、乡级脱贫攻坚项目库，加强项目论证和储备，将巩固脱贫成果的项目纳入项目库；加大财政专项扶贫资金监督管理力度，推进合理配置扶贫资金，严格落实扶贫资金公示、公告制度，着力解决资金闲置问题，提高资金使用效益；严肃查处贪污挪用、截留私分、虚报冒领扶贫资金等违法违纪行为。

（八）严格脱贫攻坚督查考核评估

全力抓好和配合好国家对省级党委和政府扶贫开发成效考核、东西部扶贫协作考核、省对县级党委和政府脱贫攻坚成效交叉考核等相关工作，并围绕"一达标、两不愁、三保障"标准全面了解脱贫贫困户吃穿、收入、住房安全、产业发展、就业、安全饮水、生活用电、子女就学、基本医疗等生产生活情况，坚决杜绝"数字脱贫""虚假脱贫"。

（九）不断激发贫困群众内生动力

如何有效激发群众脱贫的内生动力，是脱贫攻坚能否取得成效的关键因素之一。一是采取有效措施深入开展扶志活动。选树先进典型，大力宣传自强不息、自力更生的脱贫典型，引导贫困群众向身边人身边事学习，充分发挥贫困户在脱贫攻坚中的主体作用，激发脱贫致富奔小康的热情和信心，加强教育引导，发挥村规民约作用，改变陈规陋习，增强贫困群体内生动力。二是深入开展扶智活动。通过新时代农民讲习所等平台，加强对贫困群众的培训教育，确保有劳动能力的每位贫困群众掌握一技之长。

（十）提高脱贫质量巩固脱贫成果

坚持脱贫标准，严把退出关口，确保脱贫工作务实，过程扎实，结果真实。按照《贵州省巩固提升脱贫成果的指导意见》的要求，一方面进一步提升脱贫质量，巩固脱贫成果，切实做到摘帽不摘责任、摘帽不摘政策、摘帽不摘帮扶、摘帽不摘监管。另一方面抓好贫困户动态管理，进一步完善建档立卡，强化部门间数据分析和共享。开展返贫监测，适时组织对建档立卡脱贫户开展"回头看"，对返贫人口和新发生贫困人口及时纳入建档立卡予以帮扶。

（十一）做好与乡村振兴的有效衔接

坚持把按时打赢脱贫攻坚战作为实施乡村振兴战略、夯实努力建设贯彻新发展理念示范区的首要任务，保持扶贫政策和支持力度连续稳定，用乡村振兴措施巩固脱贫攻坚成果，持续推动群众生产条件、生活环境改善。同步做好贫困村提升工程、产业发展、易地扶贫搬迁等与乡村振兴的有效衔接，注重互补性落实政策、通融性实施项目、平稳性过渡发展。

（十二）切实加强对脱贫攻坚的领导

继续强化脱贫攻坚基层党建，严格落实"一任务、两要点、三清单"，"一任务"是农村基层党组织脱贫攻坚基本任务、"两要点"是村第一书记履职和农村党组织书记履职要点、"三清单"是市（州）、县（市、区）、乡（镇）党委在脱贫攻坚中加强村级组织建设任务清单。推进村级党组织标准化建设。通过新时代学习大讲堂等培训平台，加强对扶贫干部特别是基层扶贫干部培训。营造脱贫攻坚良好氛围，深入开展调查研究，认真总结脱贫攻坚中涌现出来的先进经验典型，并加以推广宣传。在做好脱贫攻坚风险防范工作的同时，深入开展扶贫领域作风建设，持续深化"五个专项治理"（扶贫资金管理使用不规范治理、驻村帮扶不扎实治理、政策落实不到位治理、扶贫协作有差距治理、攻坚打法不精准治理），推动脱贫攻坚考核、巡视巡察、审计、督查等反馈发现问题整改到位，确保全县扶贫干部始终忠诚干净担当，以良好的作风推动脱贫攻坚各项工作任务落细、落实。

第二节　组织领导：脱贫攻坚中党的建设与引领

大时代需要大担当，大担当方有大作为。黔西县深入贯彻落实习近平总书记对毕节试验区重要指示精神，紧紧围绕新时代党的建设总要求，切实践行新时代党的组织路线，在服务型、发展型党组织的基础上，建设新时代示范型党组织，以党建为引领全力推进脱贫攻坚。着力打造"示范党建"品牌，把全县各级各领域党组织打造成脱贫攻坚的示范、绿色发展的示范、人力资源开发的示范、体制机制创新的示范，努力建设贯彻新发展理念示范区，推动试验区建设向示范区建设跨越发展。

一、利用"1234"机制优化党员队伍结构

党员是党的肌体细胞，党员的素质关系到党的生机与活力，关系到党作用的发挥以及党在群众心目中的地位。党的十八大以来，中央对发展党员的质量和优化党员队伍的结构提出了更高的要求，同时指

出，要重视从青年工人、农民、知识分子中发展党员。为进一步落实中央要求，充分发挥基层党组织的战斗堡垒作用和广大党员的先锋模范作用，将优秀分子特别是脱贫攻坚战场上有闯劲、干劲、敢啃"硬骨头"的优秀分子吸纳入党，黔西创新提炼出"1234"党员发展机制，规范党员发展程序，细化党员发展标准，严把党员发展"入口关"，推动党员发展工作健康有序进行，有效凝聚脱贫攻坚的正能量。

（一）细化一个流程，规范党员发展程序

修订后的《中国共产党发展党员工作细则》对党员发展的程序做了详尽的规定。黔西县结合自身实际，制作了《黔西县发展党员流程图》和《黔西县党员发展动态管理登记表》。流程图将细则的要求具体落实到"申请入党、积极分子、发展对象、预备党员、预备党员的教育、转正和考察"5个阶段25项工作里面，每一项工作又进行细化，指明了每一阶段工作由谁做、做什么、怎么做，统一了全县发展党员的条件、要求、程序和职责。登记表则将发展党员工作环节和具体工作紧扣起来，明确记载党员发展的工作进度，避免因发展党员周期过长出现权责不明的现象。流程图的运用，让基层党委、党支部在党员发展工作中能够按图索骥，有的放矢。登记表的记录，让党员发展工作程序清楚，责任明确，有据可查。

（二）严格两个标准，严控党员数量质量

黔西在党员发展的过程中，要求各级党委、党支部严格把握好数量和质量两个标准。在数量上严格控制规模，按照两个1/3的标准进行：将入党积极分子的1/3吸纳到发展对象队伍中来，再将发展对象的1/3考察进党员队伍。在质量上严把党员"入口关"，"个人自愿"结合支部"主动出击"，有意向将各类能人培养入党，特别是在老龄化严重、文化程度偏低、结构不合理、发挥作用不明显的村级党支

部，注重将村组干部、返乡知识青年、致富带头人、农村专业合作组织成员等优秀分子吸纳进入党员队伍，为村级党组织注入新鲜"血液"，培养后备力量。

（三）突出三个主体，健全党员考评机制

黔西党员发展始终坚持突出群众、党支部、党委三个主体，将他们的考察评价贯穿于党员培养的全过程。党支部正式开会研究申请人成为入党积极分子、发展对象、预备党员之前，必须征求5—10名群众意见，把好群众基础关，将那些群众口碑好、综合素质强的申请人吸纳到党员队伍中来。党支部严格考察程序，多方面了解申请人入党动机和综合表现，特别是注重征求执法部门意见并实行一票否决，坚决将不符合条件的申请人拒之门外。党委发挥好把关作用，认真审核支部开展工作的程序，全面考察申请人的综合素质，准确了解申请人的真实情况，确保审批环节公正合理。

（四）强化四个环节，抓好党员教育管理

党的十八届六中全会对加强党员教育提出了更高的要求。为避免发展党员工作出现"发展在前，教育在后"的现象，黔西县强化四个环节，让党员发展过程与教育管理同步进行。一是分类指定培养联系人，特别是在村级党组织中，指定同类培养联系人分别对农村知识青年、致富带头人等进行培养，真正发挥培养联系人作用。二是在培养考察期间，党支部每3个月定期组织一次谈话，了解申请人思想动态，工作情况等。三是定岗锻炼，鼓励申请人在各自岗位上发挥先锋模范作用，锤炼党员优良品质，端正思想作风、工作作风和生活作风。四是强化教育培训，特别是强化入党积极分子的教育培训，通过主题党日活动、讲党课、举行入党宣誓仪式等多种形式进行培训，提高入党积极分子的归属感和荣誉感。

在学习和宣传党的法律法规时，荷花村除党章党规读本外，还专

门为农村党员定制党章党规、权利保障条例和"两学一做"应知应会"口袋书",让党员在问答交流中轻松学习。瞄准农村党员"口味",编印了《农村党员"两学一做"学习教育应知应会》,用通俗易懂、朗朗上口、图文并茂的形式为农村党员提供学习参考,进一步促进"两学一做"学习通俗化、接地气,确保辖区党员干部学得轻松、学得实在。

黔西结合实际,将发展党员工作向产业工人、青年农民、非公有制经济组织、社会组织等群体和领域倾斜,进一步优化发展党员结构。采取"个人自愿+支部主动"培养模式,积极吸纳各类能人入党。党支部严格考察程序,全方位了解申请人入党动机和综合表现。综合公安、组织、计生部门意见,形成综合性政审材料,侧重征求公安部门意见并实行一票否决制,凡是政治审查不合格的坚决不培养,切实防止"带病"入党。

二、"两坚持两强化"锻造基层一线攻坚队伍

黔西辖30个乡镇(街道)、364个村(社区),其中有14个深度贫困村,197个贫困村。为开展同步小康驻村工作,省、市、县派遣千人组建了197个工作组,进驻全县197个村(社区)。全体驻村干部围绕同步小康目标,真蹲实驻、真帮实促,取得了明显成效。

(一)坚持问题导向,压紧压实政治责任

一是针对国家、省、市考核反馈的问题,制定整改工作方案。方案中进一步细化问题清单、责任清单,明确整改问题、整改目标、整改时限、整改措施和整改要求,同时成立由县委组织部牵头的驻村帮扶不扎实专项治理工作专班。县委、县政府先后召开多次会议对脱贫攻坚驻村帮扶工作进行安排部署,并在县委组织部每周部务会上作调度安排。对驻村帮扶不扎实专项治理工作进展情况及时分析调度,确

保工作有序推进。二是结合县直帮扶单位资源优势，合理安排结对帮扶贫困户，采取重点帮扶与普遍联系相结合的方式，一对一结对帮扶，落实"资金、项目、责任"三个捆绑要求，压实帮扶单位责任，提高帮扶工作质量，保持驻村人员队伍稳定。建立帮扶单位领导干部驻村轮战制度，班子成员轮流到驻村点实地走访调研，了解真实情况，指导推动村第一书记和驻村干部开展工作。三是要求村第一书记和驻村干部按照"一宣六帮"（"一宣"：宣传党的方针政策；"六帮"：帮助推动精准扶贫、帮助建强基层组织、帮助推动经济发展、帮助维护和谐稳定、帮助为民办事服务、帮助提升治理水平）的要求开展好驻村工作。紧紧围绕中央、省、市、县各项安排部署，依托新时代文明实践中心（站、所）、院坝会、讲习会等加强政策宣传，及时传达各项惠民政策，提高群众对脱贫攻坚应知应会知识的熟悉了解程度。帮助规范党内生活制度，贯彻落实好"三会一课"（"三会"：支部党员大会、支委会、党小组会；"一课"：党课）等制度，推动农村经济发展，根据村情民意，围绕农村产业革命"八要素"，充分发挥自身优势，谋划产业发展，引进龙头企业，推行"龙头产业+合作社+农户"的模式，为全面同步小康、衔接乡村振兴发挥作用。通过开展大调研大走访活动、发放"连心卡"、更新驻村公示牌等形式，强化群众服务，密切干群关系，提高群众知晓率和满意度，打造群众满意、放心、认可的驻村工作队伍。

（二）坚持从严管理，落实落细管理制度

依托大数据建设，运用"钉钉"信息平台，将考勤报送与明察暗访相结合，对村第一书记和驻村干部的到岗到位情况进行"时时监督"。由县委组织部建立县级层面的工作群，将省、市、县选派的村第一书记和县直选派驻村干部纳入其中，同时乡镇（街道）分别建立乡级选派驻村干部工作群（锦绣街道未派驻村干部）。通过"钉钉"签到功能，建立村第一书记和驻村干部每天早、晚两次手机定

位签到机制，结合坐标定位地图，各乡镇（街道）每周对村第一书记和驻村干部缺勤情况进行统计，报县委组织部备案。县委组织部结合"钉钉"签到、乡镇（街道）报送的缺勤报表和明察暗访情况，对村第一书记和驻村干部到岗到位情况一月一通报。建立村第一书记和驻村干部数字档案，定期对数字档案进行考核评估，考核评估结果作为村第一书记和驻村干部各项补贴发放依据，确保到岗到位、作用发挥情况好的村第一书记和驻村干部驻村保障更好。实行综合性考核，建立"半年—年终"考核评价体系，从严从实对全县村第一书记和驻村干部进行综合考核，综合考核情况作为村第一书记和驻村干部提拔重用、评聘职称、晋升职级的重要依据，确保村第一书记和驻村干部工作有动力。

值得说明的是，上述"钉钉"信息平台是阿里巴巴集团专为中小企业打造的沟通和协同的多端平台，使用方便，功能优秀。外勤签到是其重要功能之一，管理者可快速查看团队成员的签到、请假外出及分布、日报提交等状态情况。

（三）强化干部培训，提升履职能力

一是举办"黔西县脱贫攻坚驻村帮扶不扎实专项治理动员培训会""黔西县村第一书记驻村干部巩固脱贫攻坚促乡村振兴暨'春季攻势'培训班""黔西县同步小康轮战驻村动员培训会"等，对乡镇（街道）及县直部门主要负责同志及村第一书记和驻村干部进行培训。二是印发政策汇编，督促各乡镇（街道）将脱贫攻坚政策知识纳入干部职工学习培训内容，定期不定期组织驻村工作组成员及村"两委"干部进行测试。并将基本村情和脱贫攻坚政策知识学习纳入"三会一课"学习、考核内容，例会上随机提问抽查，确保对村情和政策"一口清""一口准"。三是组织村（社区）"两委"班子、村第一书记共330余名同志赴安顺市西秀区、河南省新乡村等先进村对产业结构调整、扶贫精神、村干部管理和基层党组织建设进行参观学习，强化村第一书记、驻村干部和村"两委"班子对扶贫知识政策、农村经济、驻村工作要求及工作开展中应注意的问题进行解读学习，提高综合素质和业务水平。四是依托"新时代学习大讲堂"等平台，加强党组织书记、驻村第一书记对产业扶贫相关知识的培训，拓宽思路，丰富知识结构，进一步为村集体经济发展壮大做贡献。

（四）强化激励关怀，关心关爱落到实处

一是要求县直各选派单位负责同志与村第一书记和驻村干部开展谈心谈话，及时了解思想动态，帮助解决工作、生活上存在的问题和困难。二是采用集中排查和单位自查的形式对村第一书记和驻村干部待遇落实情况进行核实，督促县直各选派单位按规定、按时落实村第一书记和驻村干部生活补助、驻村帮扶工作经费、浮动工资、边远津贴、体检、人身意外伤害保险、带薪休假等政策措施，切实做到严管和厚爱相结合，为驻村人员安心开展工作创造条件。三是进一步加强对村第一书记和驻村干部的培养使用力度，对表现突出、优秀的第一书记和驻村干部进行表彰和重点培养。

县人社局是做好村第一书记和驻村干部工作的优秀单位。该单位在每年选派工作启动之初，就将最新的关于村第一书记和驻村干部工作相关的新政策、新变化，宣传到各股室（单位），鼓励全局优秀技术人才参与驻村工作，深入一线参与农村公共文化事业和农业产业化建设，带领广大贫困群众脱贫致富，为选派工作营造良好氛围，为工作队的选派工作打下了良好基础。为确保村第一书记和驻村干部选出强将，提升选派干部的精准化，人社局坚持选派政治素质高、工作能力强、对群众感情深、精神状态好的原则，采取个人报名、"德、能、勤、绩、廉"民主测评、个别谈话推荐、组织考察等方式公开选拔、优中选优。并结合人社局对口帮扶的素朴镇衙院村、铁石乡安乐场村、中建乡民主

村、铁石乡石垭口村的村情民意、产业资源和候选干部的部门优势、专业特长，实行"双向"选择，切实排好兵、布好阵，让有限的帮扶资源发挥最大的帮扶效应，做到优势互补。

扎实的工作取得良好成效，该单位派驻石丫口村第一书记覃文举同志荣获黔西县 2018 年度脱贫攻坚"大扶贫"先进个人和"大党建"先进个人称号，并作为第一书记先进个人代表作经验交流发言。派驻安乐场村第一书记赵衍同志荣获黔西县 2018 年度脱贫攻坚"大扶贫"先进个人和"大党建"先进个人称号。派驻许家坝村第一书记苏婷同志 2013 年度获黔西县"三八红旗手"荣誉称号，2018 年获黔西县"巾帼脱贫攻坚先进个人"、全县脱贫攻坚优秀共产党员、黔西县大党建工作先进个人称号，2019 年 7 月获中共毕节市委"全市脱贫攻坚优秀共产党员"称号。

三、"三亮"行动　凝心铸魂

为提高基层党组织组织力、凝聚力和战斗力，黔西在全县村（社区）开展"组织阵地亮起来、党员之家亮起来、初心承诺亮起来"行动。把抓好党支部工作作为党的组织体系建设的基本内容、管党治党的基本任务、检验党建工作成效的基本标准，为脱贫攻坚和乡村振兴工作提供了坚强的组织保证。

（一）组织阵地亮起来

对村（社区）办公阵地进行规范化布置，让组织阵地成为凝心铸魂的"党员之家""群众之家"。一是亮阵地标识。在全县 360 多个村级活动阵地办公楼大门上方设置"听党话、跟党走"固定标识，中间设置党徽；同步规范国旗党旗悬挂、功能室设置、便民服务事项等要素，确保组织阵地规范、服务群众规范、活动开展规范，使组织阵地成为党员群众活动的红色标识。二是亮党建文化。以办公楼过道、楼梯、长廊、围墙等为载体，结合本地实际、突出特色，将党的路线方针、廉政文化、社会主义核心价值观、中国梦、十九大精神等内容以图文并茂的方式，进行合理布置，注重将"空白墙"变成党建"文化墙"，使之成为多层次、多角度宣传党的方针政策和党建工作的前沿阵地。三是亮组织制度。各间办公室根据职能职责制定相应的规章制度规范上墙，党员活动室张贴党旗、入党誓词、党的纪律、党员的权利和义务、发展党员工作流程图以及"三会一课"制度等，做到张贴有度，布局合理；室外建设规范的党务公开、村务公开以及"两委"班子形象栏。

在花溪乡沙坝村办公阵地旁的党建园，老党员王德权正坐在"初心亭"内，仔细阅读刚从党员活动室领取的学习资料，身后的老党员陈兴明在浏览宣传栏上的党建文化专栏，"以前开完党员大会就回家了，现在村里建起了党建园，布置了初心亭和宣传栏，想多看看，一时半会还不想回家呢！"摘下老花镜，王德权笑着和陈兴明说道。黔西县杜鹃街道岔白社区党建园是全省第一个村级党建园。老党员周贵明在党建园参加"走红色步道、听红色故事"的"主题党日"后感叹说："回忆红军强渡鸭池河和红二六军团在黔西的这些故事，再看看现在我们的幸福生活，感恩共产党！"

（二）党员之家亮起来

把党员的个人荣誉上升为家庭荣誉，形成"一人带一户、一户带一群"的良好氛围。一是亮示范门牌。全县 364 个村（社区）召开党员大会，以村（社区）为单位按照一定的比例，把先锋模范作用发挥好、帮带成效明显的党员户评为"党员示范户"；统一制作"共产党员户""党员示范户"门牌，对 15000 余户"共产党员户"、

6000余户"党员示范户"门牌进行分类规范悬挂。二是亮监督引领。在3957个村（居）民小组设置党员信箱收集社情民意，公布监督电话，建立管理台账，做好服务纪实，督促在职党员切实为群众办实事、做好事、解难事。让党员"牢记宗旨、争做示范"，进一步增强党员的党性意识、责任意识和为民服务意识，积极引导他们争当发展致富的带头人、文明乡风的倡导人、困难群众的贴心人。三是亮家庭风采。各村（社区）排查梳理党员户的类别，在党员户住房显要位置张贴党员户形象栏，用简短的话语附上党员户的家风、家规、家教。

在大关镇丘林村，党员张德平说："我家被评选为党员示范户，所以我更应该带好头，诚信经营，坚决不搞那些乱收费、宰客的事情！"张德平在丘林村经营着一家野生鱼农家乐，生意十分火爆，许多游客慕名而来，因为诚信经营，带富能力强，张德平被村支部党员大会评选为"党员示范户"。为了充分发挥示范带头作用，张德平还将自家的农家乐打造成为村里宣传党的方针政策的学习新阵地。

（三）初心承诺亮起来

保障党员知情权、参与权、选举权、监督权，增强党员特别是无职党员的荣誉感，充分发挥广大党员先锋模范作用。一是亮党员徽章。为全县2.3万名党员配发党员徽章，要求窗口单位和服务行业党员在面向服务对象、党员在党员责任区、党员示范岗等岗位工作期间佩戴党员徽章。在参加党内重大会议或活动时，必须规范佩戴党员徽章，并齐唱国歌和国际歌，重温入党誓词，增强党员的荣誉感和责任感。二是亮服务承诺。党员结合岗位和个人实际列出"责任清单"、亮出党员义务，向群众作出服务承诺和帮带目标，各村（社区）党支部组织党员开展服务群众工作。根据党员对服务承诺事项的履行情况、帮带成效进行积分制管理，依照得分进行评先选优。三是亮民主权利。创新"党员大会+"方式，组织党员参与对村级事务的管理，重大事项必须召开党员大会研究讨论，作为村民大会议事前置程序。认真梳理党员提出的意见和建议并进行公示，采纳和落实情况公开答复和反馈，确保党员的主体地位和民主权利得到充分保障，让党员充分发挥先锋模范作用。

在大关镇丘林村，一家红军主题的民宿"军嫂驿站"内传出"小康路上幸福人，红军渡口展新颜，感谢党感谢国，丘林村那个丘林美……"的优美歌曲和阵阵掌声，原来是党员冯守琴正在组织文艺志愿服务队为游客表演自编自创的红色歌曲《鸭池丘林美》，她说"佩戴着党徽，把我们的红色革命文化传播给每一位游客，是我每天必须要做的事情"。她的行为和对党的深情感染了每一位到访的游客。

四、打造易搬党建"共同体" 谱写后续扶持"新篇章"

锦绣街道是黔西易地扶贫搬迁县城集中安置点锦绣花都所在地。该街道在打造易搬党建"共同体"助力脱贫攻坚中取得良好成效，具有典型意义。在实际工作中，锦绣街道结合党员文化素质偏低、年龄结构偏大、示范引领作用难发挥等实际情况，以加强安置点后续扶持"五个体系"建设为契机，聚焦安置点区位优势、交通优势等，积极借鉴城市基层党建工作做法，明确将"五个体系"牵头部门与安置点进行"捆绑发展"，依托县直部门组织优势、人力优势、资源优势等，探索打造易搬党建"共同体"，奋力谱写后续扶持"新篇章"。

（一）组织共建"强引领"

一是筑牢基层堡垒。在锦绣花都安置点同步建立街道党工委，落实编制 50 个, 优化设置 1 个社区党总支和 3 个社区党支部, 划分网格 6 个, 组建楼栋党小组 18 个。初步构建了"党工委—党总支—党支部—网格—楼栋党小组""五级立体"组织构架。明确县委组织部、宣传部、政法委、民政局、人社局、移民局 6 家牵头部门按照"两两结合"的方式, 分别结对帮扶 3 个社区党支部, 为建强安置点社区党组织注入了"强大动力"。帮扶单位累计到安置点社区开展调研近百次, 召开联席会议十余次, 共商安置点基础设施建设、环境卫生整治、特殊人群帮扶等重大事项多次, 达到了"1+1>2"的效果。

二是深化结对帮扶。由县委组织部统筹, 按照"1+1""N+1"模式, 安排参与后续扶持"五个体系"建设的 6 家县直部门在职党员到锦绣街道下辖的 3 个社区报到服务, 实现 1 名或 1 名以上在职党员结对帮扶 1 名搬迁党员、1 名搬迁党员结对帮扶多名搬迁群众全覆盖。探索推行"双线积分"制度, 统一制作"党员干部积分簿"和"搬迁家庭积分簿", 把在职党员到社区开展帮扶情况作为干部提拔使用、评先选优、评职晋级的重要依据, 让积分高的家庭在"评先选优先推荐、信用评级先提升、物业服务先保障、商铺租赁先选择、积分商品先兑换"5 个方面享有"优先权"。

三是建强群团组织。由街道党工委牵头, 工青妇等县直部门积极配合, 在街道和社区 2 个层面组建了工会、共青团、妇联等组织, 不断强化党对群团工作的领导, 组建综合公益服务性质的群团工作站, 探索建立"和事佬""爱心联盟"等群众组织, 组建"支部+群团+搬迁群众"的"先锋服务队", 为搬迁群众提供服务万余次。

（二）资源共聚"强保障"

一是建好服务阵地。由县委政府统筹, 租用商业区 2000 多平方米作为街道办事处办公阵地。县委宣传部、民政局、文广局等县直部门主动发力, 累计出资近 1000 万标准化建设"三办三中心"和新时代文明实践所、乡愁馆、综合文化站、阅览室、舞蹈室等"十大中心"，有力确保了安置点社区服务阵地提质扩容，为满足群众多元化服务需求提供了坚强保障。

二是建强服务队伍。按照"工作不结束、队伍不撤出"的要求，深入推动工作力量下沉，从全县范围内统筹选派2名年轻同志到街道担任党政正职，从县人社、教育、民政、扶贫等部门抽调政治素质好、业务精湛的40多名年轻骨干到安置点组建专班开展工作，积极为搬迁群众做好农村低保转接、医保衔接等工作，确保让搬迁群众第一时间享受优惠政策。同时公开面向乡镇在职干部采取考调的方式优选年轻干部到安置地工作。

三是办好民生实事。为满足搬迁群众入学、就医需要，社区党组织积极调剂金凤小学、黔西十小、黔西五中等优质学校为适龄子女解决就学问题。由教育局统筹，公开考调教师119名，将搬迁前的1名双语教师聘请到新课堂授课，共解决三千多名搬迁子女就近入学。切实提供优质医疗资源，合理设置卫生服务室1个，精选医护人员13名，实打实保障搬迁群众就近就医。由县财政局帮助30名群众一次性补缴社会养老保险5600元，民政局将3871名群众纳入城市最低生活保障范围。

四是抓实创业就业。紧盯消除"零就业"家庭目标，积极联合县人社局、市场监管局、工信局和农商行等单位，全面盘活商业区铺面，采取"党组织+公司+社会资本+群众"模式，鼓励70余名有发展意愿、符合征信条件的群众在商业区发展个体经商。采取"四个一批"（生产和就业发展一批、移民搬迁安置一批、低保政策兜底一批、医疗救助扶持一批）措施，引入就业扶贫车间、残疾人创业工厂，举办大型专题招聘会，在"贵州就业帮"等发布人力资源信息，帮助5930名群众成功就业。

（三）活动共联"促融入"

一是举办文艺活动。由县文广局、民政局、团县委等10多家部门联合，黔西县大学生联合会、黔西县义工协会积极参与，共同开展以"文化、科技、卫生"为主题的联谊活动十多场次，用群众喜闻乐见的小品、相声、山歌等，教育引导搬迁群众用勤劳的双手创造幸福美好生活。

二是宣讲理论政策。依托组织、政法、宣传、司法、扶贫等部门的党员成立志愿服务队 11 支，采取群众会、院坝会、板凳会等，组织搬迁群众开展惠民政策、法律法规、传统文化、乡村振兴等 10 个方面的学习 120 余场次，培训群众达 0.76 万人次，教育引导搬迁群众常怀感恩之心，常立奋斗之志，感恩习近平总书记的好，感恩党中央的好。

三是发挥示范引领。以在全县开展"示范党建"为抓手，深入推进"亮阵地、亮身份、亮承诺""三亮行动"，在安置点开展党员"亮初心承诺"活动，推行党员户插旗定责、划定党员责任区、划分党员示范路等，真正把党员身份亮出来、形象树起来、作用发挥出来。目前，安置点共划定党员责任区 18 个，划分党员示范路 15 条。

从铁石乡米新寨村搬迁过来的老党员王福，自认领"乐居广场主路及两侧道路"党员示范路以来，每天早晨 7 点 20 分都要去路上"值勤"，主动维持卫生、主动清扫路面垃圾。他总说："这么好的房子还是头一回住，作为党员，我就必须带好头，把室内室外的环境卫生都搞好。"新仁乡长井村党员周训龙在日常生活中时刻牢记自身党员身份，坚持以身作则、以实际行动示范引领，不仅爱护村里的环境卫生，还主动向群众宣传党的政策，被长井村评为党员示范户。

（四）成果共享"聚民心"

一是党群关系更和谐。"感党恩、跟党走"不仅是安置点社区最显眼的标识，同时，也是社区党组织教育群众、服务群众的终极目标。通过县直部门党组织的强力帮扶，社区治理更加有序、社区环境更加优美、党群关系更加和谐。"有话跟党说，遇事找组织"已经形成一种常态。

二是群众面貌换新颜。走进锦绣街道，感受到的是老百姓"你追我赶、不甘落后"的发展氛围，卫生清洁、草坪修整、爱心帮扶等各项工作井然有序。通过老百姓饱满的精神面貌，不难看出"搬出大山、挪出穷窝"后的再一次新生给他们带来的希望和力量。

三是后续扶持谱新篇。通过打造易地扶贫搬迁党建"共同体"，真正达到了有力建强基层组织、有效整合部门资源、有序推进社区治理的良好效果，有力推动了从"搬得出"向"稳得住、可发展、能致富"的平稳过渡，搬迁群众获得感、幸福感和满意度明显增强。

五、推行"三联六帮"工作法　破局乡村同步振兴

黔西坚持优势互补、抱团发展的原则，在全县开展"城乡共建·联村共建"行动，选取村级班子强、集体经济积累有一定实力、产业发展较好的 50 个村作为先进村、10 个城市社区作为先进社区，结对帮扶 60 个贫困程度较深的贫困村，采取"组织联建、干部联动、产业联盟"的方式，帮助贫困村建强组织、示范引领，挂职交流、结对学习，合股联营、强产促销，实现组织联起来、队伍强起来、产业兴起来，促进乡村同步振兴。

（一）组织联建，建班子定战略

找准党组织设置和农村发展的结合点，引导组织资源、人力资源、经济资源、社会资源跨行政区域优化配置，促进先进村（社区）与被帮扶村优势互补、融合发展。

一是帮助建强组织。先进村（社区）与被帮扶村建立联合党委 8 个、联合党总支 33 个、联合党支部 16 个，先进村（社区）党组织书

记兼任联村党组织书记，定期召开联村党组织联席会议，督促指导被帮扶村落实党内组织生活、班子建设、党员发展教育管理及村级事务管理，全面提升村委班子执行能力和民主决策议事水平，使基层党组织的凝聚力、战斗力、号召力明显增强。

二是帮助示范引领。按照"统一规划、以点带面"的基本原则，先进村（社区）采取调研摸底、座谈交流等形式，对被帮扶村进行全面评估，以产业兴旺、乡风文明、环境整治为重点，在被帮扶村选择打造示范点，以点带面，逐步覆盖全村。先进村（社区）资助帮助被帮扶村打造村办公阵地、完善饮水设施、修建文化广场等，采取资金帮扶、项目扶持、技术指导、资源共享等方式，帮助被帮扶村制定切合实际的村域经济发展规划，打造主导产业，确保村集体经济有经营性收入。

钟山镇按照县委统一部署，紧紧围绕组织建设、脱贫成效、产业发展等方面，对所辖20个村（社区）党支部进行综合研判，将井岗等5个贫困程度较深的村与莲城街道金凤社区等5个先进村（社区）联合开展共建工作，积极为共建村结对子、搭台子、铺路子。实现"组织联建、干部联动、产业联盟"，破局乡村同步振兴，带头致富有了"新招"。

（二）干部联动，谋发展促提升

采取挂职交流、蹲点指导、结对学习等措施，搭建交流平台，建立先进村（社区）和被帮扶村党员干部沟通对接和协调联系机制，定期对工作推进情况进行评估，推动实现精准帮扶、有效帮扶。

一是帮助挂职交流。采取"全脱产"方式，被帮扶村选派有发展潜力、综合素质较好的村干部到先进村（社区）跟班学习，同步参与先进村（社区）工作；先进村（社区）选派发展潜力好、综合素质高和工作能力强的村干部到被帮扶村挂职担任"两委"助理，帮助发展经济，督促指导被帮扶村各项工作。

二是帮助结对学习。先进村（社区）"两委"班子成员对被帮扶村"两委"班子成员进行"一对一"或"多对一"结对帮带，推行结对帮带"十五条"即先进村（社区）"两委"向被帮扶村"两委"指出 5 条优秀做法和 5 条存在问题，被帮扶村"两委"对先进村（社区）"两委"提出 5 条需要帮助解决的问题，推动精准帮带、有效帮扶。截至目前，被帮扶村党员群众到结对的先进村（社区）考察学习先进发展理念、管理经验，提升被帮扶村班子能力素质 350 多人次；先进村（社区）组织党员群众到被帮扶村采用座谈交流、巡回宣讲、现身说法、文艺活动交流等形式到被帮扶村考察指导 500 多人次。

> 水西街道水西社区与观音洞镇熊洞村联合组建联村党委，水西社区党组织书记喻朝芬担任联建党委书记，熊洞村党组织书记李正光担任联建党委副书记，其余委员分别从水西社区与熊洞村选派人员担任，搭建村级党委共 7 人联建班子成员，完成班子成员公示牌及联建党委挂牌。水西社区先后组织干部 40 余人 2 次到熊洞村开展帮扶，并选派 1 名干部脱产到熊洞村帮助指导，熊洞村组织干部 20 余人 2 次到水西社区学习并选派 1 名干部脱产跟班学习，双方相互建立沟通对接和协调联系机制，共同研究制定联建方案计划。

（三）产业联盟，强引领壮产业

先进村（社区）指导被帮扶村充分运用产业革命"八要素"（即选择产业、培训农民、技术服务、筹措资金、组织方式、产销对接、利益联结、基层党建），健全产销对接、利益联结机制，把被帮扶村产业发展统筹纳入本村现有产业发展规划，构建起强弱联姻、携手发展帮扶关系，推动共同发展。

一是帮助合股联营。成立联村专业合作联社，整合先进村（社区）与被帮扶村的村社一体合作社资源，先进村（社区）用村集体经济入股被帮扶村，被帮扶村用土地、劳动力等资源入股先进村（社区），帮助发展蜜本南瓜、头花蓼、脆红李、大棚种植等农业产业 16453 亩，发展商品猪、蜜蜂养殖等，覆盖贫困户 2685 户 10591 人。先进村（社区）负责组织优秀管理人才、致富带头人传授发展经验、谋划发展思路、提供技术指导，被帮扶村负责日常管理、运营维护等，帮助培训劳动力 1329 人次、实际解决就业 72 人。

二是帮助强产促销。建立被帮扶村"产"、先进村（社区）"销"互利共赢模式，以先进村（社区）为主体，依托被帮扶村产业项目，利用先进村（社区）营销网络、市场信息等方面优势，搭建产品销售平台，拓宽被帮扶村农产品销售渠道；推进先进村（社区）农村电商服务站点建设，利用好农村电商平台，积极将优质特色产品向外推介，推动"黔货出山"进程，引进农产品深加工企业，谋划提升农产品附加值，打造农特产品品牌。

水西街道文昌社区与观音洞镇红杨村相互整合村社一体专业合作社资源，成立联村专业合作联社，探索建立红杨村"产"、文昌社区"销"互利共赢产业发展模式。帮助理清产业发展思路，找准发展项目，合力扩大规模、应对市场竞争，合力加强管理，共同推动产业项目落实。文昌社区利用自身资源，帮助联系企业收购农副产品，保障农产品销路，实现群众增收。

六、"五步二十条"决战决胜脱贫攻坚

打赢脱贫攻坚战，核心在党。黔西县以"大党建"统领"大扶贫"，创新"制定策略、建强组织、锻造队伍、创新举措、督导问责"五步二十条做法，为决战贫困提供强有力的组织支撑，为按时

打赢脱贫攻坚战、建设新发展理念示范区书写时代答卷，谱写了一曲"党建引领、干群奋进、社会联动、同步小康"的黔西之歌。

（一）制定策略——搭建作战指挥平台

一是万人大会誓师出征。2015 年 12 月 31 日，黔西召开党员干部决战贫困万人誓师大会，誓师大会现场，县委副书记、县长带领 12000 名干部群众向决战贫困宣誓："决战贫困，同步小康，时代使命；精准施策，科学治贫，有效脱贫；干群同心，合力攻坚，奋勇争先；众志成城，决战决胜，全面小康"。誓师大会后，持续发起"春季攻势""夏季大比武""秋季攻势""脱贫攻坚大决战""春风行动""夏季大整改"攻势，开展"俯身基层·不忘初心"助力脱贫攻坚等活动，切实把全县上下思想统一起来，帮助群众找准致贫原因、谋划发展之路、解决后顾之忧。

二是建立健全指挥体系。成立以县委、县政府主要领导任指挥长的县级脱贫攻坚指挥中心，成立由联系乡镇（街道）的副县级领导担任指挥长、乡镇（街道）党委书记任副指挥长的脱贫攻坚指挥部 29 个，每名副县级干部挂帅出征，直接到乡镇（街道）安营扎寨，部署脱贫攻坚工作；成立由乡镇（街道）班子成员任队长的村级脱贫攻坚大队 363 个。实行脱贫攻坚大队长包保负责制统一调度，统领村支两委攻坚克难。

三是建立县领导包保联系制度。县四大班子领导每人联系一个乡镇（街道）的全面工作；县级领导每人联系帮扶 3 个以上贫困村；14 个深度贫困村分别由县委常委及分管领导联系包保；明确 25 名县级领导挂帮 25 个后进村。

四是常态化分析研判"战情"。不定期召开常委会，传达脱贫攻坚会议文件精神，研判脱贫攻坚中存在的问题，安排部署脱贫攻坚工作；每周定期召开脱贫攻坚指挥长会议，通报、梳理、分析和研判各乡镇、各部门脱贫攻坚工作存在的问题短板；不定期召开恒大集团黔西扶贫推进会，研究恒大集团帮扶黔西存在的困难和问题。共召开县委常委会155次、指挥长会议24次、恒大集团黔西扶贫推进会议23次、问题整改工作会议3次，对脱贫攻坚进行精准调度、精准施策，及时解决工作中存在的困难和问题。

（二）建强组织——构筑基层战斗堡垒

一是全面优化党组织设置。构建"乡镇党委—村级党委—村党总支—小组党支部—党员—贫困户"体系，建立村级党委6个，村党总支226个，村民小组和产业链上党支部1114个（其中，村民小组党支部828个、产业链上党支部144个、农民专业合作社党支部142个）；组建教育、卫计党委，整体划转所有学校、医院党组织和党员关系，实现行业党建与业务钻研双促进。

> 为适应脱贫攻坚部署，大关镇丘林村党总支将全村划为产业调整党支部、民宿党支部、旅游服务中心党支部、建筑工程队党支部、老年协会党支部五个"网格"党支部，因人而异、因地制宜实现党员抱团带动群众抱团，既优化了基层党组织设置，加强了党员管理，又有效带领各领域群众增加收入；七里村率先在全镇成立了党总支，在成熟的产业企业和村民组建立支部，把村致富能手、毕业大学生选进村"两委"班子，把离退休党员干部、退伍党员军人等选入支部，切实加强队伍建设。目前村党总支下辖有百泰农民专业合作社支部、顺风运输车队支部、自治脱贫施工队支部、老年协会支部以及4个村民小组支部。实现了"总支连支部、支部连小组、小组连党员、党员连群众"的基层党建新模式。

二是选优配强村级党组织书记。推行蜂巢党建模式，严格村党组织书记选配标准，以第十届村（社区）党组织换届为契机，大力实施"党建+能人治村"工程，选优配强 363 名村（社区）党组织书记，大专以上的 116 名（其中本科 31 名），40 岁以下的 71 名。同时，强化党组织书记考核管理，开展换届后村级党支部书记履职情况"回头看"，对履职不好的 42 名支部书记作了调整。组建 11 个调研组对贫困村"两委一队三个人"履职情况进行调研，县委召开 3 次常委会进行分析研判，调整不合格、不胜任的深度贫困村党组织书记 2 人、其他贫困村党组织书记 8 人。

35 岁的余平 2016 年担任绿化乡湾箐村党支部书记，近年来他带领全村群众大兴基础设施建设，大力发展特色产业，最终实现全村脱贫的目标。为了让大家信得过、肯一起干，余平首先从作风抓起，要求村"两委"班子不迟到、不早退等。他大公无私、雷厉风行的态度让班子成员服了气，也让群众看到年轻一代的本事。在他的带领下，湾箐村采取"支部+合作社+公司+农户"的模式，全村种植脆红李 2800 多亩，养鸡 30000 余羽，种植蔬菜 500 余亩、食用菌 25000 多棒，农民人均收入从 2016 年的 4000 元提升到 2018 年的 8000 余元。

三是规范村级党组织建设。县级投入财政资金 1.89 亿元，划拨县管党费 720 万元作为"以奖代补"资金，省管党费 50 万元作为修缮资金，统一规划 8 套模板，拟定"10 有"标准，分两批启动 323 个村级组织活动阵地和 16 个城市社区服务站建设，截至目前，新建及改扩建已完工入住 129 个。黔西县给每一个党支部配备了便捷实用的"五件套"，即一套模版、一本手册、一个记录本、一个证件、一个主题党日活动袋，让基层党建更规范、更精准。

为改变村级办公场所"小、差、乱"的局面，五里乡积极协调建设用地，选择在交通方便、群众较为集中的地方新建办公楼。办公楼对挂牌、门牌、桌牌以及规章制度的制作和摆放进行了规范，开通了宽带网络，配置了先进的办公设备，提高了村支两委的服务能力和服务水平，极大地方便了前来办事的群众，从根本上解决了服务群众"最后一公里"的问题，大大提升了基层党组织的凝聚力和战斗力。

四是加大脱贫攻坚一线党员发展力度。创新"1234"党员发展机制（细化一个流程、严格两个标准、突出三个主体、强化四个环节），采取"1+1"或"1+N"结对培养方式培养入党积极分子 2148 名，2017 年、2018 年分别重点在脱贫攻坚一线发展党员 456 名和 562 名。

> 永燊乡沙坝河村在脱贫攻坚期间，加大积极分子培养力度，把村里政治素质强、文化水平高的年轻人吸收到党员队伍中来，为党组织注入新鲜血液。注重在年轻党员中选拔优秀人才培养为村级后备干部，并在各项工作中给他们提供锻炼的机会，使其不断成长。整个支部战斗力和凝聚力得到加强，带领群众创业致富的水平得到不断提高。

（三）锻造队伍——铸造帮扶先锋力量

一是精准选派驻村干部。按照"党群干部到弱村、政法干部到乱村、经济干部到穷村、涉农干部到产业村"的思路，从 87 个县直部门和 29 个乡镇（街道）中选派 363 名优秀的党员干部担任村第一书记，选派 805 名同步小康驻村工作组成员，组建 197 个驻村工作组。同时，把干部驻村与单位帮扶结合起来，形成了"一人驻村、全单位帮扶"的合力。全县村第一书记和驻村干部进村入户走访群众 18.6 万人次，协调项目 360 多个，协调解决资金 2100 多万元，化解矛盾纠纷 1.2 万多起，办理好事实事 9800 多件。值得说明的是，黔西县人力资源和社会保障局制定提拔干部必须优先考虑驻村干部制度，在选派时通过主动报名，同时经过民主推荐后才能下派，确保优中选优。

二是充实脱贫攻坚一线力量。制定《黔西县脱贫攻坚大决战行动方案（试行）》，抽派各单位 2/3 的优秀干部深入基层一线，发起"万名干部进万家"脱贫攻坚大决战新攻势，选派县级领导干部 40 名、县乡干部 6000 名、村组干部 5385 名到贫困村开展脱贫攻坚工作；严格按照要求完成各乡镇换届选举，产生乡镇党委委员 194 名，班子成员平均年龄 35.9 岁，乡镇党委班子更加年轻化；遴选 12 名优秀副科级干部到 14 个深度贫困村所在乡镇和重点乡镇挂任党建扶贫专职副书记。全面清退县直部门从乡镇借用干部，全部返回所在乡镇助力脱贫攻坚，严管严控部门违规借用乡镇干部。

三是"三回一派"补给村"两委"班子。紧紧围绕脱贫攻坚需要，从外出务工、经商成功人士及其他能人中"回请"57 人，从机关事业单位退休人员中"回聘"12 人，从本村在外就读大学生中"回引"69 人，从县乡党政机关、事业单位干部中"下派"79 人到村支两委任职或担任主任助理，纳入村后备力量 99 人。

锦星镇东升小学退休教师董光厚被锦星镇党委回聘到深度贫困村东庄村担任党支部书记。自任职以来，董光厚带领全村党员群众完成 1.47 万平方米连户路、2040 平方米院坝硬化，实施通组路 16.68 公里，易地扶贫搬迁 61 户 265 人，基础设施得到改善，村民幸福指数持续攀升；抢抓恒大集团帮扶机遇，建成蔬菜大棚 353 个，采取"公司+合作社+贫困户"的经营模式，组织群众种植大葱 500 亩、经果林 2133.6 亩、中药材 130 亩，实现产业全覆盖，每年为贫困户增收 3000 元以上。

四是加强党建扶贫工作培训。自 2017 年以来，黔西对县直单位、乡镇分管领导、村第一书记和驻村干部 700 余人进行了专题培训；分两期完成村党组织书记、村委会主任和深度贫困村所在的 14 个乡镇领导班子的集中轮训。同时，将"两学一做"（"两学"：学党章党规、学系列讲话；"一做"：做合格党员）学习教育聚焦在脱贫攻坚主战场，依托"贵州党建云平台"开设云上课堂、发挥"黔西组织"公众号功能开设微课堂、运用"党员为您服务平台"开设掌上课堂、整合"远教站点"开设"流动党员课堂"，着力打造"四课两库"平台，构筑县级党员教育资源库和乡镇级"三会一课数字档案"，培训脱贫攻坚一线干部 1.2 万余人次。

（四）创新举措——运筹战地攻坚策略

一是建强新时代农民（市民）讲习所。成立新时代农民（市民）讲习所 514 个，组建讲习员队伍 1.4 万人，组织党建扶贫、讲习员集中培训班 11 期 1700 余人，采取集中讲习和分散讲习方式开展脱贫攻坚各类讲习 2.8 万余场次，全覆盖宣讲党的政策、法律知识、农业技术、脱贫攻坚等。同时挑选精兵强将着力开展"文军"扶贫，在县委党建办成立党宣室，对全县党建脱贫先进典型进行宣传报道，通过大宣讲、大发动，极大地拉近党群干群关系，鼓舞激励党员创业带富，大众创新，万众创业，大兴真抓实干之风，有效激发群众内生动力。通过讲习涌现出了金兰镇酒鬼变能人的吴学友、永兴乡贫困户主动让贫的皮邦伦、大关镇低保户主动退保的王华春、雨朵镇懒鬼变工人的罗为福等一批扶志典型。

二是建立脱贫攻坚战时党支部。统筹市、县、乡、村、组各级帮扶干部党员力量，成立脱贫攻坚战时党支部 347 个，吃苦在前，冲锋在前。以党建带团建、带工建、带妇建，在扶贫前线成立群团工作站 10 个，组建脱贫攻坚青年突击队、巾帼志愿服务队 363 个，不断壮大攻坚队伍。

2017 年 9 月，黔西县委组织部根据县委、县政府的安排部署，抽调 28 名干部组成 7 个工作组，分赴洪水镇 7 个贫困村对口开展帮扶工作。官庄村工作组率先成立了"脱贫攻坚临时党支部"，永富村紧随其后，依托支部组建"攻坚突击队"和"宣传服务队"两支队伍开展工作。临时党支部通过群众会、院坝会、夜访农家等活动，积极开展政策宣传，指导调整产业结构，普及新型农业知识。目前，洪水镇 11 个村（社区）组建了以村为经营主体的农民专业合作社 11 个，筹集资金 160 万元，流转土地 2000 亩发展特色蔬菜种植，引导群众走上农业产业化发展道路。

三是实施"空壳村"清零工程。深入推进"三变"（资源变股权、资金变股金、农民变股民）改革，践行"塘约经验"（党建引领、改革推动、合股联营、村民自治、共同富裕），建成农业产业园 38 个，创省级农业龙头企业 4 家、市级 18 家、县级 9 家，建立村社一体农民专业合作社 363 个，县财政划拨 1920 万元，按每村 10 万元建立产业发展资金，整合存量资金 1.89 亿元、撬动社会资金 7.13 亿元等集中投入区域连片开发，实现了村村有专业合作社、村村有集体经济，彻底消除了"空壳村"。

大关镇七里村在推动产业扶贫和农村产业结构调整过程中，探索推广"党支部+合作社+农户"模式，以合作社为纽带，整合土地投资入股，集体经济入股，扶贫资金入股。2017 年，全村流转土地 2000 余亩发展牧草种植产业，集中饲养肉牛 500 头，发展 500 头特色黑毛猪养殖，发展上万羽林下生态养鸡项目。村集体收入达 20 余万元，全村 72 户贫困户共计分红 18.5 万余元，以土地入股的群众共计分红 5.8 万余元。

四是发挥"党建+"模式助推脱贫攻坚。充分发挥"党建+"模式，设立全省首家县级大数据中心和电子商务协会党支部，对全县农特优产品进行收集、梳理，推动黔货出山、产销对接。同时，创新党建带群团建设载体，建立"党、团扶贫工作站"10个，培育返乡农民工创业示范企业8家，培育"创业之星"100余人，35名团干部带领520名青年帮助贫困户种植扶贫菜园58块，提供50万元作为青年创业贷款贴息资金；建立"留守妇女创业互助组"320个，带领100余名贫困留守妇女脱贫致富。

（五）督导问责——力行前线决胜命令

一是全面压实党建帮扶责任。按照"大党建"统领"大扶贫、大安全、大发展"的要求，分级实施、分类推进党建工作任务，全面压紧压实脱贫攻坚政治责任。建立乡镇党委抓脱贫攻坚责任清单和任务清单，以"五清单二平台一张网"（"五清单"：行政权力清单、部门责任清单、重点工作落实清单、财政资金使用清单、投资负面清单；"二平台"：民生在线平台、负面曝光平台；"一张网"：政务服务网）监督体系转变服务职能、强化监督举措、实现精细化管理、推动工作落实。建立领导班子和领导干部因工作不力被上级通报批评、媒体曝光、受党政纪处分、诫勉谈话等负面清单纪实管理台账。已公布行政权力清单3468项、责任清单3650项、重点工作清单211项、财政专项资金使用清单406项。县纪委对脱贫攻坚工作不力已发出通报21期，通报131人。

二是常态化制度化问责督导。制定《黔西县脱贫攻坚问责实施细则》，抽派由县纪委（监委）、法院、检察院、督办督查和考核办人员组成的4个脱贫攻坚督办督查组，10个脱贫攻坚核查组和1个易地扶贫搬迁核查组开展问题督查，限时整改销号。设立民生监督平台，开通24小时扶贫举报专线。组建13个督查问责组，深入开展扶贫领域监督执纪问责。自2014年以来，扶贫领域共立案815件，党政纪处分791人，问责科级干部86人，移送司法机关40人。

县城管局党组成员、副局长、钟山镇白龙社区驻村工作组组长杨方伦，帮扶干部余扬、孟伟在脱贫攻坚期间多次到钟山镇工业大道右侧的水塘边钓鱼，杨方伦、余扬、孟伟违反脱贫攻坚工作纪律，造成严重不良影响。杨方伦被免除黔西县城管局党组成员、副局长职务。余扬、孟伟被给予行政记过处分。

三是探索干部管理评价体系。细化 20 条优秀干部评价标准及 20 条较弱干部评价标准，组建 10 个工作组对全县 29 个乡镇（街道）及 63 个县直部门开展干部调研。约谈脱贫攻坚表现较差干部 120 人，召回学习 23 人，评选出 305 名优秀干部并纳入后备力量库进行重点培养。同时，全面推行以"流动红旗鼓励先进、流动黑旗鞭策后进"为主要内容的"双旗制"管理重点工作制度，对工作推进迟缓的分别给予红色、黄色、蓝色预警，树立"干得好受表彰奖励、干不好受警示惩戒"的鲜明导向。

四是激励关怀脱贫攻坚一线干部。制定印发《黔西县干部履职容错纠错实施办法（试行）》，激励领导干部履职担当。提拔重用脱贫攻坚一线干部 73 人。将村（社区）干部报酬提高到每月 2600 至 3500 元、村级办公经费提高到 2 万元以上。每年按照 6000 元至 10000 元/村标准发放村（社区）干部年终目标考核奖；脱贫攻坚期内按照每人每月 200 元标准补发村（居）民小组长误工补贴，每年给村干部补助 700 元城乡养老保险。2015 年至 2017 年共聘用基层服务项目人员 7 人，定向招录村党组书记、副书记，村委会主任、副主任 9 人；2018 年面向贫困村村干部、村第一书记及驻村干部定向招录乡镇公务员 17 名。对县派第一书记和驻村干部实行每天 55 元的生活补贴。推荐 5 名村第一书记、4 名党组织书记、9 名优秀共产党员作为省级脱贫攻坚表彰对象；推荐 22 名优秀共产党员作为市级脱贫攻坚表彰对象；并在纪念建党 97 周年之际，以不低于 95% 的比例面向脱贫攻坚一线评选表彰 300 名优秀共产党员，有效激发党员干部带领群众决战脱贫攻坚激情。

第三节　靶向瞄准：脱贫攻坚的精准识贫与脱贫

为决胜脱贫攻坚、到 2020 年同步全面小康筑牢基础，黔西根据国务院扶贫办《关于开展贫困人口动态调整的通知》等有关要求，在"扶持谁"的问题上下苦功夫，在"识别精准"上"想实招、铆足劲"精准发力，紧紧围绕"一达标、两不愁、三保障"开展精准识别工作。从 2015 年开展"回头看"到 2016 年"进一步精准识别贫困户"，再到 2017 年"查漏补缺"三次精准发力，贫困户识别工作取得实效。2018 年 7 月国家第三方评估组到黔西开展评估后，评估报告给出黔西县识别精准率达到 99.98%，做到了"扶真贫""真脱贫"目标，顺利实现脱贫摘帽。

一、减民怨、促感恩，扶持对象源于群众评

以前，乡（镇）、扶贫办、纪委经常会接到群众反映："某家有房有车都是贫困户，我家条件还没有他家好，我家为什么不是呀，是不是要有关系的才可以当贫困户嘛。"为扎实抓好"扶持谁"，消除民怨，让老百姓切实享受到党的政策，黔西县扶贫开发领导小组组织工作人员深入村组再调研。在调研过程中，发现家庭人均纯收入不好测算。从事农业生产的农户，对收入、材料成本、人工费用等一般都未仔细核算，对一年下来的家庭人均纯收入并不清楚，同时也有一些人想当贫困户而故意隐瞒收入，这就给精准识别带来了很大难度。为解决此种现象，黔西县采取六法（知情众评法、干部评分法、六查比对法、村级会议评审法、动态管理补漏法、宣传教育去伪法）开

展贫困户识别工作。

（一）知情众评法

正所谓基础不牢，地动山摇。只有为精准帮扶、精准退出打下坚实的基础，确保"扶真贫"，筑牢识别这一基础性工程，才能打赢脱贫攻坚这场硬仗。为此，黔西县紧紧围绕"扶持谁"，充分发扬民主，通过发放通知单、电话、QQ、微信等通知方式逐户通知，每户农户至少有一名成年人参与座谈，每次出席评议的户数不低于本村民小组总户数的三分之二，对本村民小组的贫困家庭进行座谈，公开比健康、比教育、比劳力、比资产、比收入、比吃比穿。由相互知根知底的村民小组成员"你评我评他也评，民主监督识真贫"的座谈方式，把识别贫困户的权力，直接交到彼此知情的村民手中，困中选困。最后通过无记名投票或举手表决等方式得出村民小组的贫困户初选名单，杜绝暗箱操作，确保初选对象真贫困。

（二）干部评分法

为进一步摸清农户真实情况，驻村工作队员在收到农户申请后，由脱贫攻坚队长第一时间组织攻坚队员进村入户核查，通过"四看"法评分排序：看住房、居住条件及生活环境；看衣和粮，看家中是否有四季衣服和应季被褥，是否缺油少粮；看家庭劳动力、看劳动观念；看家中是否有读书郎，义务教育阶段子女是否辍学；看家庭资产、收入稳不稳定（以支出倒推收入进行核算），家庭消费水平情况。根据"四看"法评分细则逐项打分，对不同申请农户的实际情况进行仔细梳理，得出分值后采取从低到高进行排序，做到底数清情况明。

（三）"六查"比对法

为防止申请农户隐瞒真实情况，黔西县借助大数据平台通过

"六查"比对申请农户家庭成员信息：一查申请农户是否拥有消费型小轿车，二查企业股份，三查商品房或商铺，四查财政供养人员，五查是否出资办企业，六查家庭成员为基层干部且隐瞒未报的，摸清隐形资产，防止四有人员进入贫困序列。同时开展户口清查，对应迁入未迁入、应上未上户籍的视为同一户，确保人口精准。

（四）村级会议评审法

群众的事无小事。过去村里评低保、评冬春救助，只是简单组织"两委"干部开会，走形式，走过场，农户该得的没给，不该给的却拿了。群众意见很大。为彻底消除这一不良影响，黔西县督导各乡（镇）组织村（社区）"两委"干部深刻吸取教训，无论大事小情，都严格执行"四议两公开"（"四议"：党支部会提议、"两委"会商议、党员大会审议、村民代表会议或村民会议决议；"两公开"：决议公开、实施结果公开）的议事规则，以"该享受的一定享受到，不该享受的坚决不予"为底线，公平议事，公正决策。尤其在识别贫困户方面，严格按照规定程序，邀请党员、村民代表、民生监督员开会进行民主评议，将初步推选出的农户公示到组，征求群众意见。对群众有疑虑的，由干部入户核实，在全村范围内进行综合比较后确定，确保政策落准，群众满意。村委会在收到村民小组上报的初选名单后，组织驻村工作队成员、村支两委干部、小组长、部分党员、村民代表、德高望重的族老召开村级评审会议。以农户"一达标、两不愁、三保障"情况，结合干部入户核查评分、大数据平台比对结果，综合农户住房、就医、就学等情况进行研判，对照"三个坚决不纳入"（一是在城镇有房地产的，二是家中有小轿车、大型货车等汽车的，三是家庭成员有私营企业的）和"四个慎重识别"（一是家族成员有私营企事业单位工作的，二是有现任村委会成员的，三是购买了商业养老保险的，四是遭举报或质疑不能给出合理解释的）。将贫困的农户评审出来进行公示，确保贫困家庭一户不漏纳入扶持管理。近年来，未出现群众认为不公平、不合理的案例。

（五）动态管理补漏法

黔西县借助"万名干部进万家"大走访活动，形成常态，以脱贫攻坚大队、帮扶干部在动态管理期间对疑似贫困对象进行重点回访，对辖区内农户进行"大排查、大走访"，反复核查农户"一达标、两不愁、三保障"是否均有保障，仔细摸排农户近期的生产生活情况，对因灾、因病等因素不能达到脱贫条件的，按照贫困人口识别程序进行再识别再评议，落实公示公告，确保贫困人口不落一户、不漏一人，公平公正公开地纳入全国扶贫开发业务系统扶持管理。

（六）教育宣传去伪法

通过不同方式的宣传、教育、感化，推动不合标准的群众主动退出贫困户行列。黔西县为达到脱贫攻坚政策进入千家万户的目标，依托"贫困户不可耻，争当贫困户可耻"宣传活动，组织乡（镇）村干部到村到组召开"群众会、村民代表大会、院坝会、板凳会"，以实时通信工具QQ群、微信群将脱贫攻坚政策精准传递到外出务工人员手中，通过各村民小组的大喇叭、宣传标语、广播电视、发放宣传手册等方式强化政策宣传，促使脱贫攻坚政策家喻户晓，让老百姓不仅体会到更能享受到党和国家的惠民政策。

二、责任到人找穷根、断困源

（一）干部作风攻坚，选好贴心人

要打赢脱贫攻坚这场硬仗，重点在干部，关键在作风。2016年时值村"两委"换届，针对群众意见大、反响差的村"两委"干部，县纪委督促各乡镇纪委必须严肃处理。如甘棠镇纪委对樱桃村两名村干部调查核实后，进行了严肃处理，并按组织程序调整出"两委"队伍。同时，在充分调研的基础上认真研判，选派了1名年富力强、品行好、作风实的干部到樱桃村担任公职支部书记，同步选配了两名党性强、公道正派的党员为支委委员。坚持德才兼备、以德为先的原则，严格基层组织程序，充分发扬民主，赋予群众话语权，选举出了有德行、有原则、有文化、有能力的村"两委"班子。打好任前"预防针"，镇党委组织对新选任的"两委"班子进行政策、纪律、作风等全方位的教育培训，使新选任干部熟悉并掌握政策，增强纪律"红线"意识和为民服务的宗旨意识，具备过硬作风，有力、有效提升了干部工作能力和水平，使其真正成为群众致富的贴心人。

（二）村情民意攻坚，真心系百姓

为扎实做好"精准帮扶工作"，黔西在找"贫"根、挖"困"源上狠下功夫。一是明确帮扶责任人。对所有建档立卡户明确帮扶责任人，形成"千斤重担众人挑，人人身上有指标"的责任态势，倒逼干部真帮实扶，扶出成效。二是干部帮助查。各攻坚队成立核查工作组，以包村领导为核查组组长，驻村干部、村干部为成员，包村领导负责指导和督查，对核查出的结果负责，成员负责入户了解农户基础情况，帮助分析核实致贫原因。三是发动群众自己查。引导群众分析现阶段的致贫原因，导致贫困的根本原因是什么。四是综合研判剖析。根据农户自身剖析，结合干部实地走访了解的情况，帮助农户剖析根本的致贫原因。

黔西县坚持干部用脚步丈量民情，准确把握群众所需、所盼、所急。充分发挥攻坚队的攻坚作用，组织驻村工作队和村"两委"干部、帮扶单位的帮扶干部把走访群众作为一项重点工作，到组入户，访贫问苦，嘘寒问暖，熟悉掌握每一个村民组、每一户群众的真实情况。哪个组的路不通，水不安全，电压不足；哪一户的房屋不安全，收入没有保障，生产生活困难；哪个农户患有重大疾病，养老保险、高龄补贴没有落实；哪个适龄儿童没有入学，哪个留守儿童监管不好，哪个老人没有得到赡养；等等。这一户户、一个个的情况，在干部的民情日记本上都写得满满当当。切实摸清底数，掌握民情，为以后的精准施策打下坚实基础。

甘棠镇樱桃支部书记许再勇夜访时发现方竹林组的五保户张友贵生病无人过问，连夜将医生接到他家为其治疗。第一书记郭兴元走访贫困户熊世仙时，发现其建房资金困难，在申请相关扶持的基础上个人出资5000元予以帮扶。村主任杨兴文了解到龙洞组杨正林为无水电户，及时完善入户手续帮助入水入电……这一桩桩、一件件感人事迹正慢慢捂热樱桃群众的心。三年来，干部走访群众累计超过6000人次，既把准民情民意，更重拾群众信任。

（三）精准制定作战图，脱贫退出有方向

为保证本次攻坚战能够打有目标、退有方向，黔西县、乡、村按照上级脱贫攻坚行动计划，以建档立卡贫困户为单元，以2019年全面脱贫为目标，算好明细账、列出时间表、绘制作战图、细化措施、倒排工期，结合实际制定脱贫攻坚计划。同时，结对帮扶单位、驻村工作队配合完善行动计划，认真分析致贫原因，立足乡村资源状况和贫困对象实际，结合区域发展布局，量力而行提出切合实际的帮扶计划，建立帮扶台账，精准分配各类扶贫资源，分类实施帮扶，要求县、乡、村将作战图上墙，实行挂图作战。

（四）脱贫攻坚致富，真抓实干促小康

一是谋划产业布局，设定帮扶套餐。为保证每户贫困户都有产业支撑，根据黔西县的实际情况，谋划产业布局，建立项目库，设定了扶贫套餐。严格坚持五个原则：其一，聚焦精准原则。聚焦"三个板块"，即：产业建设、"两不愁三保障"、基本公共服务。以县级脱贫攻坚规划引领项目库建设，聚焦建档立卡贫困人口脱贫、贫困村出列和贫困县摘帽需求，聚焦"两不愁三保障"脱贫标准，把产业扶贫作为重点，提高脱贫质量。其二，坚持优先支持原则。蔬菜、茶叶、食用菌、生态家禽、中药材和"一县一业"等特色产业项目优先纳入项目库；贫困群众参与度高、带动能力强、能激发贫困群众内生动力的项目优先纳入项目库；改善深度贫困地区基本生产生活条件的项目优先纳入项目库；带动当年贫困户脱贫的项目优先纳入项目库。跨村、跨乡镇项目分别由乡镇、县统一规划纳入项目库管理。其三，发挥群众参与原则。积极推广群众民主议事决策机制，发挥贫困群众的主体地位和作用，引导其参与脱贫攻坚项目库建设、扶贫项目实施和管理，提高参与度，增强获得感。其四，做到公开透明原则。严格项目入库程序，实行公告公示制，项目入库前逐级公示，接受群众和社会监督，实行扶贫项目阳光化管理。其五，实行动态完善原则。县级项目库建设坚持科学合理，可操作性强，注重服务基层，在使用中不断完善，将符合需求的项目按程序纳入项目库，将不再符合实际需求的项目移除项目库，既体现项目储备功能，又体现管理完善功能，确保项目库储备项目质量。

结合县级脱贫攻坚规划、资金投向、资金计划，黔西县级脱贫攻坚项目库项目共 5107 个，投资 416985 万元，其中：产业发展 3156 个，投资 70385 万元；基础设施 1945 个，投资 156900 万元；教育（补助）培训 2 个，投资 1100 万元；金融扶贫 3 个，投资 10600 万元；易地扶贫搬迁 1 个，投资 178000 万元。

帮扶干部根据贫困户的实际情况，引导其在项目库中自选套餐，例如：有劳动能力的贫困户可以选择发展产业；有劳动能力无技术的可以选择开展技术培训；因学致贫的开展教育帮扶等。

二是精准找准产业，做到户户增收。收入是评估的一个关键，产业是收入的重要来源，黔西产业主要是按照"长短结合、以短养长"

的模式，"短"即见效快、增收快的短平快产业。对于有劳动能力和发展意愿的农户，根据他们的种养殖习惯，重点打造"养牛、养蜂、养禽、果蔬"四大特色产业。"长"即打造"一县一业"，主要是种草养牛产业，通过恒大帮扶，建设养牛场9个，养牛6500头。通过整合涉农资金、脱贫产业子基金等新建大棚2万栋，喷灌设施1.5万亩，大力发展蔬菜产业，覆盖2万户以上贫困户，带动全县5万贫困人口实现持续增收、稳定脱贫。

在14个深度贫困村种植以脆红李、蜂糖李为主的精品果园20000亩以上，每个村种植面积达到1500亩以上，实现14个深度贫困村贫困户均有3亩精品果园。对于没有劳动能力或者是整户外出的贫困户，主要是在探索"三变"改革上，在33个村开展"塘约道路"试点，成立专业合作社1185个，凝聚8807户农户抱团发展；组建乡镇（街道）平台公司，有力突破了乡镇（街道）融资难的瓶颈。积极探索引进或培育经营实体承包经营、联合经营等多种方式进行管理和发展。对财政专项扶贫资金和其他扶贫资金入股专业合作社的，要求按比例进行保底分红。同时，要求入股的合作社、企业必须优先吸纳贫困户就地就近务工，通过规范建立"经营主体、农户、村集体"利益联结，有效激发了贫困户内生动力，增加了贫困户增收渠道。最后是扩宽销售渠道，贫困户种、养殖出来了，最担心的就是销售问题，自2014年以来，全县培育引进龙头企业25家，农技人员领办创办基地87处，县级成立水西兴黔公司，统筹营销无经营主体的合作社的农产品，与广州嘉家餐饮有限公司签订了黔西县黔货出山广州分销中心合作协议，每年采购黔西县农特产品总额不低于1.2亿元，目前在广东建立了"贵州农特优产品销售中心"。各乡镇成立农特产品营销公司，负责和各村合作社对接，同时，推行农校对接、农企对接、农超对接、市场与产地挂钩、电商直销等现代营销模式，打通线上线下销售渠道，"黔货出山"取得较大突破。

三是精准就业培训，做到脱贫有门路。在就业方面，一是成立体系。成立县级就业扶贫人力资源服务有限公司，并在各乡镇（街道）成立分公司 29 个，村级劳务合作社 360 个，实现劳务组织化体系全覆盖。二是开展大宣传。在 9 个乡镇建立大型 LED 显示屏 9 个，适时宣传和发布就业创业、社会保障、劳动维权、人事人才、依法行政等方面的政策以及岗位需求信息，举办了"春暖乌蒙"等各类招聘会多场，来自县内外的 600 多家企业提供了近 3 万个就业岗位，达成就业意向的有 1800 多人，发放就业创业、毕节就业云 APP 等宣传资料 1.7 万余份。三是信息动态化管理。对全县所有贫困劳动力建立"一户一档一台账"，定期对数据进行更新，确保就业信息准确。四是开展劳务培训。开展贫困劳动力培训，以广州市对口帮扶毕节市为契机，加强与广州市花都区的劳务协作力度并签订劳务合作协议，由花都区人社局出资 19 万元为黔西培训易地扶贫搬迁劳动力 300 人。五是提供就业岗位。通过财政开发"10+N 个一批"公益专岗，社会筹资开发就业岗位。六是成立扶贫车间。积极引进广州汇璟集团在锦绣花都开设"扶贫车间"，吸引贫困群众就近就业。

四是精准易地搬迁。易地扶贫搬迁是贫困人口"挪穷窝、换穷貌、改穷业、拔穷根"的治本之策，是实施精准扶贫、打赢精准脱贫攻坚战的关键举措。黔西抓住国家实施易地扶贫搬迁政策的机遇，对"一方水土养不起一方人"地区的人口实施易地扶贫搬迁，在解决搬迁的问题上主要有以下几点做法：

搬得出。坚持"以产定搬、以岗定搬"的原则，2016 年全县搬迁有 1487 户 6664 人（其中建档立卡贫困户 1350 户 6032 人），共建有 11 个搬迁安置点。2017 年采取县城集中安置方式，委托恒大集团帮扶代建锦绣花都安置点，完成搬迁 3827 户 16852 人（其中建档立卡贫困户 3627 户 16016 人），并配齐家具、家电等生活用品，实现拎包入住。2018 年新增易地扶贫搬迁工程惠风花园安置点，搬迁 686 户 2969 人（其中建档立卡贫困户 112 户 459 人）。

稳得住。充分利用搬迁群众迁出地的耕地、林地、宅基地资源，流转入股土地 4316.57 亩，退耕还林 1495.63 亩，复垦复绿 159.43 亩；落实搬迁对象低保 4797 人，其中：特困供养 19 人、农村低保 1421 人、城市低保 3357 人，开展医疗救助、临时救助、医疗扶助等各类救助 6325 人次；参加新型农村合作医疗 23052 人；参加养老保险 10167 人；整合安置点周边教育资源及医疗资源，保障搬迁户就医就学需求；成立锦绣花都党工委，同步规划社区服务管理场所，服务和管理搬迁群众。

能致富。开展劳动力就业培训 2155 人次，落实劳动力就业 4949 户 8504 人，开发公益性岗位保障 405 名零就业家庭劳动力就业，确保搬迁户劳动力家庭户均 1 人以上就业；大力发展脱贫产业，长短结合，2016 年 11 个安置点实施项目（产业）39 个，实现搬迁户产业全覆盖，采取合作社集中经营管理的模式新建商铺，由搬迁群众以商铺入股，年终进行分红。2017 年，恒大援建安置点商业设施，通过资产运作，收益和贫困户利益链接，解决贫困户搬迁入住的费用开支，吸纳贫困户就业务工。

五是持续推进健康扶贫。其一，卫生室全覆盖。全县 363 个行政村卫生室、25 个乡镇卫生院实现标准化建设全覆盖，10 个乡镇卫生院建成中医馆。实施县域医疗卫生信息化建设，建成了县乡远程医疗中心。其二，即时结算。实行贫困人口"先诊疗后付费""一站式"服务，实现了建档立卡贫困人口 100% 参合，全部落实家庭医生签约服务；在家慢性病患者全部落实了签约服务管理。所有贫困户住院合规费用报销比例均达 90% 以上，从根本上遏制了因病致贫、因病返贫。其三，送医上门。开展"送健康·助脱贫"医疗服务进村寨活动，服务群众 36.73 万人次，发放价值 78 万余元的药品 40 余种，宣传品和宣传资料 76 万份（件）；组建 32 支脱贫攻坚健康服务团队，进村入户为群众开展卫生计生政策宣讲、健康体检、诊疗义诊、健康宣传教育和健康咨询等活动，指导乡村做好疾病诊断、治疗、康复工作，活动覆盖 197 个贫困村。

六是精准推进教育扶贫。坚持"核心义务教育，重点建档立卡户"控辍保学观，严格按照"五有一覆盖"（学校有方案、校园有标语、劝返过程有声像记录资料、劝返有效果、责任教师有总结，最终实现全覆盖）的工作要求和方法，深入村村户户，按照不落1户、不漏1人的要求，落实劝返责任，扎实开展控辍保学工作。积极构建县申报、乡镇（街道）统筹、学校和村（居）委会协同包村、贫困户配合、教师个人包户的"六位一体"履职体系，全面落实各项学生资助政策，实现所有贫困家庭学生应助尽助、应贷尽贷。在国家第三方评估中，黔西以"零辍学"的成绩实现教育保障目标，助力全县脱贫攻坚。

七是精准推进金融扶贫。为切实解决建档立卡贫困农户贷款难、担保难、贷款贵等问题，发展灵活多样的产业扶贫，充分发挥金融在支持贫困地区、贫困农户发展生产，脱贫致富中的积极作用，以扶贫贴息为杠杆，以农户小额信用贷款为载体，积极为符合贷款条件的贫困户提供5万元以下、3年期内免抵押、免担保的"特惠贷"，切实降低贫困农户融资成本，帮助贫困户家庭解决发展资金。

三、退出不漏项，农户认可真脱贫

（一）小组提名退

黔西县紧紧围绕"如何退"充分发扬民主精神，让老百姓充分参与其中。各攻坚队公告当年脱贫标准，由各村民小组根据脱贫标准进行提名，脱贫名单在上报乡镇政府之前，村两委通过召集村民代表召开村民小组会对拟脱贫户名单进行逐个评议。依托邻里之间的现有情况都很清楚这一条件，充分调动村民积极参与评议，经过村民之间讨论，以举手表决或无记名投票的方式确定拟脱贫户是否符合"一达标、两不愁、三保障"退出标准。

（二）望偿问算退

紧紧围绕"一达标、两不愁、三保障"退出标准，各攻坚队长组织村"两委"和驻村工作队看农户住房是否跑风漏雨、四季是否有换洗衣被、厨房是否有余油剩米、产业发展是否可持续增收。攻坚队员亲自尝农户饮水是否有异味，确保饮水安全。问教育、医疗、就业情况，并充分利用大数据平台核实相关情况，对未实现教育、医疗，住房无保障的一律排除脱贫队伍。与农户算农药花了多少钱，种子费用多少，化肥支出去多少，幼禽畜购买支出去多少，饲料花了多少钱，务工去了几个月；以倒推形式算粮食收了多少斤、经济作物卖了多少钱，工资每月进多少，获得了哪些政策性收入，入股项目分了多少红，账目算个一清二楚。依托小组的提名和干部入户核实情况，对照"一达标、两不愁、三保障"标准，向符合退出条件的农户讲明白，目前黔西所有建档立卡户均为脱贫不脱政策，农户亲自签名退，促使退出不扯皮。

总结与启示

党的十八大以来，中央高度重视扶贫工作，把脱贫攻坚作为全面建成小康社会的底线任务和标志性指标，做出一系列重大部署。习近平总书记指出："抓工作，要有雄心壮志，更要有科学态度。打赢脱贫攻坚战不是搞运动、一阵风，要真扶贫、扶真贫、真脱贫。要经得起历史检验。攻坚战就要用攻坚战的打法，关键在准、实两个字。只有打得准，发出的力才能到位；只有干得实，打得准才能有力有效。"脱贫攻坚是一项复杂的系统工程，黔西县在坚持中央和省市相关政策的基础上，结合当地实际情况，通过做好整体部署、强化组织领导和深化靶向聚焦实现科学决策、精准发力，为打赢脱贫攻坚战做好了总体引领和战略布局。

一是顶层设计，谋篇布局。黔西县按照"中央统筹，省负总责，市县抓落实"和五级书记抓扶贫的要求，建立健全指挥体系。紧紧围绕市委提出打赢"113攻坚战"的总体思路和县委"12345"奋斗目标，严格按照"一达标、两不愁、三保障"脱贫攻坚有关要求，团结一致、狠抓落实，攻贫困难点、补脱贫短板，全力推进脱贫攻坚"四场硬仗"，让黔西的贫困面貌不断发生改变，确保脱贫攻坚工作取得实效。贫困治理的顶层设计为脱贫攻坚进行了整体布局，脱贫攻坚的制度安排为摆脱贫困提供了制度载体，精准脱贫的战略实施为治理贫困提供了现实机制。

二是党建引领，指明方向。黔西县全面贯彻落实习近平总书记关于扶贫工作的重要论述和对毕节试验区工作的重要指示精神，坚决把思想和行动统一到党中央、国务院、省委、省政府和市委、市政府关于脱贫攻坚工作的各项决策部署上来。通过"1234"方法优化党员队伍，通过"两坚持、两强化"锻造基层攻坚队伍，通过"三亮行动"凝心筑魂，持续不断加强党的建设，深化党对脱贫攻坚工作的引领作用。基层党组织建设是脱贫攻坚的坚强保证，也是以脱贫攻坚统揽发展全局的重要抓手。越是进行脱贫攻坚战，越是要加强和改善党的领导。农村基层党组织是党在农村的执政根基，也是党组织在基层的"神经末梢"，还是落实党的路线方针政策的"毛细血管"。

三是靶向聚焦，精准脱贫。黔西县紧紧围绕精准识别、精准退出、精准信息、群众满意等核心内容，全面推进识贫、扶贫工作。采取"六法"开展贫困户识别，大大提高了识别精准度和群众满意度；选派优良干部责任到人，精准发力助贫困户"拔穷根"；围绕"一达标、两不愁、三保障"退出标准，入户核实情况，确保农户可脱贫、真脱贫。有效防止漏评、错评、错退等现象发生，真正实现精准施策、精准发力、精准帮扶。靶向聚焦、精准脱贫在如何以最小的代价取得最好的结果方面具有重要意义。在脱贫攻坚战进入冲刺阶段时，坚持一切从实际出发，切实做到谋划实、推进实、作风实，求真务实，真抓实干，聚焦瞄准"真贫"精准发力是应该遵循的重要准则。

第四章

深度激发群众脱贫致富内生动力

习近平总书记指出，扶贫要同扶智、扶志结合起来，幸福都是奋斗出来的。实践也证明，脱贫攻坚必须大力推进内源扶贫，从根本上加强贫困地区和贫困人口的脱贫内在动力。只有实现从消除收入贫困向消除精神贫困和能力贫困转变，着眼于群众自身反贫困能力的内源性提升，才能实现长期、持续、稳定和彻底的脱贫。在脱贫攻坚工作实践中，黔西大胆弘扬创新革命时期的农民讲习所做法，与时俱进，在传承的基础上不断创新，扶贫与扶智、扶志同时进行，走出了一条有效激发群众脱贫致富内生动力的新路子。

第一节　传承与创新：农民讲习所的时代内涵

在长期的革命、建设和改革实践中，中国共产党形成了"从群众中来，到群众中去"的领导方法和工作方法。从国民大革命时期的"农民运动讲习所"到如今的"新时代农民（市民）讲习所"，共产党人始终坚持以人民为中心，放手发动群众，动员广大人民群众的力量开展革命和改革实践。新时代农民（市民）讲习所在传承的基础上创新、在创新的过程中发展，成为脱贫攻坚战役中思想宣传的重要阵地。

一、新时代农民（市民）讲习所是构筑时代精神的摇篮

随着中国特色社会主义的蓬勃发展，立足于新时期中国特色社会主义建设的基本国情，新时代农民（市民）讲习所于传承中创新，于实践中发展，赋予了农民讲习所全新的时代内涵。

（一）形成背景与发展历程

新时代农民（市民）讲习所的发端在贵州省毕节市。贵州省是全国脱贫攻坚的主战场之一，贫困面广、贫困程度深、脱贫任务重。自 2015 年脱贫攻坚战打响以来，贵州省各级政府时刻牢记脱贫使命，积极探索脱贫渠道，不断创新脱贫方式，在脱贫路上砥砺前行。在脱贫攻坚的火热实践中，毕节市委逐渐意识到，脱贫攻坚是群众的事业，只有激发群众的内生动力，有群众的广泛参与，才能组织起脱贫攻坚的人民战争。为了宣传和动员群众，毕节市各级组织借鉴我党在国民大革命时期创建农民运动讲习所的经验，瞄准脱贫攻坚主题，组建讲习队伍深入基层、深入脱贫攻坚第一线。正是在这种肩负使命深入基层的生动实践中，新时代农民（市民）讲习所应运而生。

1. 萌芽于历届中央领导对贵州的亲切关怀

胡锦涛同志任贵州省委书记时提出建立毕节试验区，要求贵州经济发展必须作出新探索，寻找新模式，并且长期给予支持与关怀。习近平总书记同样十分关心贵州的发展，在重大会议中多次提到贵州，并亲自到贵州考察指导工作。他对贵州寄予厚重期望，希望"贵州再接再厉、乘势而上，努力谱写贵州'十二五'时期加速发展、加快转型、推动跨越的新篇章"。肩负着历代中央领导集体的亲切关怀与殷切期望，新时代农民（市民）讲习所在贵州乌蒙大地萌芽成长。

2. 诞生于贵州脱贫攻坚的生动实践

2017 年 4 月 12 日，毕节市委作出创办脱贫攻坚讲习所的部署。4 月 14 日，在威宁县成立了第一家农民脱贫攻坚讲习所，并迅速以星火燎原之势在全市推开；党的十九大召开期间，习近平总书记在参加贵州代表团讨论时充分肯定了贵州省毕节市把支部建在生产小组上、发展脱贫攻坚讲习所的这一做法，强调新时代的农民讲习所是一个创新；党的十九大胜利闭幕后，按照省委的统一部署，全省立即掀起了创办新时代农民（市民）讲习所的热潮，并迅速延伸覆盖到各行业、各领域。

（二）讲习内容与讲习方式

1. 讲习内容

讲大政方针。新时代农民（市民）讲习所讲好习近平新时代中国特色社会主义思想和党的十九大精神，讲清楚新时代的历史方位，讲清楚在时代的转变中如何把基层群众与时代结合放在第一位。让群众理解党的历史方位，把对党的认识提到新的水平，从而产生思想自觉和行动自觉，最终形成历史的合力。

讲脱贫政策。新时代农民（市民）讲习所最重要的任务之一就是讲习脱贫攻坚政策。向贫困群众讲清楚健康扶贫、精准扶贫、教育医疗、产业帮扶、社会保障兜底等脱贫政策。针对群众不理解、最关切的方针政策详细讲解，如异地搬迁扶贫是什么意思、搬迁后如何适应现代化生活等。

讲法律法规。依法治国是党领导国家的基本方略，遵纪守法是对公民的基本要求，基层群众对法律知识是渴求的，农民解决各种纠纷急需法律法规知识，通俗易懂的法律法规宣讲对群众来说就像及时雨。新时代农民（市民）讲习所给人民群众进行普法教育，鼓励农民用合法手段解决现实问题。

讲技术方法。农民实现脱贫致富需要技能和方法，讲习所同样在其中发挥着重要作用。结合时代性、针对性和实用性，从脱贫攻坚中群众最为期盼的创业就业技能培训、相对落后村寨期待的乡风文明知识及农村产业结构调整要求入手，积极开展特色种植业和养殖业、特色农副产品加工等实用技术讲习，厨艺、编织、家政、汽修、电商等就业技能讲习，为返乡创业人员排忧解难，让农村群众得到实惠，增强群众致富奔小康的本领。

讲文明礼仪。对美好生活的向往是广大农（市）民群众的共同心愿，创建美丽乡村不仅要重视"面子"，更要重视"里子"。新时代农民（市民）讲习所不仅通过多种方式推广文明生活方式，还充分发挥道德模范的力量，通过讲习提高村（市）民文明素养，提升村（市）民的内在美。

2. 讲习方式

集中与分散相结合，开展"便民化"流动讲习。新时代农民（市民）讲习所按照"课堂式大集中"与"互动式小分散"相结合的原则，不仅在固定讲习所开展集中讲习活动，还在田间地头、村头寨尾、居民院落、园区工地等场所，进行灵活讲习，实现了"群众在哪里，讲习就到哪里"。

理论与实践相结合，开展"应用化"高效讲习。在传授课堂理论知识的同时，还会手把手传授实际的种（养）殖操作技术，让群众在实践中巩固理论知识，学有所成、学有所用。

（三）新时代农民（市民）讲习所的创办意义

新时代农民（市民）讲习所重在扶贫先扶志、治穷先治愚、脱贫先脱旧，以精神层面的脱贫促进物质层面的脱贫，以文化小康助推全面小康。它将思想引领、脱贫致富、技能培训、移风易俗等内容囊括其中，充分发挥深入群众、深入基层的优势，成为农民脱贫路上的"加油站"，更是凝聚党心民心的"大课堂"，对于提振农村精气神、增强农民凝聚力、提升农民技能、孕育社会良好风尚意义深远，成为推动贵州省脱贫攻坚战役取得伟大胜利、共赴全面小康社会的重要平台和有力抓手，构筑起时代精神的摇篮。

二、黔西农民讲习所——动员群众脱贫攻坚的生动范本

习近平总书记指出，贫困地区发展要靠内生动力，如果凭空救济出一个新村，简单改变村容村貌，内在活力不行，劳动力不能回流，没有经济上的持续来源，这个地方下一步发展还是有问题。扶贫不是慈善救济，而是要引导和支持所有有劳动能力的人，依靠自己的双手开创美好明天。2014年末，黔西贫困发生率为15.58%，贫困人口多、贫困面积大、贫困程度深是其鲜明的阶段性特征。部分群众不同程度地存在"精神贫困"和"智力贫困"问题，成为脱贫路上的"顽疾"，成为实现"脱贫摘帽"的巨大阻碍。

为了激发群众发展内生动力，提升其脱贫致富的决心和信心，打好打赢脱贫攻坚战，如期实现"脱贫摘帽"，黔西县以新时代农民（市民）讲习所为主要阵地，集中全面地展开了大范围的群众宣传讲习工作，实现了群众思想从"要我脱贫"到"我要脱贫"的转变，为实现精准扶贫、精准脱贫提供了精神动力。总体上来看，黔西县新时代农民（市民）讲习所注重"讲"与"习"相结合，聚焦贫困群众"智力"与"志气"提升，围绕"谁来讲""讲什么""怎么讲"三个重点，紧扣广大群众所需所盼，实行"问需式"讲习，大力开展"六讲六干"讲习活动，为打好打赢脱贫攻坚战提供精神动力、理论支撑和方法指导，在夺取脱贫攻坚战全面胜利中取得了明显成效。

如今的黔西县广泛传唱着这样一首歌谣："脱贫攻坚讲习所，干部群众你和我。就像当年见红军，看见干部不再躲。宣传政策讲道理，房前屋后种水果。党给我们拔穷根，日子越过越红火。"歌谣用

简单质朴的语言,道出了新时代的干群鱼水情,道出了新时期基层党建工作的新创举,道出了大党建统领大扶贫的新方法,道出了人民群众对新时代农民(市民)讲习所的认可与赞同。

第二节　强调"三化",让"谁来讲"更加有保障

农民(市民)讲习所是一所大学校,受众广、内容多、任务重。毛泽东说过,办好一所学校最关键的是要选好校长、教员、制定好教育方针。办好新时代农民(市民)讲习所,最重要的也是解决"谁来讲"的问题。黔西县结合讲习目标,立足区内实际,强化阵地建设管理和组织领导,建立起全县讲习队伍,总结出了"三化"原则,通过群众喜闻乐见的形式,讲感恩、讲思想、讲政策、讲技术、讲道德,让广大干部群众干有方向、干有激情、干有思路、干有本领、干有精神,有效保障了讲习工作深入推进。

一、管理运行制度化

为了规范农民(市民)讲习所的管理运行,黔西县委县政府制定下发了《中共黔西县委办公室黔西县人民政府办公室关于成立脱贫攻坚讲习所工作组织机构的通知》(县办发〔2017〕45号)、《中共黔西县委关于进一步加强"新时代农民(市民)讲习所"工作助推脱贫攻坚同步小康的意见》(县发〔2017〕13号)等一系列规范性文件,制定工作方案,实施具体行动计划,科学安排时间进度,明确各项任务完成标准及单位职责,统筹推进全县讲习所工作。

黔西县农民(市民)讲习所实行县乡村三级"一把手"负责制,由党委政府主导主办,县成立以县委主要负责人任所长,县政府主要

负责人、县委分管负责人任副所长的领导小组，各乡镇（街道）、村（社区）相应建立以"一把手"任所长的乡镇（街道）、村（社区）级讲习所组织机构；建立完善宣传调度、资金投入、督查考评机制，对讲习工作开展定期督查，对排名倒数后三位的乡镇（街道）讲习所长在县电视台作表态发言，并将督查考核结果纳入乡镇（街道）、部门年度目标管理。制度化、规范化的管理明确了县乡村各级领导的任务和责任，激发了广大干部人员的工作干劲，为黔西县新时代农民（市民）讲习所的全面推进提供了坚实的制度保障。

二、队伍建设多元化

在讲习队伍建设上，黔西县采取内选外聘的方式，成立由各级党政领导干部、专业技术人才、致富带头人、文化工作者、田专家、土秀才、乡贤寨老、退休教师、贵州脱贫攻坚群英谱及各类先进模范人物组成的规模达 1.49 万人次的讲习队伍，并根据不同特长将讲习员划分为"政策讲习员""技术讲习员""文明讲习员"三支队伍。队伍人员各司其职，解释政策法规、讲解生产工艺、宣扬文明风尚，坚持"讲""习"结合，言传身教，为脱贫攻坚助力添瓦。由于宣讲的主体大多为市、县、乡、村各级书记、驻村干部、乡土人才、农民讲师等人民群众熟悉的人，因而易于为群众所接受。

（一）政策讲习员：讲政策，明方向

"政策讲习员"由市、县、乡、村各级党组织书记、第一书记、驻村干部以及各级领导干部等组成，主要负责讲解国家、地方的方针政策，理清脱贫攻坚的宏观思路，为群众普及惠民政策，真正让广大人民群众知道惠在何处、惠从何来，让群众切实感受到党和政府的关心关怀，从内心深处自觉感恩党和政府，坚定跟党走的信心和决心，受到广大群众欢迎，得到广大群众称赞，有效培育了农村良好社会风

尚。农民群众普遍文化程度不高，对国家的大政方针、地方的发展举措往往一知半解，故而常常因个人短期利益受损而对地方政府甚至国家产生敌对心理。政策讲习员们深入农村一线，用浅显易懂的"大白话"，结合农民身边真实的脱贫案例，给群众解释党的惠民政策和扶贫方法。农民群众听懂了、理解了，才能心甘情愿地配合政府工作，积极投身脱贫攻坚战役。

　　李民赋是黔西县洪水镇的党委书记，自讲习所成立以来，他积极投入讲习工作中，这位群众口中最"接地气"的党委书记，常常是左手拿着铁锹，右手一挥就在田间路旁开讲了。用群众喜闻乐见的百姓身边故事和"土话土语"阐释脱贫攻坚、绿色发展等党的政策，力争让百姓都能听懂。"通过新时代农民讲习所，很多党的好政策能直接传递给基层老百姓。同时，干部群众面对面交流，既能培养干部做群众工作的能力，又能让群众更了解干部的工作状态，能更好地传递党情民意'好声音'。"李民赋对自己讲习员的"新工作"充满干劲也乐在其中。脱贫攻坚是当时黔西县的工作重点，越来越多的政策资金向基层倾斜，同时也引发了一些矛盾。农民讲习所讲习和宣传党的政策，既能让百姓入脑入心，又能打开"心结"，化解矛盾，调动大家的发展积极性，是新时代实现乡村振兴发展的重要思想"阵地"。

　　政策讲习员既通过讲方针讲政策鼓起农民通过发展脱离贫困走上致富道路的信心，又通过讲思路讲方法让贫困农民找到适合自己发展产业实现就业奔小康的路子，不断激发农村群众脱贫致富的内生动力。同时，各级干部深入基层与群众面对面交流，能够切实感受农民关切、体察乡村民情，充分体现了中国共产党"全心全意为人民服务"的宗旨和"从群众中来，到群众中去"的领导方法和工作方法，对于淬炼党员干部、增进干群关系、落实群众路线有着重要意义。

（二）技术讲习员：讲技术、传方法

"技术讲习员"由社会各界技术专家、农技能人、致富带头人等组成。主要负责传授农业技术知识、脱贫致富经验。这些"身怀绝技"的专家能手们，或是各行各业的技术骨干，或是村子里的劳动能手，以讲习所为平台，对村民进行特色种植业和养殖业、特色农副产品加工等技能技术培训，为群众在农业生产中遇到的实际问题释疑解惑，提供发展生产、走上致富道路的"金点子"，给群众带来了实实在在的支持和帮助。

潘学军是贵州大学农学院副院长、教授，他曾在黔西县永燊乡核桃基地开展现场讲习活动，为种植户们解决核桃树种植过程中遇到的各种问题。潘教授不仅为种植户们指出了种植过程中存在的问题，还手把手教他们解决方法，为农户们解了燃眉之急。彭德祥是县里的干部，也是养猪达人。现在，他带着大家养起了"玉米猪"，要把当地土法养殖的猪拿到高端市场去卖。听说一头猪能多卖800块钱，村民的热情也很高。"我每次讲基本板凳都坐满了，不管在哪个村，只要想养猪的都来。"如今他们养的猪有了特别的称号——"乌蒙生态猪"。

农民讲习所不仅要讲政策、讲思路，更要讲技术、讲方法。技术讲习员针对农户发展生产过程中出现的实际问题，提出科学的解决方法，并给农户传授先进的生产技术，为黔西县农民脱贫提供了最实际的技术支持。

（三）文明讲习员：讲文明、树新风

"文明讲习员"由各级德师、乡贤榜样、文明标兵以及有志于为贫困地区"扶智、扶志"的文化学者、文化工作者、退休老干部老教师等组成，主要宣讲礼仪规范、道德风尚。他们将家风家教、环境整治、黔西故事等纳入讲习内容，将身边好人"黑衣小哥"宋昶、"爱心猪肉老板"何昌伦等正能量故事传播到千家万户，丰富讲习内容，拓展讲习渠道，采取"望闻问切"形式为群众把脉问诊"开方子"，达到了"旧风陋习除下去，村规民约立起来"的效果。

张浪是黔西县洪水镇新桥村最早的一批讲习员之一，村里最开始成立讲习所时，只有两位讲习员，张浪就是其中之一。为了改善乡风乡貌，张浪和其他讲习员连同村里退休干部、乡贤寨老等组成公益队伍，结合中华传统美德、社会公德、《文明行为促进条例》、农村环境卫生综合治理等内容，挨家挨户开展流动讲习，宣扬勤俭节约、保护环境、邻里互助、文明礼貌等礼仪风尚。多场文明讲习下来，村民们耳濡目染，村容村貌焕然一新。许多村民还主动担当起村子里的义务卫生监督员，看到村民有乱扔垃圾、乱堆乱放的现象会自发上前劝阻。

"三支队伍"围绕政策讲习、技术讲习、文明讲习协同发力，思路与方法并重、理论与实践并行，形成了讲习员身体力行带民致富奔小康的强大攻势。截至 2018 年 9 月，黔西县已经开展喻朝芬、杨绍书等"榜样讲习"80 余次，岳红霞、安荣发等"能人讲习"60 余次，冯守琴等"乡贤讲习"200 余场。

三、阵地保障规范化

（一）坚持资源共享原则，开发利用现有平台

1. 巩固课堂阵地

黔西县委县政府立足县内实际，整合道德讲堂、"农民夜校"等

现有阵地平台，投入资金 100 余万元，建立了县乡村"三级讲习所"。按照"六有"标准（有牌子、有阵地、有队伍、有计划、有成效、有资料），统一规范建立 514 所讲习所，其中，县级讲习所（县委党校）1 所，乡镇（街道）级讲习所 29 所，村（社区）级讲习所 363 所，工青妇等讲习所 121 所（劳模讲习所 45 所、巾帼讲习所 30 所、青年突击队讲习所 10 所、电商协会讲习所 26 所、企业讲习所 10 所），在讲习所集中开展讲习活动 8655 次。

2. 开发田埂阵地

黔西县按照"便民化"原则创出特色，建立"现场式"讲习所，力求把讲习所办到群众家中，办到田间地头，办到生产一线，最大化满足群众实际需求。在逢年过节、喜事前后、民俗活动期间、农忙耕作季节等时节采取田坎会、院坝会、群众会等方式开展集中讲习、流动讲习、上门讲习，在农村生产生活的一线把群众组织和动员起来。

解放村的讲习员张浪在省委十二届三次全会期间，常常隔三差五就带着移动 LED 显示屏到村里的广场上给村民们播放相关的新闻报道。每次张浪一打开显示屏，广场上聚集着的纳凉和跳广场舞的群众都积极地围拢过来，有的议论"四场硬仗，我看我们村差不多了嘛"，有的感叹"全部都是动真格哦"！张浪随机把省委十二届三次全会和市委二届三次全会内容精神作简要解读，并对群众提出的脱贫攻坚方面的问题作解答。几张板凳、一块显示屏、三五成群的观众，讲习就在这种轻松随意的氛围中展开了。

对黔西县的讲习员们而言，乡亲们家的堂屋、院坝，田埂上或者是庄稼地，都是他们的课堂。通常都是几张小板凳，群众三五成群，或围成一圈，或站或坐，或谈笑风生，或你问我答，没有"填鸭式"的生硬，也没有"独角戏"的尴尬。许多的困惑和疑虑、误会和矛盾、问题和解决途径，就在这样的讲习中实现。目前，黔西县针对群众个体需求，广泛开展小组会、院坝会、板凳会、群众会等分散讲习活动 13617 次。

（二）坚持"请进来"与"走出去"相结合，加大培训力度

新时代农民（市民）讲习所为农民搭建起了脱贫致富奔小康的桥梁，讲习员作为领路人，必须不断丰富并更新自己的知识和信息储备，提高自己的讲习能力，从而使讲习的效能最大化。为了打造一支高水平的讲习队伍，各级单位制定讲习员管理规定，落实培训经费 40 万元，加大培训力度，全面提高了各级讲习员的专业技能和实践能力。此外，部分乡镇还通过积极举办"优秀讲习员"选拔大赛等方式，让讲习员们以竞赛的形式相互取长补短，发现自身需要改进的地方，从而有效提升自己的讲习水平。

与此同时，黔西县还借助"请进来"和"走出去"的形式，一方面邀请全国范围的优秀讲习员、各领域的专家学者来黔西县公开讲习，交流讲习经验和方法；另一方面组织讲习员去其他区县学习取经，认真听取各先进单位的经验介绍，全方位了解各先进单位在新时代农民（市民）讲习所建设过程中营造宣传氛围、打造特色阵地建设等方面的具体措施和办法。总结其他地方讲习员的经验和方法、借鉴其优点和特色，不断拓展新的讲习渠道、开展新的讲习形式，"讲"出新花样，"习"出高水平。

第三节 突出"四度"，让"讲什么"更具鲜活度

在推进新时代农民（市民）讲习所的实践中，黔西县围绕"六

讲六干"具体要求深化讲习内容，增强讲习效果，明晰了"讲什么"的问题。通过菜单化落实讲习内容按需讲习，通过统一规范编印讲习读本规范讲习，通过突出"四度"精细讲习，着力推进新时代农民（市民）讲习所工作落地落实。

一、讲方针政策有高度

新时代农民（市民）讲习所作为思想宣传的大本营，牢牢把握政策宣传、政治教育的主体功能。讲习近平新时代中国特色社会主义思想，让人民群众了解党和国家思想理论的最新成果，使人民群众"干"有底气；讲党的十九大精神，让人民群众知晓国家的大政方针，使人民群众"干"有方向；讲最新的精准扶贫政策，让人民群众明晰国家的惠民政策，使人民群众"干"有动力。从国家到地方，从区县到乡村，各级政策讲习层层递进、循序输出，使老百姓明白了国家、地方准备怎么干，为什么这么干，老百姓应该怎么做、需要怎么做。

（一）普及时政，宣传政策有门路

以习近平新时代中国特色社会主义思想和党的十九大精神为核心，深化群众政治教育。习近平新时代中国特色社会主义思想，是马克思主义中国化的最新成果，是党的十八大以来以习近平同志为核心的党中央进行艰辛理论探索和推进理论创新的成果，是党和人民必须长期坚持的指导思想。新时代农民（市民）讲习所把握习近平新时代中国特色社会主义思想和党的十九大精神，立足新时代新形势，开展讲习工作，使讲习所成为宣传党的新思想新成果的主阵地。截至目前，黔西县围绕学习宣传贯彻党的十九大精神，特别是习近平总书记在贵州代表团讨论时的重要讲话精神，已开展讲习活动1500余次。

以精准扶贫政策、脱贫攻坚方案为重点，强化群众脱贫动力。自脱贫攻坚战打响以来，贵州省作为脱贫主战场，大力探索脱贫新方式，制定了一系列脱贫方案，有效推进了脱贫攻坚事业的发展进程。黔西县新时代农民（市民）讲习所通过宣传党和国家的脱贫政策，让人民群众意识到党和国家对贫困地区的深刻关切，激发广大贫困人口脱贫的内生动力。

（二）分类施教，精准讲习有成效

广大农民（市民）群体教育背景、家庭情况、贫困程度各有不同，对群众实施分类施教是讲习所的一大特色。讲习员们深入基层，调研农（市）民具体情况，结合其自身实际情况展开讲习工作。采取"群众点菜、专家配菜、受众品菜"的模式，开展"菜单化"分类讲习。针对党员干部、农村群众、社区居民、青年学生等不同群体的需求特点，运用不同的讲习方式、选配不同的讲习内容。如龙里县水桥社区讲习所"民有所呼、我有所应"，开展了汽车保养、法律知识讲习；龙山社区讲习所根据群众开"农家乐"的需求，有针对性地开展了厨艺讲习，都很受欢迎。

刁朝贵是黔西县莲城街道八块田社区的一名低保户，因幼时患上小儿麻痹症而造成下肢萎缩。行动不便导致收入微薄的他，还要照料自己孤苦无依的亲侄女，日子过得十分艰难。这种状态一直持续到 2017 年 4 月。4 月初，八块田社区新时代农民讲习所正式成立，可自幼残疾的刁朝贵却不能走出家门参与到讲习所活动中来。针对这一情况，街道讲习员黄家陆、社区讲习员李雪就将讲习所开到了他的家中，只为他一人开展讲习活动。利用新时代农民讲习所，讲习员黄家陆和李雪一次又一次地给他讲习国家针对建档立卡贫困户和残疾人的各项优惠政策，鼓励刁朝贵利用自己本身就会一些手工制作的特长发展手工制作业。

在讲习员黄家陆的分析和建议下，刁朝贵成立了一个手工制作棉鞋的小加工坊。当遇到困难、心存疑惑的时候，刁朝贵总会寻求社区干部的帮助，讲习员也会不辞辛苦地为他带去政策与技术。经过一段时间的努力，棉鞋加工坊每天都有300余双的半成品进入黔西市场，产品销售到黔西县林泉、素朴、大关等乡镇，在毕节、大方等地也有长期商家。由于制作成品的时间较长，还解决了周边三位群众的就业问题。

（三）关注民需，脱贫致富有思路

黔西县开办新时代农民（市民）讲习所以来，不断探索讲习新方法，按群众的需求开展各类讲习，实行讲习"私人订制"，以群众"需求侧"表达来指导讲习"供给侧"达到"靶向讲习"效应。群众需要什么政策，讲习员就讲什么，教育医疗、产业帮扶、社会保障兜底等方面的脱贫政策是农村讲习所的常态课，一次两次三次，直至向贫困群众讲清楚、讲透彻。按照"缺什么、补什么"的原则，既坚持政治高度，又回应群众关切，做到群众有所问、讲习有所答，群众有所需、讲习有所应。

自脱贫攻坚"冬季充电"进一步深化农村产业革命主题大讲习工作启动以来，黔西县统一部署，结合实际制定活动方案，加强推进落实。按照农村产业革命"八要素"要求，以"五步工作法"为指导，通过大力开展讲习后，调减玉米种植面积24.27万亩，重点培育经果林、牧草、蔬菜、刺梨等高效益产业，建成县乡示范样板点120个，示范面积13.6万亩。建成1000亩以上蔬菜标准化生产基地4个、300亩以上核心基地15个。引进6500头安格斯能繁母牛、1.22万栋蔬菜大棚、3.2万群中华蜂，收益直接与贫困户联结，贫困群众增收更加有保障。截至2019年2月，黔西县"冬季充电"主题已广泛发动党员干部群众积极参与讲习9700余场，7.2万贫困人口产业扶持脱贫成效得到巩固。

（四）土言土语，多彩讲习有趣味

针对农民普遍文化程度较低的问题，讲习员们深入浅出，用生动形象的语言和乡亲们脱贫致富的真实案例来开展宣讲活动，使乡亲们真正听得懂、理得清，切实增强广大群众的"获得感"。

潘波是黔西县杜鹃街道党工委书记、街道脱贫攻坚讲习所所长，经常在田间地头给老百姓们讲解党的十九大报告。"绿水青山就是金山银山""土地承包关系稳定并长久不变，第二轮土地承包到期后再延长三十年""什么是精准扶贫、健康扶贫"，潘波将农民关切的政策问题用浅显易懂的语言一一解释，农民们听得津津有味，对报告的理解深了，脱贫工作就更好展开了。"农民讲习所'接地气'，既让干部与群众面对面交流，又是用老百姓能听懂的话宣讲，我们能听懂也愿意听。"踊跃来学习党的十九大报告精神的群众对讲习所赞不绝口。

与此同时，各讲习所还利用诗歌、民歌民谣、相声小品、快板、三句半等人民群众喜闻乐见的方式，用多姿多彩的文化形式输出讲习内容，老百姓听讲习的积极性提高了，讲习效果也有了明显的提高。截至2018年9月，黔西县累计采用快板、三句半、顺口溜等"文艺讲习形式"对党的惠民富民政策开展讲习400余场次，深受广大农村群众的热烈"追捧"。

在水西街道水西社区，七十多岁的喻朝芬老人对于快板的创作简直是信手拈来，每逢中央、省、市、县的重大会议，她都能根据会议内容提纲随口编出快板内容，并带头指导社区文艺宣传队登台展示，利用"文艺式讲习"将党的富民惠民政策第一时间传递给社区群众，拉近党群干群距离。蔡奇男也是热衷于钻研快板文化的爱好者，只要一有"送文化下乡"的演出，他就主动亮出自己的快板"看家本领"，将讲习所涵盖的内容点得面面俱到，成了整个文艺演出的"压场节目"。

截至 2018 年 1 月，围绕党中央治国理政新思想、新理念、新战略和取得的新成就，以及省、市、县出台的有关脱贫攻坚的一系列重大决策部署和会议精神，黔西县各区域已集中式开展讲习活动 800 余次，不断鼓舞广大干部群众苦干实干加油干；围绕学习宣传贯彻党的十九大精神，特别是习近平总书记在贵州代表团讨论时的重要讲话精神开展讲习活动 1000 余次，让党的十九大精神深入基层、深入群众、深入人心。

二、讲法律法规有深度

"科学立法、严格执法、公正司法、全民守法"是党的十八大报告中提出的新 16 字方针，表明我国社会主义法治建设进入了新阶段。法治国家的建设离不开法治公民，法治公民的培养离不开普法教育。黔西县委县政府借助新时代农民（市民）讲习所这一平台，全面推进区内的普法教育，对于提高群众的法治素养有重要意义。

（一）紧扣群众相关法律，普及法律知识

黔西县新时代农民（市民）讲习所，紧扣《中华人民共和国刑法》《中华人民共和国义务教育法》《中华人民共和国安全法》《中华人民共和国社会治安管理处罚法》《中华人民共和国婚姻法》《中华人民共和国未成年人保护法》《中华人民共和国村民委员会组织法》《中华人民共和国残疾人保障法》《中华人民共和国妇女权益保障法》《中华人民共和国老年人权益保障法》等法律法规，积极开展讲习活动，力求讲深讲透，提高群众法治素养，让群众成为知法、懂法、用法的新时代农（市）民。在法律讲习的实践中，讲习员特别

注重对义务教育法的讲习,力争通过大量的宣传,唤起老百姓对教育的重视,促使全县特别是农村地区紧抓青少年义务教育,提升农村新一代的文化素质。为充分发挥新时代农民讲习所作用,增进群众法治观念,黔西法院还积极开展了蓝色工程讲习活动。

黔西县太来乡从 2018 年起,多次在讲习所对农民群众开展法律培训工作。讲习员主要讲解《宪法》《婚姻法》《未成年保护法》《土地法》等与农民息息相关的法律法规,提高群众的法律意识,保护自己的合法权益。参加培训的五锁村村民侯正康说,"老师所讲的法律,都是和我们老百姓生活分不开的,很实用,以后在生产生活中遇到类似的问题,至少心里有个谱,晓得该怎么做了。"驻村干部袁飞说,"让法治观念深入人心,促进老百姓按法律办事,是我们这些基层工作者一直努力的方向,现在有了农民讲习所,普法教育的开展更方便了,我们宣传起来也更有动力了。"

(二)编制法律讲习手册,助力法治大讲堂

黔西县 29 个乡镇(街道)结合当前重点任务,围绕脱贫攻坚工作将党的十九大宣讲提纲、《义务教育法》、《社会治安管理处罚法》、《未成年人保护法》、《妇女权益保障法》等脱贫攻坚大决战阶段群众必须遵守的法律法规、脱贫知识、生活常识等内容通过收集整理,编撰成乡镇(街道)新时代农民(市民)讲习手册,作为法律法规讲习的教材补充使用,取得了良好的效果。截至目前,全县已累计开展法律法规讲习 620 余场,农(市)民法律素养有了显著提升。

三、讲农业技术有广度

农村脱贫的关键在于发展农业生产,新时代农民(市民)讲习所要坚持"扶志"与"扶智"相结合，通过技术和方法讲习，为群众解决农业生产过程中遇到的技术问题、传授现代先进的农业生产技术与方法、提供脱贫致富发展生产奔小康的思路，为群众发展生产、走上致富道路提供技术支持。黔西县围绕"户户有增收项目、人人有脱贫门路"的目标，先"讲"再"习"、边"讲"边"习"，到一线开展产业发展、易地扶贫搬迁等方面的讲习培训，借此提高群众的知识技能和自我发展水平。围绕促进产业结构调整、遵循市场经济规律，引导农民结合当地实际和特点，发展特色产业，加快脱贫致富步伐。

（一）立足农业生产实践，解决农民实际问题

黔西县新时代农民（市民）讲习所的"技术讲习员"经常自发组织起来，到村子里挨家挨户调研情况，结合村民们遇到的实际问题组织讲习。截至目前，黔西县已积极开展特色种植业和养殖业、特色农副产品加工等技能技术讲习培训活动 1000 余次，开展教育、医疗、就业扶贫、易地扶贫搬迁、"组组通"等讲习活动 800 余次，同时，以"锦绣计划"、巾帼示范基地、家政服务、电商产业为重点，对 500 余名贫困妇女开展就业技能讲习培训，全面提高了群众脱贫政策的知晓率和实用技术素养。

新仁乡化屋村 27 岁的苗家小伙杨香连是讲习所的"忠实听众"。杨香连曾因违法违规建房被有关部门依法拆除而成为一个"上访户"，访北京、去贵阳，让干部们伤透了脑筋。自讲习所开班以来，针对杨香连的情况，化屋村讲习员多次将讲习所搬到他家，"不得不听"的杨香连了解了很多党的惠民政策后，从乡村干部的"死对头"慢慢软化下来，内心深处经过无数次斗争后，最终试着向村委靠近。在干部们与他多次促膝畅谈后，杨香连通过在讲习所向村委会申请 500 只乌鸡养殖项目，并在讲习所

"取经"学习了乌鸡养殖技术,他养殖的乌鸡出栏预计毛收入8万元左右。现在的杨香连,每天总是佩戴着讲习员徽章到村委会"亮相",负责配合村委会抓人口计生和整脏治乱工作。新仁乡化屋村旅游协会成立后他主动申请参加旅游协会工作,完成了从上访户到村干部的完美蜕变。

(二)鼓励发展农村新业态,促进农业转型升级

习近平总书记指出,没有农业现代化,没有农村繁荣富强,没有农民安居乐业,国家现代化是不完整、不全面、不牢固的。黔西县新时代农民(市民)讲习所通过技术培训,大力培养农民技术人才,发展新型农业产业,推动农业全面升级转型发展。

黔西以新时代农民(市民)讲习所为载体和纽带,积极加强农户、家庭农场、合作社、龙头企业等不同农业生产经营主体间的联系,开展不同合作模式,建立利益联结机制;大力倡导农民聚焦当下经济热点,结合当地现有的自然资源,走出农业生产的新路子。大力开发生态农业、特色种养殖业、农业旅游等多种业态,推动农业产业化、机械化、规模化和科技化发展,提高农业附加值,实现农业的节本增效,推动农村生产方式变革,推动农业全面升级和现代农业发展。

2016年易地扶贫搬迁后,常年在外打工的化屋村村民王光元一家告别了曾经矮旧危的茅草房,住进了宽敞明亮的"小洋房"。"住着这么好的房子,就在当地找个工作,但是做点什么好呢?"王光元没了主意。抱着凑热闹的心态去讲习所听了几次课,王光元大开眼界。原来,曾经的小山村由于风光怡人,少数民族风情浓郁,这几年慢慢兴起了乡村旅游,三天两头有自驾的游客过来游玩。另外,乡政府和村委也在鼓励村民发展种养殖,还有不少扶持政策。考虑到以后旅游产业的发展前景,王光元计划在新家办个农家乐,还可以养点乌鸡卖给游客。王光元向讲习

所的老师说起这个想法，马上得到了老师的支持，还积极帮助他贷"特惠贷"。"其实党和政府给了我们很多扶持政策，如果能及时掌握这些好的政策，我们发展起来就会快得多，所以说，要多去讲习所，多听多学习，多了解政策。"王光元感叹道，"讲师都是一些'土专家'，讲的课合我们的胃口，关键是很多话更是讲到了我们心坎儿里。"

（三）"理论+实操"，让讲习有成效

黔西县的技术讲习不仅"讲"理论知识，也让老百姓"习"实际操作。技术讲习员带着农户们上山下河，进田地去果园，把讲习课堂"搬"到实际生产情境中，通过面对面的交流和手把手的指导，把"讲"与"习"有机结合起来，让农民听得懂、看得见、学会用。黔西县中建乡多次借助讲习所平台组织技术人员对农户们进行种养殖技术培训。当地的技术讲解员们通常把课程设置为理论和实操两部分。先集中讲解理论知识，再带领学员到养殖基地、种植基地进行实操。让参与理论学习的群众把理论知识用于实践，从而检验和增强讲习的效果，再在实操的过程中发现问题、解决问题，真正让参与讲习的群众消化吸收，学到真本领。

祝荣江是中建乡当地的一名建档立卡贫困户，之前家庭条件并不富裕，加之家庭遭遇变故，生活一度陷入困境，后来在政府的扶持下搞起种养殖，先是养鹅，种植中草药，现在养鸡，也算是一个养殖大户，现在通过发展养殖业，生活逐渐好起来。"以前我们养牛，都是用土办法来养，要么就是自己在书本上或者是在网上学，感觉有点杂，有点空，现在老师们讲的内容，理论上更加丰满，更加系统，更加科学，有更多的可操作性。"祝荣江说。他表示，现在学到了更多的、更实用的知识，准备扩大养殖规模，同时，带领村里的群众一起发展养殖业脱贫致富奔小康。

讲习所的另一位常客王朝勇，每次听讲习都认真做笔记。在课堂上，积极回答讲习员提出的问题。如今种了22亩牧草，养了5头牛。"实际操作效果确实很好，说十遍不如实际动手做一次，通过老师的讲解和自己实际去操作以后，感觉心里的疑惑一下子就解开了，现在学到的知识和技术都很有用，学起来比较有兴趣，做起来也比较有意思。"王朝勇对"理论+实操"的技术讲习模式深表赞同。

四、讲文明乡风有温度

黔西县新时代农民（市民）讲习所通过多种方式提升农民文明素养，推广农村文明生活方式。通过树立文明典型，引导广大农民群众见贤思齐、崇德向善；通过宣传积极健康生活方式代替奢靡消极娱乐方式，促进农村精神文明建设；通过推广农村绿色人居环境理念，引导农民实施垃圾分类，推动"厕所革命"，改善村容村貌，保护农村生态环境。在新时代农民（市民）讲习所的大力推动下，农（市）民文明素养逐渐提升，积极向上、奋发有为、绿色健康的现代文明生活方式在农村（城市）推广开来。

（一）结合传统美德，唱响文明之歌

黔西县新时代农民（市民）讲习所结合中华传统美德、社会公德、《文明行为促进条例》、农村环境卫生综合治理等内容，积极开展讲习活动3000余场次；以工会、团县委牵头开展劳模和志愿服务等讲习200余次，以妇联牵头积极开展家风家训家规等巡回讲习活动100余次，极大地提高了群众文明意识和脱贫致富的信心。

勤俭节约是中华民族的传统美德，是家庭兴旺、国家昌盛的基石，是生态环保、节约能源的重要举措。为弘扬节约传统和认

真贯彻落实好中央"厉行勤俭节约、反对铺张浪费"的有关精神，黔西县永燊乡高度重视并认真开展了节约每张纸、每滴水、每度电、每粒粮和每分钱系列活动。通过新时代农民（市民）讲习所进行集中宣讲，不仅培养了群众的节约意识，还让群众学会更多变废为宝的生活知识。

（二）讲习"五子行动"，推进环境整治

黔西县在乡村环境卫生整治中，总结出了"五子行动"，以通俗易懂的语言将环境整治内容概括得淋漓尽致。一是抓好"村子"整治行动。重点以整治通村通组路、办公场所、公共区域保洁为主，达到通村通组路清洁、没有粪便土和叶、村级阵地搞干净、公共区域好休歇。二是抓好"寨子"整治行动。重点以整治生活污水、柴草堆放、连户路保洁为主，达到生活污水不乱流、家猫野狗不乱游、枯木杂草扫干净、天晴下雨绿油油。三是抓好"房子"整治行动。重点围绕危房修缮、旧房拆除、厕圈保洁为主，达到危房修缮保安全、旧房拆除还土田、厕圈清洁无蚊蝇、房前屋后换新颜。四是抓好"院子"整治行动。重点以房前屋后保洁、畜禽入圈、垃圾收储为主，达到院内杂物不乱堆、打扫干净无土灰、畜禽进圈没粪便、垃圾回收不乱飞。五是抓好"样子"整治行动。重点围绕贫困户头发洗剪、穿戴整洁、室内家具干净整齐，达到蓬头垢面一扫光、折挂整齐放衣裳、经常洗澡换被子、餐具清洁进厨房。讲习员大力宣传普及"五子行动"内容，为推进全县环境整治做好了群众动员工作。

金兰镇清华村贫困户赵文连在多次参加村讲习所讲习活动后，思想文明素质有了很大提高，不仅积极响应政府"五子行动"的号召，把个人形象收拾得清清爽爽，把屋里屋外打扫得干干净净，还养殖了1头牛和几头猪，并主动到村苗圃基地干活，每天忙得不亦乐乎，小日子过得红红火火。

（三）立规评比设"清单"，动员群众树新风

讲习所通过宣传文明理念和实行"负面清单"管理制度，在环境卫生、婚丧嫁娶、文明用语等方面对广大村民形成了约束，形成人人崇尚文明，人人创建文明，人人享受文明的良好氛围；讲习所里还通过"十星级文明户"评选，形成了群众你追我赶的争星势头。截至 2018 年 8 月，全村共评出五星级及以上"星级文明户"486 户，其中十星级文明户 3 户，县级十星级文明户 1 户，市级十星级文明户 1 户，形成了良好的社会正能量，追"星"正在成为村民的时尚新追求。

黔西县林泉镇海子村，在推动精准扶贫工作中，十分重视思想文化建设。该村通过密集举办讲习所大讲习活动，广泛宣传了新农村、新农民、新生活理念，还特意举办"孩子法律讲习"，给村民们普及有关未成年人教育的法律法规和一些教育孩子的科学方法，让村民们意识到抓好下一代教育、用知识改变命运的重要性。与此同时，海子村还大力宣扬家规家风，鼓励村民重视家风建设，使村民意识到家规家训是教育后代立身做人的基础，也让孩子们从小明事理、遵家规、守国法。

第四节　注重"五结合"，让"怎么讲"更加精准

黔西县新时代农民（市民）讲习所坚持课堂式集中讲习与分散式现场讲习相结合，运用"干部入户走访+宣讲政策+动员群众+听取意见+共同劳动"等模式，让讲习员深入"群众家中"，走进"田间地头"，来到"生产一线"，一对一、点对点、面对面，现场式、分

众化对群众开展讲习宣传教育活动，创新讲习形式，拓展讲习外延，力求讲习场所讲习"便民化""生活化"，受到了群众广泛支持，产生了积极影响。

一、结合"万名干部进万家活动"，"菜单式"讲习

一方面，重点讲解习近平新时代中国特色社会主义思想、习近平总书记对贵州对毕节的重要批示指示精神，深化关于习近平总书记对毕节人民恩重如山的认识，积极引导全县各族干部群众牢固树立感恩意识、奋进意识，永远感恩习近平总书记、感恩党中央。

另一方面，在"课堂式集中讲习"的基础上，结合"万名干部进万家"活动，有效用好县领导干部40名、县乡干部6000名和村组干部5385名蹲村派驻干部讲习员，及时收集和了解群众真实所需所想，按照群众需要什么我们就讲什么的原则，实行群众"问需式"讲习方式。从脱贫攻坚中群众最为期盼的创业就业技能技术培训、相对落后村寨期待的乡风文明知识及农村产业结构调整要求入手，群众"点单"或根据问题"制单"，讲习所"端菜"，从而实现服务、教育和政策宣传的精准化配送，切实为群众传经送宝促增收，不断提升群众满意度和认可度。截至2018年8月，黔西县累计收集到技术需求、政策知晓、乡风文明等"讲习需求"共计3400余条，陆续结合群众的"点单"开展"靶向讲习"520场次，解决需求近3000条。

二、结合"农村思想政治教育"活动，常态化讲习

黔西县以"农村思想政治教育"为推手，让新时代农民（市民）讲习所与"七个起来""四个大力宣传""我们的节日""道德讲堂"等载体互为补充、相得益彰，提升讲习效果。用"精神文化生活"这把"利器"，敦促"思想脱贫"，不断满足基层群众日益

增长的精神文化需求，补充群众"精神食粮"，补足"精神之钙"。围绕"送文化进村"、"百姓大舞台"、文艺汇演、"宣传队演起来"和"赶场天赛起来"等活动，把讲习所搬上舞台，融入文化，开展丰富多彩的群众性精神文化讲习活动，寓教于乐中让讲习起到"润物细无声"的效果，不断提高群众知识技能和提振群众脱贫攻坚的精气神。

中建乡建档立卡贫困户王正志，大儿子因病去世对他造成极大冲击，整天借酒消愁，无心劳作，家庭也因此陷入困境，2017年，新时代农民讲习所成立以来，中建乡新时代农民（市民）讲习所讲习员针对王正志家的情况制定了讲习计划和个性化讲习方案，通过讲思想，讲艰苦奋斗精神，讲政策，讲发展思路，讲自力更生等，定期不定期到家中开展讲习活动，与王正志交流谈心，用朋友的身份和王正志相处。积极帮助王正志树立正确的世界观、人生观、价值观，同时采取"上午接上班＋中午包中餐＋晚上发工钱"的模式，让其慢慢打开心结，思想得到转变，内生动力得到提升，生活开始好转，逐渐走上脱贫的道路。

三、结合"大喇叭响起来"，空中式讲习

黔西全县投入资金60余万，建有"大喇叭"已达377套，实现了村村全覆盖。各乡镇（街道）、村（社区）明确专人负责，落实播放时间表，把讲习所讲习内容与大喇叭播放充分整合，拓展"讲"地覆盖面，有效发挥"大喇叭"讲习所政策传递员、信息宣传员和文明传播员的作用。围绕"国家惠民政策、农村实用技术、乡风文明"等内容规范制作讲习音频，下发到各乡镇，利用"大喇叭"播放进村进组，确保"党的声音进万家"。

四、结合"互联网+"，云上式讲习

自 2018 年 3 月以来，黔西县创新方法手段，用富有时代特色的灵活方式，在讲习的广度、深度拓展上下功夫。结合新兴媒体利用通俗易懂的语言潜移默化地教化群众，及时转变贫困户"等靠要"和非贫困户"争当贫困户"的思想观念，在讲习活动中架接起党群干群"连心桥"，做到了知民情、解民忧、聚民心，全面助力脱贫攻坚。

（一）运用微信公众号、微信群、网络直播等新媒体开展"云上讲习"

黔西县新时代农民（市民）讲习所结合互联网时代移动化、可视化、个性化特征，运用微信公众号、微信群、网络直播等新媒体开展"云上讲习"。"新时代讲习所·开讲了"专栏，每周定期推送各种摆脱贫困的教育案例、种养殖技术教学视频及《百姓说》讲堂视频，本土拍摄的《山村酒席何时休》《李懒鬼脱贫》《我们社区有个喻支书》等微电影，深受群众欢迎，已经吸引到 12000 余名粉丝关注浏览。

罗凯是"黔西发布"微信公众号的编辑人员，每次公众号视频发布延迟时，他都会连续接到"忠实粉丝"打来的"督促电话"，罗凯不得不加班编辑好"新时代讲习所·开讲了"的小视频及时发布给广大粉丝浏览，满足广大粉丝的需求。何昌盛是"新时代讲习所·开讲了"专栏的忠实粉丝，每当从村委会下班回家，他总是要将专栏上的小视频打开，召集妻子一同观看，尤其是里面"争当贫困户"的教育案例他更要转发到朋友圈和私发给村里的"个别人群"，让大家做一个具有正能量不给党委政府添乱的人。

（二）运用各种媒介对工作成效和典型经验广泛造势，积极扩大社会影响

黔西县委县政府利用线上线下各种媒介，积极宣传黔西县新时代农民（市民）讲习所取得的进展与成就，吸引众多媒体和参观代表团前来采访、考察，形成了巨大的社会影响力。《人民日报》《经济日报》头版头条报道了黔西县新时代农民（市民）讲习情况，《焦点访谈》两次走进黔西，深入报道黔西县新时代农民（市民）讲习所助力脱贫攻坚的成效，同时《光明日报》、《贵州日报》、贵州广播电视台、《当代贵州》、《毕节日报》等中央、省、市主流媒体和相关网络平台也先后进行了近60余条（次）深入报道。2018年央视综合频道元旦特别节目《相聚中国节·出发2018!》还播出了毕节讲习所，黔西县委常委、宣传部部长罗智琼生动讲述黔西县新时代农民（市民）讲习所做法及成效的特别节目。

五、结合典型选树，榜样式引领

（一）突出特色，打造讲习示范点

黔西县通过调查评比，择优选择部分讲习活动表现突出、成果显著的讲习所作为示范点。鼓励其余讲习所向示范点看齐，学习其兴办经验，通过交流学习等形式，实现比学赶超、点面结合、全面推进。目前，黔西已打造讲习所示范点20余个。

（二）示范引领，选树"黔西群英谱"

黔西县新时代农民（市民）讲习所采取各种措施深入推进扶志活动，发挥"一事一议""村规民约"的作用，改变陈规陋习。鼓励各级新闻记者俯身基层，大力挖掘农村致富带头人、群众身边的感人

事迹，深入宣传报道金兰镇酒鬼变能人的吴学友、永兴乡贫困户主动让贫的皮邦伦、大关镇低保户主动退保的王华春、雨朵镇懒鬼变工人的罗为福等一批扶志典型，在全县引起强烈反响，群众干事创业激情不断增长，主动退出精准贫困户自力更生的群众日益增加。

皮邦伦老人出生于 1949 年 9 月，1969 年 4 月入伍，在云南省昆明市呈贡县当兵 8 年，历任士兵、副班长、司务员、分队团支部书记等职务，1971 年 7 月加入中国共产党。1977 年退役后，回到了老家永燊乡干井村务农，担任过生产队小组长，在生产队工作期间从未领取过一分报酬。2016 年，县乡村组织扶贫对象核实和数据清理，在乡村工作组了解了他的具体情况并经群众民主评议后，被认定为贫困户。"得知这个消息后，我经过了反复的思考，最后还是觉得，在许多人都争着当贫困户的今天，我作为一名老共产党员，应该出来带一个好一点儿的头。"于是，在 7 月 30 日，他将已经打入自己账户的 5000 元危房补助资金和 2500 元能繁母牛补助资金共 7500 元送到村里，并请村委会代还给政府。皮邦伦老人主动退出精准扶贫户的典型事例在全县引起了强烈反响，激发了许多贫困户自力更生的工作干劲。

同时，坚持以正面引导为主，反面教育为辅。通过法治手段大力打击"争当贫困户"的 8 起案例（行政拘留 10 人，训诫 1 人），引导群众树立"争当贫困户可耻"的思想。

总结与启示

2018 年 2 月 12 日，习近平总书记主持召开打好精准脱贫攻坚战座谈会并发表重要讲话，提出"要加强扶贫同扶志、扶智相结合，激发贫困群众积极性和主动性，激励和引导他们靠自己的努力改变命运。改进帮扶方式，提倡多劳多得，营造勤劳致富、光荣脱贫氛围"。脱贫攻坚是一场旷日持久的硬战，转变群众"等靠要"的思想观念，提振群众自力更生、艰苦奋斗的精神气至关重要。在脱贫攻坚历程中，黔西县坚持贯彻党中央的重要决策部署，吸收各行各业专家、技师、模范典型等人才，组建政策讲习、技术讲习、文明讲习三支队伍，利用线上线下平台，针对人民群众脱贫动力不足、专业技术匮乏、乡风文明落后等显著问题三管齐下、对症下药，取得了明显成效。

一是深入开展扶志活动，提振脱贫精神气。黔西县新时代农民（市民）讲习所采取各种措施深入推进扶志活动，发挥"一事一议""村规民约"的作用，改变陈规陋习。鼓励各级新闻记者俯身基层，大力挖掘农村致富带头人、群众身边的感人事迹，通过深入宣传一批扶志典型，在全县引起强烈反响，群众干事创业激情不断增长，主动退出贫困户行列的群众日益增加。

二是全面推动智力帮扶，激活脱贫动力源。黔西县新时代农民（市民）讲习所聚焦"致富路"，坚持"带着项目讲，带着技术讲"，重点围绕农村产业发展"八要素"，加强创业思路、种养技术等实用技能讲习，增强群众发家致富本领。坚持"做给农民看、带着农民干"，切实帮助农民解决实际生产问题，提高群众的知识水平和生产技能，使群众听得懂方向，看得见效果，激发其发展生产、脱贫攻坚的动力。

三是大力推广文明理念，弘扬核心价值观。黔西县新时代农民（市民）讲习所以推广文明理念、弘扬时代新风为目标，通过宣讲"五子行动""四个强化"等文明整治措施和理念，鼓励人民群众保护生态环境、提高文明素养、改善村容村貌。以弘扬家风为载体，深化村风和乡风文明建设，重振乡村时代新风。

四是线上线下协同发力，有效搭建多平台。黔西新时代农民（市民）讲习所充分发挥当代网络技术的优势，搭建线上宣讲平台，利用微信公众号、朋友圈、QQ 群和微信群等现代化的宣传媒介，开展"云上讲习"。利用"大喇叭讲起来"实现"空中讲习"，有效扩大了讲习的覆盖面，显著提升了讲习效果。

辩证唯物主义告诉我们，任何事物的变化发展都是内因和外因相互作用的结果，其中外因是条件，内因是根本，外因唯有通过内因才能真正发挥作用。在脱贫攻坚伟大实践中，贫困群众自身的脱贫动力和努力是决定脱贫成败的根本力量，政府和社会等外部帮扶力量唯有建立在贫困群众主动作为和勤奋劳作的基础上，才能被有效吸收并转化为脱贫成效，发挥出"四两拨千斤"的作用。摆脱贫困不仅仅是政府的事业、社会的事业，更是贫困群众自己的事业。打赢脱贫攻坚战，必须以脱贫群众为主体，让贫困群众的心热起来、手动起来，提高贫困群众的自我发展和自主脱贫能力，引导和支持有劳动能力的人依靠自己创造美好生活。唯有如此，才能实现真脱贫、稳脱贫，保证脱贫攻坚事业实现长效可持续发展。

大量的实践已经证明，精神上的贫困有时候比物质贫困更可怕。新时代农民（市民）讲习所作为精神扶贫的主要阵地，在引导贫困群众树牢主体意识、发扬自力更生精神、增强改变贫困面貌的决心和信心方面发挥了巨大作用。通过讲习有效激发了贫困群众脱贫致富的内生动力。在此基础上，通过劳动素质培养、职业技能培训、经营意识再造等方式不断提高贫困群众的生产技能和竞争能力，内在活力就有了"源头活水"。群众有了脱贫的愿望、信心、动力和技能，在政府的帮扶引导和社会的广泛支持下，依靠自我发展能力，努力奋斗的潜在能量就会不断释放出来，脱贫致富的成效才会不断显现出来。

第五章

持续开启脱贫攻坚外部帮扶之门

多党合作深化改革是毕节试验区建立之初既定的一个顶层设计，既是对毕节试验区发展的一个帮扶手段，也是中国共产党与各民主党派共同建设和发展的探索试验。作为民建中央参与毕节试验区建设的主要平台，黔西多年来始终积极主动地向中央统战部和民建中央汇报情况，争取支持。民建中央与黔西人民紧密合作、深度参与，共同致力于脱贫攻坚实践，走过了 30 多年艰辛历程，留下了许多的宝贵经验和有益启示。在主要依靠自身力量的同时，不断扩展外部帮扶渠道，获取外部资源，内外兼修，形成合力，是该县取得脱贫攻坚胜利的重要思路。

第一节　民建中央与黔西携手脱贫的历史情缘

习近平总书记在对毕节试验区工作作重要指示时指出：30 年来，在党中央坚强领导下，在社会各方面大力支持下，广大干部群众艰苦奋斗、顽强拼搏，推动毕节试验区发生了巨大变化，成为贫困地区脱贫攻坚的一个生动典型。在这一过程中，统一战线广泛参与、倾力相助，作出了重要贡献。中国民主建国会作为长期致力于中国特色社会主义事业建设的政党，在黔西脱贫过程中，与中国共产党鼎力合作、共商共谋，为推动黔西打赢脱贫攻坚战作出了不可磨灭的贡献。

一、毕节试验区的建立

1988 年 1 月，时任贵州省委书记的胡锦涛同志审时度势，倡导和推动了建立毕节试验区的战略决策，该试验区以"开发扶贫、生态建设、人口控制"为主题，旨在通过对经济社会发展严重滞后、人民贫困程度极深、生态环境极差的毕节地区进行试验，探出一条贫困地区科学发展的新路子。在试验区创建过程中，为了争取对试验区的智力援助，1988 年 4 月胡锦涛同志代表贵州省委在京邀请了各民主党派中央、全国工商联的领导同志召开会议，介绍了拟建立毕节试验区的设想，期望得到中央统战部、国家民委、各民主党派中央、全国工商联智力支边小组的支持。试验区成立之后，智力支边小组和各民主党派中央始终将毕节地区作为智力支边的重点地区，并于 1989 年 9 月 20 日成立了由钱伟长任组长、常近时等任副组长的北京专家顾问组。此后，各民主党派、专家顾问组与试验区的广大干部群众并肩战斗，亲密合作。

二、民建中央与黔西结缘

近年来，在脱贫攻坚过程中，黔西县坚持以习近平新时代中国特色社会主义思想为指引，始终按照习近平总书记"坚持社会动员，凝聚各方力量"的重要指示精神，坚定不移把深化多党合作作为打好打赢脱贫攻坚战的助力之举，广泛凝聚社会各方力量参与和支持脱贫攻坚，丰富了多党合作的实践形式，走出了一条多党合作助推脱贫攻坚的新路子。

中国民主建国会是主要由经济界人士组成的、具有政治联盟特点的、致力于中国特色社会主义事业的政党。一直以来，作为中国共产党的亲密友党，民建中央始终与中国共产党同频共振，民建各级组织也一直关注并主动参与和推动黔西县的发展。自 2004 年起，民建中央就把帮扶黔西人民作为念兹在兹的重大关切、履行职能的着力点，凝聚力量、发挥优势，坚持精准扶贫精准脱贫基本方略。十几年来，民建中央在黔西实施帮扶项目 500 多个，开展帮扶活动 200 多次，捐赠帮扶资金及物资折合人民币共 8708 万元，协调项目建设资金 3 亿多元，促成招商引资签约资金 100 多亿元，引导 6 家民建会员企业落户黔西兴业，有力地助推了黔西县经济社会持续快速健康发展。

2017 年 8 月，民建贵州省委李瑶主委携民建毕节工委、黔西县委县政府等到民建中央专题汇报黔西县脱贫攻坚工作，希望民建中央能在产业发展、农产品销售、补齐民生短板、助推 14 个深度贫困村如期实现脱贫攻坚目标等方面给予大力支持。这一想法得到了民建中央领导的充分肯定。之后，民建中央采取"民建中央+北京、天津、河北、辽宁、山东、浙江、上海、江苏、福建、广东等民建东部 10 省市+民建贵州省委、民建重庆市委、民建宁波市委等组织"结对帮扶一个贫困村脱贫攻坚的模式（即"1+10+N"模式），推动黔西县 16 个贫困村（其中 14 个深度贫困村）脱贫攻坚工作，为黔西县实现脱贫摘帽、同步小康注入新活力，有力地推动了黔西县脱贫攻坚大决战行动的开展，为确保黔西县实现国家级脱贫出列作出了重要贡献。

第二节　牵线搭桥：多渠道搭建外部帮扶之路

多年来，民建中央将帮扶工作与黔西地方发展规划相结合、与群众脱贫意愿相结合，充分尊重地方政府和人民群众的主体地位，充分发挥联系专家、企业家和对外宣传等方面的优势，集中智慧牵线搭桥，多渠道搭建黔西外部帮扶之路，在基础设施、招商引资、产业转移、对外宣传上取得了明显成效。

一、多渠道解决基础设施瓶颈问题

脱贫攻坚之初，黔西县的突出短板和薄弱环节主要体现在交通、水利、电力电讯、住房等基础设施方面。2014 年前，全县与外界相通的主干道仅有贵毕高等级公路 1 条，泥泞的小路在乡村是一种常态；边远的村寨里电压低弱、不通宽带、饮水困难，群众住房破烂不堪，运输基本靠人背马驮，基础设施十分薄弱。落后的基础设施严重制约了农村的发展，限制了群众能力的发挥。为切实解决全县的突出短板和薄弱环节，民建中央在多次调研的基础上认真分析黔西县经济社会发展最急需解决的困难和问题，通过多种形式、借助多种渠道向国家发改委、水利部、交通运输部、国家旅游局、中国绿色食品协会等单位反映，帮助黔西县入选全国小型农田水利重点建设示范县和国家绿色农业示范区建设单位，推动黔西电厂二期、黔西附廓水库加高扩建工程等重大项目，建成新仁乡集镇至化屋村 14 公里油路、县旅游接待中心，为夯实基础、助推黔西经济发展起到了积极作用。

（一）全国小型农田水利重点建设示范县

小型农田水利设施是农业基础设施的重要组成部分，是提高农业综合生产能力的重要前提条件。由于诸多原因，黔西县小型农田水利设施建设标准低、工程不配套、老化破损严重以及管理体制与运行机制改革滞后等问题十分突出。黔西县列入全国小型农田水利重点建设示范县后，科学编制农田水利建设规划，为有效利用国家资金推进小型农田水利建设提供了重大契机，在一定程度上改变了黔西小型农田水利设施建设严重滞后的现状，有效提高了农业抗御自然灾害的能力。

（二）国家绿色农业示范区建设单位

近年来，黔西县不断推动绿色农业新产业新业态发展，大力推行秸秆还田、病虫害统防统治等绿色标准，农业发展的绿色化程度不断提高，但在绿色标志、产业体系、经营体系等方面尚存在较多问题。民建中央立足当地资源禀赋、区域特点和突出问题，协助申报并获批国家绿色农业示范区建设单位，通过科学规划，黔西逐步形成以绿色技术体系为核心、绿色标准体系为基础、绿色产业体系为关键、绿色经营体系为支撑、绿色政策体系为保障、绿色数字体系为引领的区域农业绿色发展典型模式，在绿色技术、绿色制度、绿色发展等方面发挥示范引领作用，为县域农业发展的转型升级提供基础。

（三）黔西电厂二期工程

黔西电厂是"西电东送"第二批电源点建设项目之一，是黔西北的骨干大型坑口火力发电厂，工程规划装机容量为 6×30 万千瓦，由贵州黔西中水发电有限公司投资兴建。一期工程首台机组于 2005 年 10 月建成投产移交，2017 年 12 月二期扩建机组首次成功并网发电。黔西电厂二期扩建工程执行概算 20.24 亿元，在设计上采用新技术、新工艺，是贵州省内高参数、大容量、低能耗机组之一。在二期扩建过程中，民建中央立足电厂发展实际和国家节能减排需求，在政策、资金、技术等方面积极协调，为电厂安全、优质、高效地完成扩建贡献了力量，为该项目顺利进入商业运行打下了坚实基础。

二、多方位促成招商引资结对帮扶

招商引资是指地方政府（或地方政府成立的开发区）吸收投资（主要是非本地投资者）的活动，能够在一定程度上弥补当地企业资金来源不足，引进外部先进技术和设备，提高产品综合质量、市场竞争力及企业管理水平，对地方经济发展具有重要意义。民建中央立足黔西实际，积极实施"东企西移"战略，积极组织东部十省市民建组织和民建会员企业家到黔西县考察投资，多次促成民建会员企业与黔西县开展招商引资洽谈，帮助黔西县在本地和东部省市开展大型招商引资活动20余次，与黔西县联合或协助举办"中国·贵州百里杜鹃花节"黔西经贸洽谈会、"洞天湖地、花海鹤乡、避暑天堂"贵州毕节试验区北京旅游推介会、"情系乌蒙"乌江源百里画廊旅游文化节招商引资项目推介会、"2009中国杜鹃花都投资考察项目推介会"等活动，促成招商引资签约资金100多亿元。其中，民建"百企黔西行"活动共促成国内19家优强民营企业与黔西县13家小微企业达成"结对帮扶"战略协作关系。

同时，民建中央发挥联系企业家会员的优势，先后促成四川通威集团、上海子木实业有限公司、黔蒜香股份有限公司等民建会员企业落户贵州黔西经济开发区"同心产业园"投资兴业。引进会员企业在经济开发区建成以制造业为主的民建海大工业园。引进民建会员企业浙江义乌润石置业有限公司在黔西县城南部新区实施"贵州同心商贸城"项目开发建设，总投资67亿元。作为黔西北地区最大一站式综合性商业航母，贵州同心商贸城总占地2000亩，现已初具规模。

三、多层面组织重要活动对外宣传

民建中央和黔西县共同发力，在多个层面组织了多场重要活动，对推介黔西发挥了重要作用。2013年，民建中央在毕节举办中国非公有制经济论坛，助推黔西经济发展转型升级。这次论坛以"强化改革创新、激活后发优势、打造非公经济升级版"为主题，研讨如何在全国尤其是后发地区进一步深化改革开放，加快体制和机制创新，加大招商引资力度，推进产业结构调整和技术进步，共同推动非公有制经济的转型升级，增强抵御风险和可持续发展能力。这对营造非公有制经济发展的良好环境，推动黔西实现"科学发展、后发赶超、同步小康"的宏伟目标，具有十分重要的意义。

2015年，在黔西召开了"2015年毕节试验区生态产业发展峰会"，民建中央副主席张少琴带领民建东部十省市委领导及 200 多名企业家出席会议。在这次峰会上，循环经济、绿色发展、可持续发展等成为关键词，为如何牢牢守住生态和发展两条底线提出新思路。

2017 年，由民建中央、民建贵州省委主办的 2017 特色小镇产业发展（黔西）论坛在黔西县召开。这次论坛旨在贯彻落实习近平总书记对毕节试验区的重要批示和统一战线聚力脱贫攻坚暨多党合作参与毕节试验区建设座谈会精神，按照统一战线参与支持毕节试验区建设"组织化运行、基地化推进、项目化落实、品牌化提升"的要求，通过论坛形式集智聚力。论坛秉持"绿水青山就是金山银山"的理念，以推进黔西特色小镇的创新与建设为抓手，为加快当地困难群众的脱贫致富提出较多建设性指导意见。

2017 年，民建东部十省市对口帮扶黔西县第四次联席（扩大）会议暨"百千万"工程推进会在黔西召开，提出要发挥民建经济界优势，进一步发挥东部会员企业在资本、技术和劳务培训、转移就业等方面的优势，帮助黔西培训一批致富带头人，发展一批特色产业，带领更多人脱贫致富。支持会员企业到黔西贫困地区发展产业，建设一批贫困人口参与度高的特色产业基地，培育一批带动贫困户发展产业的合作组织和当地龙头企业，促进产业发展带动贫困户脱贫。民建"百千万"工程是指"十三五"期间，民建将充分发挥界别优势，凝聚会内企业家力量，在毕节围绕服务业扶持一百个创业户，引领带动其他困难户发展；以输出就业和就地安置相结合的方式解决千名困难家庭劳动力就业；开展万名新型职业农民技能培训。

同时，民建还组织了"百企黔西行"活动、民建会员企业赴黔西考察投资推介洽谈会、民建全国省级组织宣传处长暨网站兼职编辑培训会、民建贵州省委牵手中天金融集团捐建助推黔西教育发展等一系列有影响力的活动，为宣传黔西、推介黔西、招商引资发挥了重要作用。

第三节 智力支持：多角度践行人才帮扶理念

民建中央领导高度重视黔西县的帮扶工作，亲自协调推动重大项目、多次提出工作要求，精心组织实施"智力支持"工程，发挥专家会员的优势，凝聚起脱贫攻坚的磅礴力量，在黔西强化战略决策、人力资源培训、发展规划等方面取得了明显成效。

一、强化战略决策，着力帮助提高发展的科学化水平

历届民建中央领导郝明金、陈昌智、成思危、张榕明、马培华等高度重视黔西县的对口帮扶工作，亲自协调推动重大项目、深入基层倾听发展需求和群众心声，多次提出工作要求。民建中央发挥专家会员的优势，组织会内专家帮助黔西县论证产业发展规划，积极建言献策。先后帮助对口帮扶的新仁乡进行五年经济社会发展规划初审，促成北京第二外国语学院旅游发展研究院项目组承担《黔西县旅游产业发展近期实施方案》的编制工作，并在黔西县洪水镇设立乡村旅游研究基地，参与组织在黔西举办国际喀斯特旅游发展论坛，为全县旅游发展和经济建设献计献策。帮助建设"智慧黔西·同心扶贫"云平台，提高发展的科学化水平。

2019 年 4 月，民建中央在京组织召开专家论证会，邀请国内知名专家对《建设新发展理念示范区（黔西）中长期（2019—2035）规划纲要》进行研究论证，众多高水平专家对这一规划纲要建言献策，为全面贯彻落实习近平总书记对毕节试验区的重要指示和统一战线参与毕节试验区建设座谈会精神提供了重要参考，同时确保了纲要的基本理念，即坚持稳中求进总基调，坚持五大发展理念，牢牢守好

发展和生态两条底线，以绿色发展为方向、以人力资源开发为支撑、以体制机制创新为抓手、以统战力量帮扶为强援、以强化党建引领为保障。

民建中央认为，编制规划纲要是示范区建设的基础性工作，起着战略引领和刚性控制的重要作用，民建中央与黔西县一道凝智聚力，共同描绘好示范区建设的蓝图。为适应新形势的变化，民建中央根据规划逐步把帮扶重点放在帮助黔西建设贯彻新发展理念示范区上，放在巩固脱贫成果和助力黔西乡村振兴上。黔西要在打好脱贫攻坚战的基础上，通过实施乡村振兴战略，开拓示范区建设的崭新道路。

二、强化人才培训，着力提高基层干部和劳动者素质

自 2004 年以来，民建中央先后选派 17 名干部到黔西挂职帮扶，采取多种方式帮助培训各类人才 12000 余人次，其中实施"千名乡村骨干教师培训计划"，以"走出去"和"请进来"相结合的方式，完成 2000 多名中小学骨干教师培训，先后组织 1100 多名乡村干部参加致富带头人培训，开展农民技能培训 7500 余人次，乡村医疗卫生人员培训 1000 余人次。自 2016 年以来，民建中央主要领导 3 次深入黔西实地调研指导，帮助破解发展难题。

为加强东西部扶贫协作工作，贵州黔西与广州花都区召开联席会议 9 次，双方党政领导相互考察 14 次，部门、企业、街道考察 45 次，签订帮扶协议 46 份；自 2016 年 12 月以来，黔西选派 20 名党政干部、10 名专业技术人员到广州花都区挂职，花都区选派 6 名党政干部和 21 名专业技术人才到黔西挂职。

在 2017 年全县脱贫攻坚大决战的关键时期，应黔西县委、县政府的请求，民建中央于 2017 年 9 月 26 日以民建中央办公厅文件印发了《关于民建部分省市组织结对帮扶黔西县 16 个贫困村的通知》

（民建中办发字〔2017〕80号），采取"民建中央+北京、天津、河北、辽宁、山东、浙江、上海、江苏、福建、广东等民建东部10省市+民建贵州省委、民建重庆市委、民建宁波市委等组织"模式，即（"1+10+N"模式），"一对一"结对助力黔西县16个贫困村脱贫攻坚大决战（其中包括14个深度贫困村）。在16个村分别实施养蜂、辣椒种植、中药材种植、花卉种植、农村基础设施建设以及助学助医等短、中、长期帮扶项目35个，捐赠物资资金共1209.21万元，有效提高了黔西基层干部和劳动者素质，有力推动了黔西县脱贫攻坚大决战行动的开展。

第四节 示范带动：多维度辐射帮扶带动效应

多年来，民建中央精心组织实施"示范带动"工程，在"同心示范园"、"同心新村"、城市建设和夯实产业基础方面取得了明显成效。

一、特色农业示范园建设

民建中央积极引进会员企业参与特色农业示范园建设，完善农业产业结构。引进贵州北极熊实业有限公司、贵州赖永初酒业有限公司、贵州恒霸药业有限责任公司3家民建会员企业，在黔西县协和镇共同建设"同心·思源生态农业示范园"。规划种植高粱10000亩、茶叶3000亩、优质黑莓3000亩、蔬菜3000亩、试种中药材100亩，初步实现了农业发展、农民增收、生态改善的多重效应。引进民建会员在协和镇建设"民建科技扶贫示范园"，规划建设33800平方米、年总产值1050万元的花卉产业园，目前主要种植非洲菊70亩、百合

50 亩、草莓 30 亩、玫瑰 20 亩、百香果 3000 株。

二、同心新村示范点建设

民建中央与黔西县相互协作，合力建设"同心新村"示范点，打造美丽乡村。通过统一战线的同心共建，"同心"品牌的聚集效应得到体现。

（一）发挥民建优势，建设了新仁乡化屋"同心新村"

2004 年，民建中央将黔西列为重点帮扶县，把新仁乡确定为重点帮扶乡，拉开了新仁乡嬗变的序幕。民建中央先后在化屋村投入帮扶资金 1000 多万元，带动各类资金 3000 多万元，投入新仁乡化屋村花坡场、舞台、码头、酒店、通村油路、沿湖路、通组水泥路等旅游基础设施建设和特色民居改造、小水窖和沼气池建设，以及生姜、樱桃和枇杷示范种植等一系列惠农项目，实施能繁母猪、肉牛滚动养殖和石漠化综合治理，极大地改善了群众生产生活条件。与此同时，当地乡村旅游业迅速兴起，化屋乌江源百里画廊风景区很快成为县内外知名的旅游景点之一。

（二）彰显合作力量，建设了绿化乡大海子"同心新村"

2011 年中央统战部援助 444 万元，民建中央援助 100 万元，市、县级配套资金 266 万元共同建设绿化乡大海子"同心新村"。项目涉及"黔西北民居"新建及改造、庭院水泥硬化、安装路灯、建设环湖民族文化观光长廊、"同心亭"、垃圾池等八个项目。

（三）整合统战资源，建设了杜鹃街道办事处乌骡坝"同心新村"

协调引进水西科技实业有限公司投入资金 6500 万元修建集辐射

带动、生产经营、科普教育、文化传承、休闲观光于一体的综合性农业园区。县统战部门协调县内4家民建会员企业及6家民营企业参与和支持该村建设，新建了同心路、同心文化长廊。促成民建会员贵州嘉业鑫隆实业有限公司流转土地3300亩发展观光果园种植并实行林下养殖。引进民建会员贵州金三脚农业发展公司投入资金500万元流转200亩土地建设大棚，种植有机蔬菜。民建毕节市工委、黔西县委统战部与民建宁波市委加强联系，协调了65万元，县筹集15万元合力建设了乌骡坝"同心文化"活动中心。现在的乌骡坝农民收入持续增加，人均纯收入增加到2017年的12000元，处处洋溢着安居乐业、文明和谐、富裕幸福的景象，体现了"小桥流水布依寨，桃花园里新农村"的人文精神和文化底蕴。

三、同心商贸城项目建设

民建中央协助引进贵州同心商贸城项目落户黔西，有效加快了黔西城市化进程。贵州同心商贸城是民建中央重点引进项目，是贵州省重点工程、贵州省"5个100"工程、中国市场"百城万亿"重点培育项目。项目由民建会员企业浙江润石集团投资建设，占地约2000亩，总投资近67亿元，其中约800亩为一站式综合商贸批发市场、400亩为城市综合体、800亩为生态高端住宅。以一站式综合商贸批发市场、城市综合体、高端住宅区三大核心区为主，集义乌小商品城、建材家具、副食品、中药材、汽摩配、五金机电、板材型材、汽车4S店八大产业于一体。随着黔西县城市化进程的加快及南部新城的快速发展、城市路网的建设，贵州同心商贸城成为黔西新的城市商业中心，有力地推动了黔西城市化进程。

第五节　倾力民生：多元化解决重点民生问题

习近平总书记强调，增进民生福祉是发展的根本目的。必须多谋民生之利、多解民生之忧，在发展中补齐民生短板、促进社会公平正义，在幼有所育、学有所教、劳有所得、病有所医、老有所养、住有所居、弱有所扶上不断取得新进展，深入开展脱贫攻坚。民建中央精心组织实施"改善民生"工程，重点关注教育、医疗、饮水等关键民生问题，取得了明显成效。

一、协助解决上学难问题

近年来，民建中央共协调帮扶资金 333 万元在黔西县援建了 15 所希望小学、1 个教学点和一个"爱心家园"教师宿舍，解决了 4000 多名学生的上学难问题；联系会员企业捐赠价值近 100 万元的图书 20000 多册，在新仁等 4 个乡镇援建了 4 个电脑室、5 个图书室、2000 多套校服、1000 多套学生行李；累计引进助学资金 70 多万元，资助 500 多名学生顺利完成学业；组织 20 名品学兼优的困难学生参加"思源扬帆计划"暑期夏令营培训。

二、协助解决人畜饮水困难

农村人畜饮水困难标准是指居民点到取水点的水平距离大于 1 公里或垂直高差超过 100 米。黔西大部分面积位于山区、丘陵地带，喀斯特地貌发育典型，工程性和资源性缺水比较严重，人畜饮水相对困难。近年来，民建中央先后引进帮扶资金 348.88 万元，援建人畜饮水工程 15 个、小水窖 1528 口，维修水利工程 1 个，共解决了近万人、上千头（匹）大牲畜的饮水困难。

三、协助实施农村能源建设

针对农村能源短缺问题，近年来民建中央共捐资 48 万元援建沼气池 500 口，利用沼气池产生的甲烷用于做饭、照明、取暖等。这一清洁能源的使用，既有效解决了部分群众燃煤难问题，又保护了生态，改善了农村生产、生活环境。

四、协助解决就医难问题

近年来，民建中央捐赠医疗设备价值达 200 万元，其中捐赠救护车 29 台，实现了乡镇、街道医院救护车全覆盖。多次组织专家到黔西开展义诊活动，促成 2010 年全国"三下乡"活动启动仪式在黔西举行，国家 14 个部委领导到黔西开展帮扶工作。每年"扶贫日"系列活动丰富多彩，既组织专家开展了考察、座谈、义诊等活动，又实施了"同心温暖工程"等项目。

五、协助解决群众燃眉之急

民建中央先后投入抗旱救灾资金 1430 万元帮助解决群众因灾造成的生产生活困难，同时，援建产业发展资金 45 万元，基础设施建设资金 110 万元，切实帮助困难群众渡过难关。

化屋村隶属黔西县新仁苗族乡，位于百里乌江画廊鸭池河大峡谷、东风湖北岸，属二水（鸭甸河、六圭河）交汇，黔西、织金、清镇三县连界的河谷地带。全村总面积 8.2 平方公里，

200 余户，居住着苗、彝、汉三个民族，其中苗族人口占 98%，是新仁乡乃至黔西县最具代表性的苗族聚居村落。由于山高路陡，对外联系极其不畅，2007 年民建中央协调交通部门修建的新仁乡集镇至化屋村的旅游公路，打通了化屋村群众连接外面世界的通道。化屋苗寨以旅游开发为突破口，整合自然风光、民族文化等旅游资源，倾力打造"乌江源百里画廊"旅游线路精品景点，旅游业逐渐成为该村产业结构调整、加快脱贫致富的主导产业，被文化部命名为"中国民间文化艺术之乡"，并被中国村社发展促进会评定为"中国旅游特色村"。民建中央援建之路成为化屋群众的致富之路，被当地苗族同胞亲切地称为"民建路"，每逢新春佳节或苗族同胞的节日时，他们都会以载歌载舞、山歌对唱等方式来歌颂民建中央帮扶之情。

六、着力改善乡村人居环境

针对部分群众居住条件差的情况，近些年民建中央协助实施农村茅草房改造工程，共投入帮扶资金近 300 万元，在保留民族特色的基础上对新仁乡化屋村的 175 户民居进行全面改造，并对近万平方米的户间便道和院坝进行硬化铺设。同时，民建中央还帮助启动了黔西县优质枇杷、速生杨树、花卉、生姜、樱桃示范种植。实施优质枇杷示范种植 500 亩、生姜示范种植 1000 亩、玛瑙樱桃示范种植 214 亩，帮助建设新农村示范点 1 个，共拉动各类建设资金 3000 多万元。这些项目的实施，改善了城乡人民生产生活条件，为推动黔西县产业结构调整，推进生态建设和环境保护，实现转型跨越目标，奠定了较为扎实的基础。

捐资 2 万元协助在新仁乡仁慕村启动 500 亩优质枇杷种植示范基地建设，协调会员企业捐赠 130 万株速生杨树苗，引入会员在黔西发展花卉种植。为发展观光农业和特色种植，投资 6 万元先后实施生姜示范种植 800 亩，先期投入资金 20 万元示范种植 14 亩玛瑙红樱桃，至 2011 年，又投入资金 100 万元在群益、化屋实施 200 亩玛瑙樱桃种植，种植规模不断扩大。民建中央还在黔西县素朴镇结合退耕还林、荒山荒坡治理工程引进优良果树品种，在古胜种植核桃、板栗、金银花。创建"同心·思源生态农业示范园" 1 个，投入资金 100 万元实施绿化乡大海子人饮水源点保护（一期）工程；组织中华思源工程扶贫基金会捐赠 30 万元支持黔西易地扶贫生态移民搬迁集中安置点老年活动中心配套项目建设，在协和镇建设了"民建花卉科技示范园"和"同心·思源生态农业示范园"；等等。

总结与启示

2015 年 10 月，习近平总书记在减贫与发展高层论坛上发表主旨演讲时指出："我们坚持动员全社会参与，发挥中国制度优势，构建了政府、社会、市场协同推进的大扶贫格局，形成了跨地区、跨部门、跨单位、全社会共同参与的多元主体的社会扶贫体系。"脱贫攻坚是一项全民事业，需要充分发挥统一战线的优势，广泛调动社会各方面积极力量聚力前行。在黔西脱贫历程中，积极争取民建中央的支持，充分发挥自身优势，在多党合作的优越制度框架之下，共同谱写了一曲脱贫攻坚的华美乐章。

一是牵线搭桥，广开门路促发展。积极争取、推动、配合民建中央充分发挥自身在对外联系、招商引资方面的优势和作用，通过组织外部企业到黔西考察交流、联合举办各种招商引资推介会、项目洽谈会等方式对外宣传黔西、推介黔西，大力"引资入黔"，有效促成招商引资和结对帮扶。

二是智力支持，招才引智促发展。积极争取、推动、配合民建中央大力实施"智力支持"工程，选派优秀干部到黔西挂职帮扶，向试验区政府班子建言献策，落实扶贫项目，强化扶贫人才队伍建设，为全县脱贫攻坚事业注入新活力。

三是示范带动，项目建设促发展。积极争取、推动、配合民建中央建设特色农业示范园、同心新村、同心商贸城等"示范项目"，有力推动全县农业产业化、城市化进程。

四是倾力民生，以人为本促发展。积极争取、推动、配合民建中央援建希望小学，加强水利工程建设，援赠医疗设备，协助基础设施建设等，有效改善部分居民的上学难、就医难、饮水难等问题。

三十多年来，民建中央参与黔西扶贫、脱贫事业形成了制度化、常态化、系统化、长效化态势，成为配合中国共产党领导黔西脱贫攻坚的强大外部力量。实践表明，只有共产党领导的多党合作制度才能有这样的壮举，只有中国新型政党制度才有这样的优势。因此，坚持党的领导是多党合作服务黔西脱贫发展的根本保证，没有统一战线的帮扶支持，没有多党合作凝聚力量，黔西脱贫攻坚不可能取得这么大的成就和这么快的速度。民建中央的帮扶模式和成果得到了中共中央领导、相关部门的高度评价，赢得了黔西县干部群众的广泛赞誉，树立了良好的参政党形象，以实际行动和优异成绩彰显了中国共产党领导的多党合作和政治协商制度的优越性。在助力脱贫攻坚中彰显了多党合作制度优势，是黔西县打赢脱贫攻坚战的重要法宝之一。民主党派不断践行中国共产党的"好参谋、好帮手、好同事"，必须努力加强学习，在参与脱贫攻坚工作中不断聚焦监督重点、完善监督机制、弘扬科学精神、加强问题研究、精准建言献策，在围绕党和国家中心任务履职尽责中不断提高"五种能力"。当经验、能力、水平进一步提高以后，民主党派反哺脱贫攻坚的力度进一步加大，形成良性循环，最终多党合作制度得以进一步深化和巩固。

第六章

精心铺设产业发展、农民增收与生态优化共赢之路

　　黔西所在的毕节市岩溶地貌与非岩溶地貌交错发育，山高坡陡、地形破碎，生态环境十分脆弱。"人穷、地乏、环境恶劣"是 30 年前该地区的真实写照。1988 年 6 月，经国务院批准，以"开发扶贫、生态建设"为主题的毕节试验区正式成立，揭开了修复生态、决战贫困的崭新篇章。

　　产业兴旺是解决农村一切问题的前提，国家关于打赢脱贫攻坚战三年行动的指导意见提出，要因地制宜加快发展对贫困户增收带动作用明显的休闲农业和乡村旅游。农业与旅游业的融合发展是农村产业融合的重要路径，也是休闲农业与乡村旅游结合的基本形式。近年来，黔西结合自身实际情况，紧扣国家大力发展全域旅游战略思路，把农业结构调整与旅游发展有机结合起来，按照"农业生产景观化，农业产品旅游化，农业园区景区化"和"大景区带小景点，金线连金点"的农旅融合思路，探索出一条产业发展、农民增收与生态优化共赢之路，为脱贫攻坚及乡村振兴夯实了坚实的产业基础。

第一节　全域旅游与"四抓四有"
项目融资的积极探索

　　全域旅游是国家当前旅游产业发展的新战略，作为一种新的区域协调发展理念和模式，这一战略强调把整个区域作为旅游区进行打造，把全域作为旅游发展的载体和平台，通过对区域内经济社会资源尤其是旅游资源、相关产业、生态环境、公共服务、体制机制、政策法规、文明素质等进行全方位、系统化的优化提升，实现区域资源有机整合、产业融合发展、社会共建共享。近年来，黔西以农旅融合助力脱贫攻坚为重点，通过"四抓四有"项目融资举措，加快旅游供给侧结构性改革，对全域旅游发展进行了积极的实践探索。

一、抓旅游投资项目入库建设，做到融资推进有目标

黔西谋划旅游项目 23 个，概算总投资 307.37 亿元，按要求逐级上报省、市发改部门，并录入了国家重大项目建设管理系统。这些旅游项目包括旅游资源开发、相关产业发展、生态环境保护、公共服务完善、体制机制建设、政策法规制定、文明素质等各个方面，为全域旅游打好了基础、搭好了框架。

二、抓旅游招商项目无缝对接，做到融资推进有办法

黔西与广州雪松文旅、山东九羊集团、北京磐石公司、四川创美房地产公司等国内知名企业进行多次招商洽谈，召开了招商座谈会11 次，乌江源百里画廊旅游扶贫项目成功签约，签约投资 20 亿元。乌江源百里画廊旅游区属国家级旅游资源，位于黔西县南部，321 国道公路旁，因修建东风水电站而形成。湖区总长 62 千米，宽度 60—1000 米之间，湖水面积近 20 平方千米，是千里乌江上最美的崖壁画廊。景区交通方便，距省城贵阳 80 千米，距黔西城 33 千米，水路连通国家级风景名胜区织金洞，形成贵阳西部风光一绝。乌江源百里画廊旅游扶贫项目的成功签约，是黔西全域旅游助力脱贫攻坚和乡村振兴的大事。同时，水西洞、水西柯海国家湿地公园项目以及水西古城，通过政府和市场程序的成熟，逐步成为全域旅游的关键支点。

三、抓旅游规划项目落地包装，做到融资推进有力度

完成了柳岸水乡田园综合体发展规划暨三年实施计划编制，并完成了一期项目可研编制，实现开工建设；完成了龙背岭森林公园、象祠文化国际旅游度假区、红林机械厂三线教育基地、化甲特色村寨、花溪沙坝旅游综合体等项目可研编制，积极开展招商引资和融资工作，推进项目落地工作稳扎稳打。

四、抓旅游在建项目精细管理，做到融资推进有成效

针对在建项目后续融资需要加大保障力度的实际情况，黔西紧抓在建项目精细化管理，支持在建的基础设施项目建设，推动具备条件项目尽快开工，确保投资稳定发挥最大的效益。2017 年以来黔西县完成 16 个旅游项目融资建设，融资总量 22 亿元，完成投资 3 亿多元。

中果河项目：完成 10 公里文化主题漂流项目、游客服务中心、文化主题街、停车场、穹幕电影、旅游公路、旅游厕所、2 座拦水大坝、3 座码头、2 座观景平台等建设，2018 年实现开业运营，基础设施和配套服务设施逐步完善，并成功获得 4A 级景区景观质量评定，有望于 2019 年获批 4A 景区。完成投资 1.2 亿。

中建乡营盘村乡村旅游项目：融资 1600 万元，完成主干道白改黑（水泥路面改为沥青路面）、月满西楼、望月塔、文化广场、荷塘月色、水体景观、沿河栈道、悬崖观光栈道等建设，完成投资 1472 万元。

大关镇丘林村乡村旅游项目：融资 2800 万元，完成主干道白改黑（水泥路面改为沥青路面）、旅游接待中心、生态停车场、露营区、苗寨广场休闲长廊、沿河观光道等建设，完成投资约 1732 万元。旅游业态升级项目采取"国有企业+招商引资+村集体+农户"的模式投入，引进旅游企业 4 家，发动群众积极参与，建成了悬崖度假木

屋、花涧古韵山庄、花都里客栈、26 家村民自建民宿、生态大米认筹基地等项目。

莲城街道路翡翠湖旅游项目：融资 3500 万元，完成进村公路白改黑（水泥路面改为沥青路面）、怡馨楼、生态停车场、文化广场、风雨长廊、环湖自行车骑行道、亲水广场、观景亭等建设，完成投资约 3416 万元。锦星白泥香风园旅游项目融资 1000 万元，完成停车场、展览馆、文化景观、文化长廊、丁扬斌故居、鱼塘等建设，完成投资 918 多万元。

大关盐号旅游项目：融资 1000 万元，完成盐号修复、红色文化广场、游客中心、红军博物馆外立面修复等工程建设和盐号文化陈列展示，完成投资约 750 万元。结合以上项目建设，整合各类融资建设 24 座旅游厕所，完成投资 720 万元。

其他项目融资：新仁至乌江源百里画廊 12.5 公里旅游公路项目：融资 1000 万元，完成投资 960 万元。化屋 6 栋精品民宿项目：融资 500 万元，建成客房 42 套，床位 70 余个，完成投资 500 万元。化屋码头改造项目：融资 500 万元，完成投资约 500 万元。化屋景区游客服务中心改造项目：融资 350 万元，完成投资 300 余万元。林泉镇山海村樱花小镇项目：融资 1000 万元，完成樱花种植 2000 亩，完成投资 1000 万元。林泉镇海子度假村项目：融资 5000 万元，完成投资 1600 万元。观音洞文物保护项目：成功获得国家投资 480 万元，完成投资 120 万元。

总体上来看，黔西县通过"四抓四有"融资措施，有效推进了全域旅游项目实施建设，一个个美丽乡村展现在世人面前，全县乡村振兴号角争鸣。

中建乡营盘村，苍松翠柏掩映着古朴的民居，万亩花田尽显风流神韵；洪水镇解放村，被誉为贵州高原上的小江南，十里翠柳迎风拂岸；林泉镇海子村，人居环境优美，在万亩猕猴桃基地，闻着果香，品着蜜甜；绿化乡大海子村，富硒脆红李遍及山间，挂满枝头，与湖光山色交相辉映；大关镇丘林村，走当年红军路，游现代桃花源；莲城街道坪子社区，静坐百米风雨长廊，赏林间翡翠湖泊。

第二节 规划引导：绘就农民增收导向的农旅融合图景

为克服旅游企业"单干"模式的弊端，黔西对全县的旅游开发进行了总体规划设计，将生态优化、农业发展与农民增收问题统筹考虑，统一安排。黔西县依托国家 5A 级旅游景区（百里杜鹃）、世界地质公园（织金洞东风湖园区）、千里乌江黄金旅游带（乌江源百里画廊三大连湖）三大世界级品牌，以"中国杜鹃花都"为总体定位，以农促旅，以旅带农，以避暑康养、乡村休闲为主体业态，强化黔西北旅游集散服务枢纽作用，形成黔西全域旅游发展新格局与农旅融合新业态。

一、全域统筹，构建坚实保障

黔西县在体制机制、政策保障、综合管理等方面不断探索，总结出一条全域统筹的道路，即实行党政统筹，"一把手"挂帅，系统整合，多方协作。自 2017 年实施创建行动以来，黔西成立由市委常委、县委书记任组长的全域旅游工作领导小组，建立涵盖多个部门的联席会议制度，调度会、专题会议制度不断完善，形成了月调度、周报送的常态化工作机制。构建"1+4+N"的旅游综合监管机制，即一个旅游服务体系，四个服务队伍，旅游市场秩序监督管理所、旅游巡回法庭、旅游交通运输管理所和城市旅游特勤中队，以及多个监管应用建设。设立旅游发展专项资金，实施旅游服务能力提升市县双奖励制度，引导推动旅游发展。高标准编制《黔西县全域旅游发展战略规划》，配套多个专项规划和实施方案，国土、生态环境等法定规划充分考虑旅游需求，真正实现"多规融合"。黔西县从制度、监管、规划三方面出发，全域统筹，构建黔西县农旅融合发展的坚实保障。

二、全境覆盖，打造优质服务

交通基础设施的完善与城市建设快速发展，成为黔西旅游产业快速发展的助推器。作为脱贫攻坚的成果之一，黔西县的交通网络四通八达，黔织、黔大、贵黔、白黔、息黔五条高速贯通全县，成贵快速铁路黔西站建成通车，使得黔西区位交通优势更加凸显。全域旅游人发展迎来前所未有的机遇。依托在建黔西高铁站规划设计黔西全域旅游综合集散中心，在机场、汽车站、城区、景区景点、主要乡村旅游点设立24个旅游咨询点，"1+4+N"的三级旅游咨询服务体系初具规模。"厕所革命"成效显著，A级以上旅游厕所达68座，创新采用"四有四到位"的运营模式，实现了"数量充足、干净卫生、实用免费、管理有效"的目标。旅游标识标牌覆盖全域，重点景区、乡村旅游点及商业街区免费WiFi全覆盖，旅游服务日益智能、便捷。

中建乡是"盐茶古道"的故地，自然风光优美，旅游资源丰富。但一直以来因交通不便，"养在深闺人未识"。2016年白黔高速公路建成通车，在临近高速公路的中建乡建了出入口，该乡旅游开始迎来发展机遇。如今，这里已建成"大话西游"主题漂流景区，以《大话西游》影视剧情为贯穿场景，以中果河梦幻般的原始森林峡谷地貌为现实背景，建成长达10公里的大型山地峡谷历险漂流旅游景区。在漂流的基础上，景区又陆续推出球幕布电影、水幕电影、灯光夜间漂流、长桌宴、篝火晚会等吸引游客的设施和活动。

同时，着力打造的月亮湾休闲度假村景区，重点以悬崖度假酒店、花涧古韵山庄以及特色民宿为代表，突出住与吃，与"大话西游"主题漂流景区的"玩"连成一体。神秘的"反字岩"、神奇的"四轮碑"、神话的"虎字岩"和神妙的"三涨水"，与"大话西游"主题漂流景区、月亮湾串点为线，为下一步全域旅游打下坚实基础。景区距离高速收费站仅 800 米，每年游客络绎不绝。家住"大话西游"景区边的村民刘信念说："从景区建设到现在，我一直在景区上班，每个月工资近 3000 元。随着来游玩的人越来越多，我家还可以做点小生意，增加收入。"

黔西县雨朵镇扯泥村，把靠着贵黔高速公路的一个小土包，建成了一个观景台。无事的时候，村里人喜欢带着孩子走上观景台，和外来的游客一起小憩。只不过，外来游客看到的是扯泥的风景，扯泥人看到的是高速公路带来的希望。扯泥村依托贵黔高速大海互通交通区位优势，充分发挥扯泥温泉、世杰文化等资源，着力以文化为媒、乡愁为魂，着力打造集休闲娱乐、民俗文化、农旅于一体的旅游休闲度假综合区。

黔西县素朴镇屯江苗寨，是一个少数民族聚居的小村寨，寨子被群山包围，山高林密，交通闭塞。过去，村民翻山越岭，历尽辛苦才能走出村寨，看外面的世界。2017 年，黔西县"组组通"公路建设拉开大幕，为屯江苗寨修建了 6.6 公里的崖壁公路，村民们告别了祖祖辈辈徒步翻山越岭的历史，生产生活面貌发生了翻天覆地的变化。"以前外出打工，都害怕回家，因为得走山路，又远又陡峭。现在我们回家，可以坐车到家门口，比以前方便多了。"说起家乡交通的变迁，在福建务工的屯江村村民李学明感慨万千。硬化路修到农户家门口，将脱贫致富希望送到农民心坎上，真正实现"路通民富，百业兴旺"。2015 年贵州省启动农村公路建设"三年会战"，到 2017 年，黔西县共建成农村通组路 1314.96 公里，"组组通"公路覆盖率达 100%。至 2019 年，黔西县公路总里程达 4016.75 公里，其中高速路 160.75 公里、普通国省道 160 公里、县道 497 公里、乡道 730 公里、通村通组公路 2469 公里，实现了邻县通高速、各乡通油路、各村通水泥路、各组各户通硬化路的既定目标。高速公路交汇互通，成贵高铁开通在即，油路进村入户。黔西人民，正"加速度"走出山门，拥抱世界。

三、全业融合，催生多样供给

"全业融合"是黔西县打造全域旅游的关键步骤，将旅游业与十种业态的融合作为重要抓手。推进"文旅""农旅""旅游+扶贫"等模式，实现从旅游到旅行到旅居的转变。一是"旅游+文化"推进文旅融合。二是"旅游+园区"推进园旅融合。三是"旅游+农业"推进农旅融合。四是"旅游+城镇"推进城旅融合。五是"旅游+健康"推进旅游与大健康融合。六是"旅游+生态"推进旅游与生态建设相融合。七是"旅游+工业"促进特色工业发展。八是"旅游+服务"促进服务业现代化、标准化。九是"旅游+大数据"促进智慧旅游。十是"旅游+扶贫"促进脱贫攻坚。通过以上模式做长产业链，以多业态形式赋予黔西全域旅游更深的内涵，开创黔西旅游新局面，打造"传奇水西、康养花都"旅游目的地，为助推决胜脱贫攻坚、同步全面小康，建设百姓富、生态美的新黔西发挥积极的作用。黔西积极发挥各地特色优势，全面激发旅游活力。

立足水西文化资源，推进文旅融合。以"重溯水西历史，续写水西传奇"为核心，融文化展示、文化展演等功能为一体，建成水西古城。该项目入选"国家藏羌彝文化产业带"重点建设项目，是贵州省5个100工程的"双百"建设项目；立足传统农业资源，推进园旅融合和农旅融合。采取"政府引导、企业主体、市场化运作"的模式，高标准建设水西泰丰园等多个农业示范园区，目前已建成省级示范园区7个，市级示范园区3个，县乡级示范园区25个；立足自然生态资源，推进"旅游+生态"融合。高位开发中果河景区，以漂流为主打，集生态康养、文化体验、休闲娱乐、避暑度假于一体，目前已通过国家4A级旅游景区景观质量评定。引入市级投融资平台，整体化开发"三大连湖"（《中国十大喀斯特美丽湖泊口碑金榜》排名第一），打造乌江源百里画廊；月亮湾绿色森林康养试点基地入选贵州省第三批森林康养试点基地，"旅游+服务"融合，彝族火把节、苗族跳花坡、布依六月六、白族三月街，一系列展现民俗风情的节日与活动，尽显黔西魅力；立足传统村落资源，推进"旅游+扶贫"模式。综合运用使用权入股、联营等方式，盘活农村土地资源，深度开发农事体验、采摘篱园等业态，系列化打造"花都里"精品客栈，形成"5+4+27"乡村旅游发展体系。

此外，黔西还拥有甲级旅游村寨（素朴镇灵博村、洪水镇解放村、林泉镇海子村）、中国民间文化艺术之乡（化屋苗寨）、省级历史文化名村（猫山村）等多个金字招牌。

黔西县"旅游+"以旅游为核心，统筹旅游各个要素形成旅游产业集群。关联文化、工农业、教育、体育、餐饮等多种业态，多个行业，形成了一种综合性的跨产业消费结构。"+旅游"，则是其他产业与旅游业的主动融合、合力联动。核心是抓住产业的"产"，才能立旅游的"业"，产业是根本，旅游应时而变。"+旅游"绝不仅仅是"产业+旅游"的简单叠加，而是一种产业化程度的提升，是多方面、大范围的产业重塑与再造。

黔西县旅游供给日渐丰富，并完成了从"旅游+"到"+旅游"

的转变。突破狭义的产业受众市场，通过农业、亲子、婚庆、节事、温泉、养生、营地等衍生旅游产品开发，吸引很多有特殊兴趣爱好的非相关产业型人群聚集。旅游客源的导入，使黔西旅游业迈向新的社交休闲时代，也为产业市场的拓展与升级打开了一个新的增量市场。

四、全景优化，夯实发展基础

全域景观优化是实现生态安全进而提升旅游竞争力的重要手段。保护环境是实现景区可持续发展的必然要求。对协调人类与环境的关系，保护人类的生存环境、保障经济社会的可持续发展有重要意义。环境问题解决得好坏关系到黔西县旅游形象以及旅游品牌的建立。为保障经济长期稳定增长和实现可持续发展，县政府通过改善城区基础设施和农村环境、带动居民参与等手段，改善黔西生态环境，实现生态系统的良性循环，为黔西县农旅融合夯实了基础。

（一）强化城区基础设施建设

全面落实"城市双修"和"海绵城市"理念，修补"城市伤疤"，矿区变景区，打造城市绿肺（凤凰山公园）。湿地保护修复，严控生态红线，形成绿色生态城市新名片。黔西在城市建设工作中，探索创新城市精细化管理。制定《黔西县城市精细化管理实施方案》，强化城区基础设施建设，实行"三个靓化"（主次干道、公园、广场）改造，加大设施设备日常维护力度，打造了绚丽多彩的城市风貌。黔西已完成修建大转盘、水西大道6座人行天桥，在城区主次干道新置车行道隔离栏和人行道护栏9公里，不断提高城市硬件"装备"，同步提升城市品位。不断完善城区冲洗设备，为文明城市创建"保驾护航"。同时，查找"病源"，摸清"症结"，探索社会化、市场化运作方法。对症"下药"，实行城区保洁向市场购买服务。开好"处方"，减少了管理主体，改变管理人员既当运动员又当裁判员的局面，提高了管理效率，营造了良好的环境卫生整治氛围。"巍巍乌蒙白云翻，杜鹃花海红满天。"如今行走在黔西城区，一排排靓丽的杜鹃花灯，一棵棵整齐划一的城市景观树，一幢幢高大挺拔的城市建筑，与干净整洁的路面和秩序井然的交通相得益彰。

（二）打造靓丽纷呈的农村环境

黔西在农村环境卫生综合治理中，立足实际，坚持问题导向，不断探索新方法，创新管理新模式，制定下发了《黔西县农村环境综合整治实施方案》，多次组织召开环境卫生整治工作经验交流会，开启了农村环境卫生治理新征程。打造出杜鹃街道乌骡坝 AAA 级旅游景区、中国十佳魅力乡村洪水镇解放村等优美农村环境。

"晴天灰尘扑面，雨天污水横流。"这曾是观音洞镇为之尴尬的局面，如今全镇人民齐心协力，定好坐标，明确目标，把握航标，做好"加减乘除"四则运算，立"规范"创"示范"塑"模范"，营造了环境卫生整洁、交通秩序井然、人文自然融和、社会欣欣向荣的共融画面。"茅檐长扫静无苔，花木成畦手自栽。一水护田将绿绕，两山排闼送青来"。林泉镇海子村、雨朵镇扯泥村以"留得住青山，看得住绿水，记得住乡愁"为打造方向，着力构建富美乡村。目前，呈现出村容村貌大幅改善、农民收入大幅提升、社会环境和谐稳定的旅游景象。

（三）创新探索居民参与方式

黔西经过规划、研究、环评编制三个阶段，识别主要环境影响和制约因素，进行环境现状调查监测，对规划区域进行规划分析，开展环境影响预测和评价，提出规划优化建议，规定环境影响减缓措施，编制跟踪评价方案，提出环境管理要求。制定《黔西县旅游项目环境影响评价公众参与制度》，健全志愿者服务体系，规范环境影响评价公众参与和保障公众环境保护知情权、参与权、表达权和监督权。积极开展各类全域旅游专题活动，营造"主客共享、全民共建"的良好氛围。

五、全方位营销，彰显品牌特色

黔西通过全方位立体营销、全局推广，形成全域旅游营销大格局，建立品牌。投入旅游营销资金 1400 余万元，建立多主体共同参与的营销联动机制。强化微信、微电影、抖音等自媒体宣传，创新举办旅游美文大赛、旅游形象大使选拔赛、摄影大赛等文化赛事，吸取居民的智慧与力量，为"人文水西·魅力花都"品牌形象日益凸显添砖加瓦。黔西在城市建设工作中，紧紧围绕"吃、住、行、游、购、娱"六大产业链，积极探索体制机制，创新工作方式方法，采取强有力措施，围绕"处处是好环境、人人是好形象"主题，以让游客"行之顺心、住之安心、食之放心、娱之开心、购之称心、游之舒心"为导向，"魅力花都"黔西聚力"六心"行动，厚植发展优势。不断把"人文水西·魅力花都"品牌做大做强。

（一）紧扣"行之顺心"，优化交通打基础

开展最美公路创建活动，实行公路保洁和沿线卫生捆绑管理。开展"文明交通行动计划"，黔西督查整改出租车、公交车脏乱差50起，甩客3起，安全隐患44起，制止加水洗车点2处，清理河面暴露垃圾20余处，查处各类道路交通违法行为1万余起，有力打击交通违法行为，优化交通环境。

（二）紧贴"住之安心"，强化服务树形象

以职业道德、文明礼仪等为主要内容，开展窗口单位和服务行业人员培训3次，提高从业人员服务水平和接待能力。检查酒店15家，下达《特种设备安全监察指令书》7份，对无维保单位电梯，责令停

止使用，消除安全隐患。

（三）紧盯"食之放心"，加强督查保安全

对全县690家餐饮服务单位进行量化分级管理，要求2492家生产经营单位做到原材料和食品可溯源，旅游景点食品经营单位要求索证索票全覆盖，有效保障了旅游地的食品安全。

（四）紧跟"娱之开心"，激活文化创品牌

深入挖掘地域特色文化资源，做足观音洞古人类遗址文化、黔西红色文化、阳明文化、水西文化等地域的文章，搜集整合散落于民间、存活在百姓记忆中的文化资源，共同打造黔西文化品牌，唱响"人文水西·魅力花都"好声音，展现"中国杜鹃花都"好形象。

黔西大型花灯剧《红灯照亮枷担湾》在市第五届乌蒙文化节荣获银奖，文琴戏代表贵州戏剧进京表演，持续开展文化旅游节（黔西县旅游产业发展大会）、油菜花节（柳岸水乡）、桃李花节（大关乡）等节庆活动，还有"黔西文琴戏"、"黔西山歌"、花灯和岳红霞剪纸等。

（五）着眼"购之称心"，规范市场见成效

对全县旅游商品按照旅游必需品、工艺品、纪念品和土特产品进行分类监管，严厉打击制假售假行为。同时，黔西县拟将绿源食品、徐顺昌辣椒、赵老五粑粑、麻辣脆、贝得蒙服饰、蜡染、刺绣作为特色旅游商品品牌进行推广。

（六）围绕"游之舒心"，厚植风貌展新颜

黔西县规范和清理各类流动摊贩825个、占道经营摊点157个、超门面经营367家，拆除占用公共场所、人行道撑杆搭棚23处，整

治流动摊喇叭噪声 400 多起。对水西农贸市场背后环城南路等 305 个长期占道摊点依法取缔，清运垃圾 25 车，取缔文峰路长期占道经营各类摊点 132 个。加强夜市管理，排查城区 400 多家夜市，对 56 家未按规定经营的场所进行整改。

第三节 因地制宜：打造各具特色的农旅融合多元模式

在全域旅游背景下，农旅融合是全域旅游业态发展的基本表现形式。黔西以独有的自然资源条件与特色鲜明的民族、民俗文化为基础，依托本地农业资源开展特色旅游，贯彻"人无我有"的理念，紧抓机遇、后发赶超，融南拓北、纳东借西，推动各地区发展不同的旅游模式，致力于打造"一村一景、一村一品、一村一主题、一村一特色"的差异化格局。各村落旅游形象鲜明，充满文化内涵，地域文化更具生命力，从而在激烈的市场竞争中脱颖而出。

一、田园农业旅游模式

田园农业旅游主要包括田园农业游、园林观光游、农业科技游、务农体验游几种模式。即以农村田园景观、农业生产活动和特色农产品为旅游吸引物，开发农业游、林果游、花卉游、渔业游、牧业游等不同特色的主题旅游活动，满足游客体验农业、回归自然的心理需求。这种融合模式是黔西农户参与最主要的形式。

在中建乡营盘村，苍松翠柏掩映着古朴的民居，一湾又一湾的梯田，是游客认领的生态大米种植基地。受中建峡谷山地自然条件的限制，不能通过机械化发展农业生产，加上过去交通条件困难，农业效益低下，村民十分贫困。近年来，随着白黔高速公路建成通车，水电路等基础设施改变，中建乡通过土地流转进行整形，把林间梯田做成观景农业，把大米做成旅游商品，积极将原生态的农业产品转化为经济优势，融合各种资源，农旅融合助力脱贫攻坚。中建乡采取"三支队伍、四项驱动、六大基地"的"三四六"工作措施，推进了旅游多产融合发展，形成"以旅游为示范、村村有产业、户户有增收"的乡村振兴发展模式，主要做法如下：

一是组建"三支队伍"。成立了领导小组抓统领，统筹推进工作开展；组建乡、村社一体合作社小组抓产业项目，力推中建农特产；组建"乡村跑腿"队伍抓配送，将中建农特产配送至"中建原味"展馆；"三支队伍"通力配合，极力推动中建乡"后备箱"经济发展。

二是同步"四项驱动"。研发"走进中建"小程序，聘请贵大研究生团队，研发并运行"走进中建"小程序，包含"吃什么、玩什么、带什么、住哪里"四大板块，将月亮湾景区、漂流景区及几十种土特产推荐上线；推出生态大米认购计划，启动了 70 亩优质生态大米种植示范基地，依托营盘村富硒米，将大米基地划分为 1200 份，以每份 400 元价格通过"走进中建"小程序实现认购；建成"中建味道"农特产展馆，为更好展示农特产，在中建乡月亮湾接待中心、大话西游漂流接待中心分别建成"中建味道"农特产展馆，游客通过"走进中建"下单，在"中建味道"展馆领商品。实施乡、村合作社联动，通过乡平台公司，将各村合作社捆绑成统一体，在"后备箱"经济发展过程中，明确乡、村社一体合作社利益分成，提高村社一体合作社积极性，增加村级集体经济。

三是构建"六大基地"。在"走进中建"小程序上线，"中建味道"展馆建成的同时，考虑到产品储备量问题，在原来基础上，提出构建"六大基地"，即"生态大米基地、优质绿壳蛋基地、天然油菜籽基地、500 亩"圣女果"基地、林下土鸡养殖基地、原生态蜂蜜基地"，其中 500 亩"圣女果"基地已实现；生态大米基地示范项目已完成，推出的 1200 份大米认购得到游客青睐，基地将按计划扩大规模；天然油菜籽基地位于普盖村碾房组，面积达 300 亩，农户种植积极性高；优质绿壳蛋基地位于龙凤村川洞组，由合作社经营，下一步将扩大养殖规模，提高产蛋量；原生态蜂蜜基地主要在营盘村，该地合作社及农户有养殖蜜蜂经验，当前蜂蜜大量上市，亦将由村社一体合作社规模养殖；林下土鸡养殖基地基于红板村已建成的近 30 个板房鸡舍，初期规划养殖 3000 羽，品种为当地土鸡，散养。

同时，中建乡通过农旅一体化推进多产融合，发展农业充分考虑旅游业的发展，实施中果河农旅一体项目和营盘村产业结构调整两个项目，把农业园区变成了 A 级景区，2018 年，获批中果河和月亮湾 2 个 3A 级旅游景区，中果河创建国家 4A 级景区通过质量景观评定，成功获批 4A 级旅游景区。两个农业景区的开发，直接解决贫困群众就业 200 多人，带动一类贫困村红板和龙凤、普盖两个二类贫困村的 500 多名贫困群众精准脱贫。

二、民俗风情旅游模式

民俗风情旅游模式即以农村风土人情、民俗文化为旅游吸引物，充分突出农耕文化、乡土文化和民俗文化特色，开发农耕展示、民间技艺、时令民俗、节庆活动、民间歌舞等旅游活动，增加乡村旅游的文化内涵。这种模式主打农村文化、民风民俗、乡土建筑、民族风情等，比较典型的有少数民族村寨、传统村落、历史文化名村名镇、农业文化遗产地等，这些地域有较为深厚的文化底蕴，特色的民风民俗，也是常规旅游中经常主打的项目。

黔西县素朴镇，一场场精彩纷呈、极具乡土特色的春节民间民俗文化活动点亮了传统节日，不仅使年味更浓、精神更爽，更是引来八方游客，推动了当地文化旅游繁荣发展。

素朴镇自然风光秀美，文化底蕴深厚，在旅游大开发政策的有力促进下，整合资源优势，将文化与旅游有机融合发展，文化金字招牌逐步深入人心。传统民间民俗文化彰显人文气息。炮竹声声辞旧岁，欢天喜地过大年。农历正月初一，灵博山象祠景区便迎来千人游客。粉墙黛瓦，恢宏古朴，神秘水西，阳明心学，引人入胜；在象祠大殿祭象拜贤、慎终追远，感知舜以德服象，象弃恶从善的千古美德；拾级而上，山顶风光旖旎，"文彪归隐""九龙伏妖"等故事传承着中华民族崇德向善、正气凛然的传统美德。棉花社区苗族同胞"花坡节"上，山歌这边唱来那边和，盛装起舞闹新年，引来上千旅客驻足观看。悠久的历史、古老的传说、厚重的人文无不彰显着知行至善小镇的独特魅力。农历正月初二伊始，素朴镇春节民间民俗文化活动正式拉开序幕。街道上张灯结彩、摊贩有序，在人潮涌动的文化广场上，或是明清建筑风格鲜明的新大街上，龙灯、花灯、秧歌等民间传统文化表演精彩亮相，飞龙夺珠、金狮下界、玄奘取经、花船摇曳。灵博山古象祠内地方非物质文化表演现场接踵摩肩、喝彩不断，八龙拜象，浩气凛然；九龙广场文艺演出精彩纷呈，此起彼伏。内容丰富、形式多样的地方文化赢得阵阵喝彩，文化底蕴彰显了素朴镇民俗风情旅游的独特魅力。

三、红色休闲度假模式

红色旅游主要是以中国共产党领导人民在革命和战争时期建树丰

功伟绩所形成的纪念地、标志物为载体，以其所承载的革命历史、革命事迹和革命精神为内涵，组织接待旅游者开展缅怀学习、参观游览的主题性旅游活动。黔西依托当地独特的红色旅游资源，丰富的红色文化遗址为旅游吸引物，开发红色文化，结合民俗文化，以度假区、民宿为主要表现形式，与农业发展结合起来，开发集休闲、度假、会议、学习等于一体的红色旅游发展模式，吸引游客，带动当地旅游业发展。

大关镇丘林村以乡村红色文化旅游为中心，将乡村旅游与乡村振兴融合，投入各类资金5000多万元，修缮了省级文保大关盐号，建成了丘林村旅游绿道、沿河游道、接待中心、文化广场、停车场、观景长廊、文化长廊、露营基地，保护性打造红军渡、解放军渡、英雄纪念碑等红色文化遗址，"鸭池三桥"景观。对丘林村旅游核心景区公路2.1公里进行了扩建，规划修建沿河观光栈道3000米，对红军渡口、解放军渡口、红军泉、古盐道等旅游观点项目进行修复打造，种植绿化带，建自行车道，并修建大型停车场1个，占地5000平方米。同时，种植冰脆李、白花桃、橘子、红心柚、樱桃等精品水果2000余亩，观赏性中药材600余亩，早熟豌豆、胡豆、马铃薯等无公害蔬菜400余亩。种植业与旅游业有机结合，提升了游客的旅游体验感。

整合芦笙、板凳舞、敬酒歌、山歌等民间文化资源，加快文化旅游产品打造，增强景区吸引力。同时，完善旅游景区基础设施，民宿增至39家、床位300余个，全力打造集观光、休闲、度假、娱乐等于一体的乡村旅游景点。每年春天，十里桃花盛开，丘林村都会组织召开桃李花节，举办采摘节，吸引上万游客前来旅游观光，促进一二三产业融合发展。

如今的丘林村山水依依，风景秀美，景点众多，迎来了一拨又一拨游客，临河的烧烤区、露营区、苗寨广场、沿河栈道上游人如织，大家尽享湖光山色和地道美食，且在无形中接受了革命教育和红色文化熏陶。

四、休闲度假旅游模式

休闲度假是利用假日外出以休闲为主要目的和内容的，进行令精神和身体放松的休闲方式。随着经济的不断发展，人们的旅游观念逐步倾向于休闲、放松和娱乐为主的休闲度假。黔西优美的自然环境为休闲度假旅游的发展奠定了良好的基础，因地制宜地开发休闲旅游活动。

在杜鹃街道乌骡坝，泰丰园生态餐厅十分引人注目，偌大的餐厅内，植物丛生，参差错落，造型美观，小桥流水，潺潺动听；餐厅外是数百亩的锦绣田园，温室大棚内一畦畦的草莓，散发出诱人的芳香；曲径通幽的游览步道，把农业科普馆、葡萄廊、樱桃园、垂柳林、水上乐园、游泳池、精品民宿等串联成一个整体，一幅"青山绿水布依寨，幸福和谐文明村"画面展现在游客眼前。

早在 2011 年，乌骡坝还是比较贫穷的村庄，人居环境"脏乱差"的现象仍然严重。黔西依托市场、交通区位等优势，大力推进农旅一体化建设，开发乡村旅游，引进社会资金建设集辐射带动、生产经营、科普教育、文化传承、休闲观光于一体的综合性园区——水西泰丰园。园区占地面积 1000 亩，建成研发大楼 2000 平方米、生态餐厅 5000 平方米、温控调节室 200 平方米、绿色生态农产品保鲜室 1000 平方米、农产品储藏加工中心 2000 平方米、特色蔬菜花卉展示温室 2000 平方米；建成水肥一体化灌溉设施、草莓立体栽培连体大棚、休闲四合院等配套设施。目前，泰丰园已获批国家 3A 级景区，景区常年有职工 118

人，70%以上为乌骡坝村民，其中 56 名贫困群众在景区就业，带动了全村 86 户 268 人全部脱贫。村民不仅可以得到土地流转费用，还可以在园区打工，既解决了就业问题，又可在打工过程中学习种植技术。引进贵州嘉业鑫隆实业有限公司投入资金 7062 万元，修建占地 80 余亩的乡村旅游宾馆及独立式接待中心，流转土地 3300 亩发展精品果园种植并实行林下养殖。在企业的带动下，有发展能力的农户还开办了农家乐、开心农场、自摘草莓园等。经济效益可观，游客络绎不绝，平均每天游客达 1000 余人。乌骡坝泰丰园的园区变景区，实现了旅游精准扶贫，圆了村民的致富梦。

同时，杜鹃街道坚持农旅融合，按照"县城蔬菜基地""城郊乡村休闲度假区"的定位，大力发展订单农业，大兴社区种植艳红桃和北京晚桃 500 亩、樱桃 500 亩、梨子 300 亩、枇杷 300 亩、猕猴桃 200 亩、葡萄 350 亩、李子 100 亩、石榴 1000 亩、核桃 400 亩、板栗 100 亩、油用牡丹 800 亩、玫瑰花 500 亩、水笋 200 亩、莲藕 50 亩、蜜本南瓜 1200 亩、金银草 2000 亩。农旅一体多产融合，26 户农户开展乡村旅游活动，精准带动周边群众脱贫。兴旺的农业产业，有效助推了乡村旅游发展，推进了乡村振兴。

五、回归自然旅游模式

回归自然旅游模式以作物集中种植区、农区特色地形地貌、农业工程等形成的景观为旅游观光对象，如油菜花景观、稻田景观、梯田景观、草原景观、果园景观、花卉景观、水利工程景观等。这种模式的季节性和淡旺季明显，游客前来旅游往往集中在某一时段。利用农村优美的自然景观、奇异的山水、绿色森林、静荡的湖水，发展观山、赏景、登山、森林浴、滑雪、滑水等旅游活动，让游客感悟大自然、亲近大自然、回归大自然。

在林泉镇，遵循"推动绿色发展，人力资源开发，体制机制创新"发展路径，坚持海子村龙头引领，打造万亩蔬菜、万亩猕猴桃、万亩李子等农业产业基地，建成辣椒加工厂、菌棒加工厂、冷库3200立方米，创建省级农业示范园区1个，市级农业示范园区1个，市级示范农民专业合作社2个。按照采摘篱园、休闲养生、观光度假游一体化思路，发展集民宿、餐饮、康养于一体的农家乐20余家，集中种植中国红樱花2000余亩、油茶花500余亩，建成集生产、销售、旅游观光于一体的多肉植物园1个，推进一二三产融合发展。旅游接待中心、环湖自行车道、农产品交易中心和育苗中心等加快建设，贯彻新发展理念和探索乡村振兴的路子越走越广。林泉海子于2018年获批国家3A级景区，2万亩的猕猴桃、2000亩的樱花、500多亩的油茶花成了一道道景观，游客春天赏花，夏季避暑，秋季采摘果实，一年四季游览海子风光。旅游业态不断丰富，为当地村民创收的同时，带动了红林贫困乡、锦星镇深度贫困村东庄和洪湖等贫困乡村的农特产品销售，周边500多名贫困群众实现精准脱贫。

第四节　收益共享：构建农旅融合
全方位农民增收机制

《关于支持深度贫困地区旅游扶贫行动方案》提出旅游扶贫目标任务包含"乡村旅游扶贫减贫措施更加有力，乡村旅游扶贫人才培训质量明显提高，旅游综合效益持续增长，旅游扶贫成果不断巩固"。黔西以全域旅游为背景，改善当地的基础设施建设，大力推动农业和旅游业的融合，为当地居民提供更多就业岗位和创业机会，提升当地居民的思想素质，拓宽居民的收入渠道。黔西依托省旅发委公布的 1158 处旅游资源，制定了旅游扶贫实施方案，计划通过实施"旅游项目建设扶贫、旅游资源开发、景区带动、乡村旅游扶贫、旅游商品开发、旅游+、多产业融合发展、旅游结对帮扶、乡村旅游标准化建设、旅游扶贫人才培训"十大工程，为全县决胜脱贫攻坚、同步全面小康作出重大贡献。

一、培训上岗获取工资性收入

黔西县制定、推进实施《黔西县旅游扶贫培训实施方案（2016—2020）》，从旅游餐饮、旅游住宿、旅游交通技术、景区保安、旅游商品生产技能等方面，按计划抓好适宜旅游从业的贫困群众统计、动员、培训和引导就业等工作。旅游部门与县扶贫办加强对接，各乡镇（街道）积极配合，已累计完成乡村旅游扶贫培训专题 5 期，培训乡村旅游点群众 600 多人，其中贫困群众 320 人，通过脱贫攻坚大讲习形式，对 6100 名贫困群众进行了旅游服务技能培训，部分群众直接参与到农业和旅游业共建的生产基地建设和服务中。例如，黔西推进 24 个重点旅游项目，即乌江源百里画廊景区、水西洞旅游区、水西柯海国家湿地公园、龙背岭森林公园度假区、中果河生态康养旅游度假区、象祠国际旅游度假区、支嘎阿鲁湖国际滨河旅游度假区、索风湖旅游度假区、化陇河景区、水西森林公园（沙嘎坡片区）、柳岸水乡田园综合体、猫山布依风情旅游区、水西宣慰洞山水养生谷、红林三线教育旅游度假区、世杰花卉小镇、沙坝河休闲娱乐度假区、屯江苗寨民族风情旅游区、八卦山旅游区、流连谷温泉度假区、西溪生态休闲旅游度假区、荆江生态休闲旅游区、林泉花海小镇、丘林红色文化乡村旅游区、百里画廊五星级大酒店等。通过重点项目推进实施，累计为贫困群众创造了 5000 多个就业岗位。

黔西县金碧镇通过产业的发展，引导当地村民就业，极大促进了脱贫。2017年，金碧镇发展香葱产业1000亩。香葱每年可种3季，亩产量约0.6万公斤，产值约2.5万元。种植1亩香葱需要近百名劳动力。就业和土地入股的双重收入，拓宽了群众增收渠道。为保障农产品质量，有关企业采购了冷链运输车2台，建造了库容4230吨的农产品冷存库。经过两年经营，香葱产业彻底改变了群众的收入结构。香葱种植实现了与农户利益的良好链接，一是香葱基地务工人员年人均工资8000元以上，二是每年固定分红10万元给项目村，三是企业利润的2%作为贫困户产业发展资金。该镇香葱种植已形成"公司能发展、合作社能壮大、农户能脱贫增收"的三方共赢机制。金碧镇将香葱种植产业作为全镇坝区产业结构调整的主导产业之一，采取"村党支部+合作社+公司+基地+农户"的运作模式，落实相对集中连片的坝区产业5280亩，且2080亩香葱获大丰收，实现了农业产业商品化、特色化、绿色化、规模化。产业的发展为黔西的脱贫工作打下了坚实的基础。

二、借势发展关联产业创收入

随着农旅融合进程的加快，伴随着外部游客带来的文明冲击，当地群众的生活观念素质得到提升，主动致富的愿望被有效激发出来。顺应这一形势，黔西通过农民讲习所等途径，积极开展农民创业座谈会和群众会，充分利用会议、广播、宣传栏等多种形式进行广泛宣传发动，同时动员旅游企业建立旅游扶贫带，鼓励和优先安排周边贫困农户从事与景区相关行业，拓展贫困人口创业空间，引导他们自主经营自家餐馆、宾馆以及在旅游景区生产、销售当地特色产品等获取收入。同时，在国家政策范围内，以居民自身的资产如房屋、土地等担保，旅游企业发放小额贷款，鼓励创业。

钟山镇投入 2500 余万元开发撞钟山景区，建起了 1000 平方米的生态停车场等，带动当地外出农民回乡创业，创办了宏程石艺加工厂，推出了茶杯、茶盘、砚台、根雕等旅游产品，解决了 20 多名贫困群众就业。

山岭光秃，房屋破漏，不通水电，出行困难，是原来黔西县兴仁乡化屋村的真实写照。脱贫攻坚战打响以来，一栋栋独具特色的苗家小楼代替了原来的破旧老屋，村里建起了民族广场。黔西化屋村已成为省级著名景区"乌江源百里画廊"旅游线上一颗璀璨的明珠，并被文化和旅游部命名为"中国民间文化艺术之乡"，美丽的乌江边上，世世代代居住在此的苗族同胞吃上了旅游饭。年接待游客 10 余万人次，年旅游收入 200 余万元。村民年人均纯收入从 2004 年的 1600 余元上升到 2018 年的 9800 余元。从"一花独秀"到全域旅游，黔西正在变绿水青山为金山银山。

三、土地入股获得资产性收益

在全域旅游背景下，政府推动农旅融合过程中，联合企业对土地进行重新规划使用，按照企业发展需求有序引导居民土地流转，同时鼓励农民以自家的房屋入股或租赁给企业，获得资产性收入。例如，在开展乌江源百里画廊、柳岸水乡、水西柯海国家湿地公园、全国文物保护单位观音洞文化遗址公园等重大旅游景区开发项目实施中，均采取"公司+协会+合作社+农户"等模式，积极引导景区周边村寨的贫困群众充分利用自有房屋、土地、特惠贷等入股参与发展民宿、客栈、农家乐、采摘、乡村文化体验等乡村旅游业态，在三年内实现企业完成投资 100 亿元，带动群众以资金、资产入股完成投资 100 亿元，力争创造 30000 个以上旅游就业岗位，吸纳 1.2 万名以上贫困群众就业。

永燊乡干井村属一类贫困村，面积4.5平方公里，耕地面积960亩，1440人，劳动力680人，其中贫困户102户433人，贫困发生率达30%。近年来因地制宜大力发展刺梨种植，开展刺梨赏花、刺梨采摘等农业生态观光旅游，同时争取退耕还林以奖代补指标，采取"支部+公司+合作社+农户"的"四位一体"经营管理模式，农户以土地入股，合作社组织统一规范管理，引进贵州绿源食品科技有限公司（金刺维）订单收购。2017年秋，全村收获鲜果2万余斤，全部实现了订单收购，群众种得出、销得出、得实惠。干井村还种植550亩中药材丹参、脆红李、梨子、枇杷等。2017年全村实现100户贫困户脱贫，剩余2户由民政兜底，实现了整村脱贫。

刺梨种植使干井村山更青、水更绿、环境更美、生态更好，森林覆盖率已提高到48%，在开展春夏赏花、秋季摘果农业生态观光旅游，发展农家乐餐饮业的同时，又引进贵州宣慰洞开发有限公司投资2.8亿元，进行皮家河乡村旅游开发；引进贵州恒沣牧业科技有限公司投资3.4亿元，在干井建万只肉羊养殖基地，带动1000亩牧草种植和200个养殖户发展畜牧业，多渠道巩固脱贫攻坚成效。

第五节　强本固基：永葆农旅融合
发展的绿水青山底色

绿水青山是农业持续发展的自然基础，也是旅游兴旺发展的核心资源，更是当地农民安身立命的生产、生活空间。习近平总书记指出，毕节要着眼长远、提前谋划，做好同2020年后乡村振兴战略的衔接，着力推动绿色发展。再次强调了坚持走生态保护与脱贫致富共赢之路的重要性。黔西人民在扶贫攻坚中，立足本地区自然条件，不断发扬毕节实验区精神，同时将"两山论"的发展理念内化于心，通过农旅融合发展深刻认识到绿水青山和金山银山绝不是对立的，关键在人，关键在思路，用实际行动探索出一条生态、经济和谐发展之路，科学保持农旅融合发展的青山绿水底色。

一、旅游开发减少与避免生态环境扰动

近年来，黔西县守住发展和生态两条底线，走"旅游活县"新路，科学做好全域旅游规划，在保护生态环境的前提下，加强乡村旅游基础设施建设、传承地方民族文化、培育有较强竞争力的生态农业支柱产业，全县乡村旅游蓬勃发展。

（一）发展乡村旅游注重制度规范性

黔西县在发展乡村旅游的过程中始终坚持以政策为引领、以制度为保障，利用法律约束的强制力划定生态环境保护的安全线。黔西县制定并颁发《黔西县全域旅游发展战略规划》《黔西县旅游扶贫培训实施方案（2016—2020）》《黔西县旅游项目环境影响评价公众参与制度》等一系列制度文件，规范旅游发展，建立起一套完整的乡村旅游服务体系和监管机制，加强监督和管理，优化旅游效果，重视对生态环境的保护。

（二）基础设施建设注重生态保护性

黔西县在规划与实施乡村旅游基础设施建设时坚守发展和生态两条底线，牢固树立"绿水青山就是金山银山"的理念，严格生态环境保护，强化规划开发，始终把生态理念贯穿开发全过程。如结合生态文明家园"五园新村"建设，通过实施退耕还林、天保工程、经果林、农户庭院绿化、行道树栽种、景区广场绿化等项目，不仅使各

旅游景区景点得到了更好的绿化和美化，增强了旅游景区的生态吸引力，同时对于保护当地的自然环境，实现旅游业的永续发展有着重要的积极作用。与此同时，黔西县找准新村建设与发展乡村旅游的结合点，将县城周边村落、主要景区内村庄及通往景区的沿路乡村农家房舍改造成为极具旅游观赏价值的黔北民居风格户型，并加强农户庭院绿化，从中选择有条件、具有经营头脑的农户加以扶持，发展农家乐82户，逐步满足乡村旅游接待需求。通过发展乡村旅游，群众从中受益，增加了经济收入，从而提高了保护生态环境的积极性并积极参与到生态建设中来。旅游产业的发展，促进了生态环境的改善，生态环境的建设支持了旅游业的发展。

黔西人，闲暇时最喜欢逛的地方是县城的凤凰山公园。在凤凰山公园，人们可以唱歌跳舞、可以跑步骑行，在畅游山水美景的同时，学习到黔西的人文历史。这个占地100余亩的公园，寄托了黔西人民对美好生活的向往。但谁能想到，凤凰山公园的前身，是一个千疮百孔的废弃矿山？凤凰山从一座废弃矿山到城市公园的转变，是黔西县城市建设理念和成果的集中体现。2017年，黔西县开始拆除周边棚户区，修复受损山体，按"300米见绿、500米见园"的标准，建设凤凰山公园，填补城市公园功能的缺失。经过石漠化治理、山体植被修复、废弃矿坑生态修复、健身步道、各种休闲活动广场、观景阁楼等一系列建设后，凤凰山成了一个集市民休闲娱乐、人文历史风貌展示、体育运动、观光游览等多功能于一体的综合性城市公园。

（三）农业休闲项目注重环境适宜性

丰富多彩的农业观光或旅游休闲项目是增强黔西县乡村旅游吸引力的重要因素，但如开发不当则会对原有的农业生态造成不可逆的破坏，严重制约乡村旅游的长期可持续发展。黔西在打造乡村旅游项目的过程中，从农业本底环境出发，坚持因地制宜、因时制宜的原则，在尽量不破坏农业生态的基础上多元化开发特色旅游项目。

黔西县永燊乡干井村属一类贫困村，近年来，村党支部认真贯彻学习党的十九大精神，抓班子带队伍、强基础育产业、建设美丽新农村，特别是大力发展刺梨种植，开展农业生态旅游，推动脱贫攻坚取得显著成效。干井村根据当地农业气候特点和大面积的刺梨果树，开展春夏赏花、秋季摘果的特色农业生态观光旅游，既对久居城市、向往田园风光的城镇居民产生了巨大的吸引力，又符合果树的自然生长周期，与自然环境相宜，缓解了旅游对环境的生态压力，使干井村山更青、水更绿、环境更美、生态更好。

二、农业生产以有机、绿色无公害为原则

黔西县由于地区自然环境的限制，水土流失、石漠化等生态问题突出，导致当地传统农业生产与生态环境保护的矛盾十分尖锐。近年来，黔西县统筹实施石漠化治理、水土保持和立体生态农业等工程，鼓励当地居民发展休闲观光农业和生态农业，引导群众走"产业生态化、生态产业化"之路，探索出农旅融合发展的绿色生态模式。

（一）精心遴选品种

黔西县在发展生态农业时，精心优选农业种（养）植品种，大力发展特色种植业，不仅考虑其景观性和经济性，而且考虑其与当地的地形地貌的适宜性，与自然环境的协调性，力求实现生态与经济的和谐发展，让"绿色农业"带来"生态红利"。

"开荒开到山尖尖，种地种到天边边，石旮旯里刨苞谷，哄

饱肚皮不赚钱。"这是绿化乡农民们原来爱唱的顺口溜，也是绿化乡原来土地严重石漠化的真实写照。2015年，在返乡创业人士彭勇的带领下，绿化乡石桐社区的村民试种了1000亩脆红李，经过一年多的精心养护和栽培，试种的脆红李长势良好，石漠化土治理有了方法，群众也有了致富的热情。近年来，绿化乡大力调整农业产业结构，通过反复实践，坚持以发展富硒脆红李为主，猕猴桃、辣椒为辅的绿色生态农业，通过"绿化"理念有效治理石漠化，走出了一条发展绿色经济兴乡富民的致富之路。

（二）实施保护性耕作

在农旅融合发展的大背景下，黔西县坚持走生态绿色发展之路，广泛动员群众植树造林，实行高海拔地段生态自然恢复，中海拔地段种生态防护林，低海拔地段种特色经果林和蔬菜，治理水土流失，过去的石漠化土地和绝壁上长满了茂密的灌木丛和经果林，村民通过卖水果蔬菜和发展休闲旅游业走上了致富之路，让黔西人民享受到了生态红利和绿色福利，真正把绿水青山变成了金山银山。依托丰富资源，采取"稻+N"模式，引导农民发展稻田养鱼、稻田养虾、稻田养蛙等生态农业产业4000余亩，有效改善土壤生态，提升水稻品质，科学配套养殖，助农增产增收。通过探索生态立体循环农业模式，形成了洪水镇解放村无公害水稻和油菜、林泉镇海子村蔬菜和猕猴桃等一批生态休闲农业特色种植观光园；通过发展特色经果林，建成了大关镇丘林村桃李、素朴镇古胜村金钱橘等一批生态农业观光旅游带。

（三）发展无公害农业

黔西县结合区域实际，引导老百姓调整农业产业结构，从传统产业中发现优势，用绿色种植方式，大力发展观光农业、休闲农业等生态旅游农业，不断深化产业融合模式，走出了一条"以农促旅、以旅兴农"的农旅融合发展之路，做到了"处处有美景、村村有产业、户户能增收"。

洪水镇良田宽广、土地肥沃、水源丰富，属省无公害水稻标准化种植示范区，老百姓依托当地良好的生态环境优势，大力发展生态优质水稻种植业，生产的大米获农业部无公害农产品认证。2015 年，省农科院水稻研究所专家罗德强挂职洪水镇科技副镇长后，积极指导洪水镇解放村成立红米种植专业合作社，为项目区争取到 50 台大型太阳能杀虫设备。同时，依托当地地理气候条件，普及和推广"一统三改革"的水稻耕种模式，通过实施无公害化种植、施肥、用水及管理改革，当年项目核心区 50 亩示范田获得大丰收，亩产突破 1000 斤大关，产值突破 4000 元，群众种植红米积极性大涨。吃的生态饭，挣的绿色钱。通过农旅融合，群众从中受益，从而提高了保护生态环境的积极性并积极参与到生态建设中来。

三、景区运行着力避免生态破坏与环境污染

对于快速发展的旅游业，旅游景区的环境是其赖以生存和发展的基础。为了让乡村旅游发展更具魅力、活力和持久力，让老百姓真正"吃生态饭、挣绿色钱"，黔西县在景区运行的过程中，通过宣传引导和景区环境综合整治进一步厚植生态优势，确保乡村旅游实现绿色发展。

（一）强化宣传引导提高游客文明旅游意识

黔西县结合生态旅游发展和美丽乡村建设实践，以旅游活动和生产生活污染最小化为原则，大力培育和提升来往游客及本土居民的环保意识，力求实现污染减量化、生态效益最大化。针对游客的不文明旅游行为，黔西县展开专项治理，狠抓旅游环境整治工作。如黔西县

旅游发展中心结合实际制定了《黔西县关于 2019 年旅游厕所建设管理工作实施方案》，加大对旅游厕所的排查整治工作。一是加强宣传引导，提高游客文明如厕意识。结合文明城市创建、全域旅游等创建工作，通过媒体和旅游企业户外 LED 广告等途径，进一步加强文明如厕宣传画张贴、宣传视频刊播，不断提高游客爱护公共卫生，爱护厕所设施设备意识。二是规范统筹管理，确保旅游厕所整洁卫生。进一步开放城区各旅游单位（公司）临街内部厕所，按照《旅游厕所质量等级的划分与评定》标准，加强城区、旅游景区厕所管护，用温馨环境引导游客文明如厕。三是加强文明如厕监督，杜绝不文明的如厕行为。加强对"以商养厕"的商家和公厕的管养质量检查，发现问题及时整改，对旅游厕所管理不善或多次整改不彻底的旅游企业实施行业整顿。

（二）结合景点升级改造整治景区环境问题

整洁卫生、优美宁静、休闲舒适的田园风光是乡村旅游生存和发展的基础。黔西县作为全省优先重点发展乡村旅游的县区之一，景区、景点的环境卫生综合整治得到了县委、县政府的高度重视。一是加大景区、景点白色垃圾的清理力度。将景区、景点周边的环境卫生工作责任细化分解到所在乡镇和景区、景点管理部门，安排专职保洁工作员，分段巡察进行卫生保洁。县景区、景点旅游环境卫生综合整治工作组负责督促检查。二是加大景区、景点基础设施建设的力度。在景区、景点新建了一批公厕，增设了环保果皮箱，在重点地段还添设了卫生标志牌和文明警示语。三是加强景区内外车、船等交通工具的规范管理，做到停放有序，无超员、超速等违章行为。四是加强景区、景点零售摊点的规范管理力度。做到定点划区经营、整洁有序经营、安全卫生经营，切实做到规范管理。环境问题的整顿，大大提高了当地农业观光旅游产品的吸引力和竞争力，黔西的乡村旅游业呈现出一派欣欣向荣的繁荣景象，来往游客络绎不绝。

总结与启示

习近平总书记在十九届中央政治局第八次集体学习时指出：产业兴旺，是解决农村一切问题的前提，从"生产发展"到"产业兴旺"，反映了农业农村经济适应市场需求变化、加快优化升级、促进产业融合的新要求。发展产业是实现脱贫的根本之策，要打赢脱贫攻坚战，攻克深度贫困难题，实现稳定脱贫，必须高度重视产业扶贫。黔西县结合当下旅游发展热点和当地资源环境基础，积极探索开发全域旅游，走农旅融合高质量发展的道路，取得了巨大成果，打造了农村产业扶贫的经典案例。

一是整合资源，全面展开旅游供给侧改革。黔西县借助"四抓四有"项目融资举措，举办招商洽谈会引入外部扶持资金，增加大批旅游规划和在建项目，有序展开旅游服务基础设施建设，推进全县旅游供给侧结构性改革，为当地发展全域旅游和实现农旅融合高质量发展打下了坚实的基础。

二是统筹引领，构建全域发展新格局。为提高全域旅游和农旅融合发展的效率与质量，黔西县紧扣五个"全"字，即坚持党政统筹做好顶层设计，系统整合规范化管理，走全域统筹的发展道路；完善全县交通网和旅游基础设施建设，实现旅游服务功能全境覆盖；大力发展"旅游+"模式，努力推进全业融合；调动居民积极性保护全县生态环境，实现环境全景优化；全局推广旅游产品，形成全域旅游营销大格局。

三是因地制宜，开发特色旅游模式。黔西县立足当地的自然环境基础和特色的民族、民俗文化资源，因地制宜地开发了田园农业旅游、民族风情旅游、红色休闲度假旅游、回归自然旅游等多种旅游模式，丰富了旅游产品门类，有效提升了在旅游市场的竞争力。

四是共享收益，全方位促进农民增收。全域旅游和农旅融合发展的大背景，为黔西人民提供了良好的发展契机和广泛的就业渠道。黔西县通过对村民进行就业培训、开办农民创业座谈会和群众会、重新规划土地使用等方式，鼓励农民积极就业、自主创业，大力拓展增收渠道，增加农民收入。

五是保护环境，倡导农旅融合可持续发展。在农旅融合发展的过程中，黔西县始终坚守生态保护红线，在旅游开发过程中，倡导因地制宜、因时制宜原则，尽量避免和减少对原有生态环境的破坏；在农业生产过程中，大力探索保护性耕作和发展绿色无公害农业等环境友好型生产方式；在景区运行过程中，联合旅游经营者和消费者两大主体，倡导生态环境保护和绿色消费模式，对保护当地绿水青山、实现可持续发展奠定了良好基础。

实践表明，不同区域有不同的资源禀赋和产业基础，不能简单地照搬照抄走"捷径"。一个地区如果能以新发展理念结合区域比较优势扬长避短，坚持有所为、有所不为，客观分析区位与产业特征，精准选择发展突破口和主攻方向，打造一个或一批地域特色突出、品牌效应显著的产业，有利于一个地区加快建成现代化经济体系，对欠发达地区的脱贫致富具有重要意义。显然，黔西全域旅游为农旅融合提供了良好机遇，由于就业门槛低、包容性强，吸引了大量居民从事旅游及其他相关产业，为村民提供了不需背井离乡就可解决就业问题的机会。同时，大批城市居民的到来，使乡村居民获得了更多的信息，开阔了发展思路和视野，一定程度上改变了他们落后的思想观念，增加了"我要脱贫""我要致富"的内生动力。并且，农旅融合发展中，群众对旅游的核心支撑物——良好的生态环境——的保护意识进一步增强，更加约束自身的行为。同时，农旅融合发展有效推动了餐饮住宿、旅游厕所、道路交通、标识系统、通讯电力等各项配套设施的建设和完善。形成三产相互配合的乘数效应，改变了乡村单一的传统农业发展模式，不仅为群众的快速增收提供了依托，更奠定了持续致富和乡村振兴的生态改善、生活富裕、生产发展的坚实基础。尤其是，农旅融合发展彰显了绿色发展理念。后者是对发展规律的科学反映，是中国共产党人对自然界发展规律、人类社会发展规律、中国特色社会主义建设规律在理论认识上的升华和飞跃，更是对全球生态环境的变化和我国当前发展所面临的突出问题的积极回应。黔西县的农旅融合发展实践表明，绿色发展理念不仅仅是一个理念问题，更是一个实践问题。辩证认识和处理好发展与保护的关系，是我们在实践中需要把握的重大问题。不能因为解决环境问题的长期性就搞"击鼓传花"，也不能急于求成、急功近利，而要在制度建设中着重解决发展与保护关系的矛盾。

第七章

积极创新资金管理体制机制与金融支持模式

资金是推动脱贫攻坚的核心要素之一，主要来源于各级财政和市场支持，管好用好财政资金、用活市场资金尤为必要。经多方争取，黔西县被列为全国唯一的创新涉农资金管理体制机制试验试点，为解决涉农资金多头管理、条块分割、交叉重复、分散使用等难题探索了一条新路。同时，积极发挥市场机制作用，因地制宜实施差别化的金融支持模式，取得良好成效。

第一节　创新涉农资金管理体制机制

一、建立涉农资金整合管理体制机制

贫困群众的主体在农村，涉农资金是扶贫、脱贫的重要资源，必须高效率管好、高效益用好。为探索创新涉农资金整合使用体制机制，解决涉农资金多头管理、条块分割、交叉重复、分散使用等难题，充分发挥财政涉农资金最大效益，2011 年 11 月，经多方争取，黔西县被列为全国唯一的创新涉农资金管理体制机制试验试点。2012年起，黔西围绕破解"支农资金多头管理、使用分散、带动效率差、整体效益不高"等难题，坚持"部门联动、政策集成、资金集中、资源整合"策略，坚持"规划在前、项目跟进，创新机制、搭建平台"策略，建立支农项目库制度和多方参与、联动协调的支农项目

立项机制，完善了项目牵引带动社会投入机制，创新群众评议、专家评估、项目管护等监督管理机制，形成了"多个渠道引水，一个龙头放水"的财政涉农资金整合经验。

（一）强化统一领导，高规格推进，探索建立健全统筹协调机制

涉农资金整合是各涉农部门"刀刃向内"的自我革命，由于各涉农部门利益被分割，资金使用分散碎片化、项目随意化等一些老大难的问题日益突出。为加大资金整合使用力度，统筹推进项目实施，黔西积极探索建立健全多层次的涉农资金整合使用协调机制。

1. 强化组织领导

建立三级脱贫攻坚指挥体系，成立以县委县政府主要领导任双指挥长的县脱贫攻坚指挥中心，以联系乡镇（街道）的县领导任指挥长的 31 个乡级指挥部，以乡镇（街道）联系村领导为大队长的 384 个村级脱贫攻坚大队，县级指挥中心下设资金保障工作组，定期统一调度脱贫攻坚中资金到位及项目实施情况等。自 2017 年以来，共召开县委常委会议近 200 次、指挥长会议 20 多次，对脱贫攻坚资金保障进行精准调度、精准施策，及时解决工作中存在的困难和问题。

2. 明确部门职责

一是黔西县扶贫开发领导小组承担资金使用的责任主体，享有对应的政策制定、资金安排、项目审批等自主权，同时对整合后资金的使用效益承担责任。二是各乡镇（街道）或采取县级报账项目的主管部门是涉农项目的实施单位，要根据扶贫开发的任务、脱贫标准等要求，结合自身实际，负责项目的规划、方案编制、组织实施、日常管理、验收、监督检查等工作。同时负责项目的具体实施，确保项目保质保量按时完成，负责收集、整理、完善报账基础资料，并对凭证的完整性、真实性、合法性、有效性负责。三是各行业主管部门是涉农项目的管理部门，结合本单位职责及脱贫规划，负责对乡镇申报的项目进行审核、立项、技术指导、检查验收、监督、绩效评价等工作，并报县扶贫办审核。为资金报账提供相应的报账凭证及审查意见，并对凭证的真实性、合法性、合规性负责。四是扶贫部门负责对项目是否符合脱贫攻坚要求进行审核，并编制本年度整合资金项目库，并组织相关主管部门对项目进行评审、立项。五是财政部门是整合资金的管理部门，负责对上级可纳入整合的涉农专项资金及县级预算安排的扶贫资金或可纳入整合的资金进行整合，负责资金的拨付、项目的预算评审及监督检查，同时作为制定年度实施方案、资金管理办法、报账实施细则、监督管理制度等工作的牵头单位。六是审计部门负责财政专项资金的审计监督。

3. 建立联席会议制度

高规格统筹调度是保证涉农资金有效整合的关键。在涉农资金整合过程中，黔西县建立了联席会议制度，定期研究涉农资金政策文件、管理制度、资金分配、工作进度等。在涉及重大问题时，县委县政府主要领导主持召开会议进行调度，一般性问题则由县分管常务和扶贫工作的县领导主持会议进行调度，确保整合后的涉农资金都用在脱贫攻坚最急需的地方。

（二）规范一套流程，高标准推进，探索建立健全项目建设管理机制

合理规范的涉农资金整合办法是有效集聚资金的根本途径。近年来，黔西县将中央、省市指定整合的 17 类财政专项资金，历年上级存量结余的专项资金，县级当年安排的财政涉农资金纳入整合的范围，积极探索建立合理规范的涉农资金整合流程，确保实现"多渠道引水"。

1. 编制项目计划

县扶贫办根据脱贫攻坚和"同步小康创建"需求，按照"基础设施建设项目落实到村到户，产业发展项目落实到户到人"原则，

收集整理各乡镇（街道）各部门上报的年度扶贫项目计划，编制财政涉农资金年度计划，经县整合领导小组批准后及时公布，并逐级报省、市扶贫开发领导小组备案。

2. 建立涉农项目库

县扶贫办根据县脱贫攻坚项目库，商县发改局、财政局、农业农村局、水务局等行业主管部门，根据各乡镇（街道）脱贫攻坚急需项目，分年度、分行业、分区域建立涉农资金项目库，并实行动态管理，保证追加的项目及时进入项目库，并加大年度项目库衔接，保证项目库项目充足，防止资金不到位等情况影响项目实施。

3. 规范项目申报

各乡镇（街道）各部门按照年度计划进行项目谋划，初审之后提交县扶贫办审核，评审通过的项目汇总报县整合领导小组审核确认后，由项目主管部门及时组织评审，并下达项目批复计划，财政部门联合扶贫及项目主管部门及时将资金计划下达到各乡镇。

4. 规范项目实施

项目计划下达后，为确保工程质量，严格落实"项目法人制、合同管理制、招投标制、工程监理制、项目公示制"，由项目单位或相关乡镇组织实施。

5. 规范资金管理

修改完善《黔西县统筹整合财政涉农资金管理办法》，配套编制财政涉农资金报账制度、公示公告制度、监督管理办法等，组成了一个完整的扶贫资金使用监管体系，从扶贫资金的分配、使用、管理、监督4个环节着手，进一步明确部门分工、操作程序、资金用途、监督措施、绩效评价5个方面，使扶贫资金的投向更科学，使用更安全。

6. 规范项目验收

项目竣工后，项目实施单位或乡（镇）进行初步验收后申请县级验收，从资金整合到项目完工结算全过程档案资料，作为接受纪检、审计和社会监督的依据。

（三）加大监管，严要求推进，探索建立健全多层次涉农资金监管机制

建立健全多层次的监管体制机制是涉农资金有效整合的根本保证。在加强资金监管过程中，黔西县积极探索社会、部门、纪检监察等多层次监管体制机制，有效防止涉农资金跑、冒、漏、滴现象发生。

1. 推进政务公开

制定《黔西县统筹整合财政涉农资金公示公告制度（暂行）》，加大项目信息公开力度，通过县政府网、政府政务公开栏、村务公开栏等方式公布年度财政涉农资金整合项目建设内容、地点、财政扶持政策及资金等信息，接受社会各界监督。

2. 严格监督评价

整合项目实行"一把手"负责制，由纪检监察部门牵头，县财政、发改、审计、扶贫等项目主管部门组成督查组，定期督查项目实施情况，杜绝以统筹整合的名义挪用资金平衡预算、偿还债务、弥补办公经费或发放津补贴等现象。

3. 实行绩效评价

党的十九大报告中强调，应建立全面规范透明、标准科学、有约束力度的预算制度，全方位实施绩效管理。黔西由县绩效考核部门根据相关要求制定考核措施，围绕脱贫攻坚目标任务，对扶贫、财政、发改等资金和项目主管部门在减贫成效、精准识别和退出、精准帮扶、整合资金使用效益等方面的工作绩效进行评价。

4. 开展民生监督

组建民生监督特派组，公布民生项目实施监督电话，接受群众监督。并以村（社区）为单元，从老党员、离退休干部、寨老、族老等群众中选出代表，建立村（社区）民生监督委员会，监督项目实

施质量和涉农补助资金的分配管理使用情况；代理群众向项目监督组或上级纪检监察机关投诉举报；对信息公开、民主议事、集体"三资"管理等公共事务进行巡查。

二、根据效益最大化原则使用整合资金

以全县"十三五"脱贫攻坚和同步小康规划为引领，有针对性地制定年度涉农资金整合实施方案，加强组织领导，完善体制机制，保证涉农资金投入脱贫攻坚最急需的项目，提高涉农资金使用效益，集中财力办大事。2017—2019 年，全县共整合财政涉农资金 144653.66 万元，其中 2017 年 62697.86 万元，2018 年 48589.94 万元，2019 年 33365.86 万元。根据综合研判，确定脱贫攻坚各项工作的价值和意义以及对资金需求的轻重缓急程度，基于资金效益最大化基本原则，科学配置整合资金。资金投入涉及全县基础设施、产业等诸多领域项目，大大增强了资金的使用效率和效益。

（一）建设交通基础设施

要致富，先修路，交通始终是制约黔西脱贫攻坚的基本因素之一。自 2017 年以来，黔西县整合农业农村局、住建局、扶贫办、水务局、移民局、交通局等部门资金，实施 29 个乡镇（街道）"两硬化"及通村通组公路，2017—2018 年实施农村"组组通"公路 459.04 公里，实施贫困村通组路 1016.78 公里，10 户到 30 户通组路 238.33 公里，实现了"组组通"公路的目标。

（二）完善水利基础设施

加强水利基础设施建设，有助于克服农业生产的缺水短板，保障群众生活用水，提高便利水平。自 2017 年以来，整合资金 7470.62 万元，投入脱贫攻坚饮水工程共计 6634.53 万元，解决 23739 户

96736 人（其中：小水窖 1518 口，投资 2133.42 万元，解决 1601 户 6655 人，贫困人口 1053 户 4200 人），集中供水工程 256 处，投资 4501.11 万元，解决 22138 户 90081 人，贫困人口 5238 户 19389 人饮水不安全的问题，农村饮水安全达标率达 100%。投资 2059 万元在五里乡、金兰镇、观音洞镇实施贫困人口安全饮水工程，解决 3.83 万人饮水安全问题。在钟山镇、太来乡、协和镇、绿化乡等 22 个乡镇投资 1735.3 万元解决 2.032 万人安全饮水问题。

（三）保障危房改造和住房安全

住房是群众生活的基本条件，也是脱贫攻坚的核心指标之一。黔西除了集中建房外，自 2017 年以来，从财政涉农资金中安排 34317.85 万元用于农村危房改造和住房保障补助。其中，2017 年实施农村危房改造 2800 户、2018 年 2233 户，有效解决了贫困户和非贫困户的住房安全问题。2017—2018 年实施"三改"5033 户，补齐基本居住功能、改善基本卫生健康条件。对农村危房改造政策不能覆盖的对象，实施贫困户安全住房建设 1861 户、旧房整治 11520 户，全县实现住房安全有保障目标，有效破解资金短缺、使用效益不高等问题。

（四）助推特色农业产业

解决贫困问题的根本途径是发展脱贫致富产业，做到特色扶贫产业项目全覆盖，实现贫困户有脱贫的门路。黔西县通过建立涉农资金统筹整合长效机制，发挥财政体制改革的牵引作用，实施特色优势产业扶贫工程，发展符合当地生产气候条件的特色种植业、畜牧业、林果产业、农产品加工业等。自 2017 年以来，整合资金实施蔬菜项目 58 个，投入资金 2456.59 万元，建蔬菜基地 6.26 万亩，覆盖建档立卡贫困人口 80241 人次。实施马铃薯项目 11 个，投入资金 3424.44 万元，建马铃薯种薯和商品薯基地 7.54 万亩，覆盖建档立卡贫困人口 55570 人次。实施经果林项目 8 个，投入资金 13055.3 万元，建经果林基地 3.5 万亩。新建食用菌产业标准化示范种植区 5 个，带动贫困户 526 户 1735 人，户均增收 1.9 万元，人均增收 5000 元。大力发展养殖业，存栏的猪、牛、羊、禽分别达 38 万头、15 万头、4.5 万只、309 万羽；出栏猪、牛、羊、禽分别达 46 万头、2.5 万头、2 万只、338 万羽，助推 72136 名贫困人口实现脱贫。

三、试点经验大面积推广

2013 年 2 月、2015 年 12 月，《人民日报内参》分别刊载《整合资金带动发展、健全机制保障运行》《贵州黔西整合支农资金带来撬动效应》。2014 年 11 月，时任副总理汪洋在全国农村改革试验区工作交流会上对黔西乌骡坝社区试点"整合支农资金撬动社会资本"的做法给予充分肯定。2016 年，黔西的涉农资金试验改革经验转化为《国务院办公厅关于支持贫困县开展统筹整合使用财政涉农资金试点的意见》（国办发〔2016〕22 号）文件。这是黔西脱贫攻坚实践对全国脱贫攻坚的重要贡献之一。文件称"通过试点，形成'多个渠道引水、一个龙头放水'的扶贫投入新格局，激发贫困县内生动力"，并要求 2016 年，各省（区、市）在连片特困地区县和国家扶贫开发工作重点县范围内，优先选择领导班子强、工作基础好、脱贫攻坚任务重的贫困县开展试点，试点贫困县数量不少于贫困县总数的三分之一，具备条件的可扩大试点范围。2017 年，推广到全部贫困县。以摘帽销号为目标，以脱贫成效为导向，以扶贫规划为引领，以重点扶贫项目为平台，统筹整合使用财政涉农资金，撬动金融资本和社会帮扶资金投入扶贫开发，提高资金使用精准度和效益，确保如期完成脱贫攻坚任务。

第二节　实施金融支持一镇一策模式

脱贫攻坚所需的大量资金，除了来自财政涉农资金及其他专项资金以外，政策性或商业性金融贷款也是极其重要的来源渠道，金融助农也是黔西脱贫攻坚取得成效的积极因素之一。为落实贵州省委相关工作会议精神，加大金融支持乌蒙山片区重点建设城乡工作力度，开创黔西县金融扶贫攻坚新局面，黔西农商银行和农村信用合作联社以金融扶贫富民为出发点，以提升金融服务水平为抓手，以完善扶贫长效机制为保障，研究制定并实施"一镇一策"区域差别化的金融支持模式。旨在解决农户和小微企业担保难、贷款难的问题，提升网点服务功能，降低农村金融服务成本，扶持地方特色产业发展，加快农业增效、农民增收、农村发展的步伐。

一、金融支持总体部署

（一）以发展普惠金融为抓手，全面提升支付结算水平

自开展扶贫工作以来，农商银行和农村信用合作联社以农户需求为导向，努力构建农村支付结算平台，将金融服务触角延伸到村组，解决农村金融服务薄弱突出问题，真正实现"基础金融服务不出村，综合金融服务不出镇"工作目标，让边远山区贫困农户享受和城区一样方便、快捷、优质的金融服务，主要措施如下：一是以信合卡为有效载体，培育广大农户用卡意识，扩大信合卡受理范围，促进银行卡的普及应用，截至 2019 年 6 月，累计发卡 22.83 万张。二是大力实施"诚者信合·村村通"工程，广泛布设安装 POS 机、农信银自

助终端及转账电话等电子机具共计 199 台，安装 ATM 机 17 台，于 2014 年 6 月底全面实现辖内所有行政村全覆盖。三是在有线、无线通信网络通达的行政村，全面推广网上银行、手机银行业务，积极开办查询、转账、汇款、消费、缴费等相关金融业务远程服务功能，方便村民利用计算机、电话、手机等网络通信终端在线自助办理金融业务。四是通过电子显示屏播放电子银行宣传标语、公告宣传栏摆放电子银行宣传数据等，大力开展营销活动，扩大宣传效果，提升农户兴趣和认知度，加快推广普惠金融。

（二）以加大信贷资金支持为重点，切实满足区域金融服务需求

紧紧围绕党委政府提出"兴致富产业、建生态家园、创文明新村"扶贫工作思路，以市场为导向，以美丽乡村建设和特色优势产业的发展为重点，结合各乡镇党委政府扶贫攻坚规划，采取如下措施加大信贷资金支持，切实满足区域金融服务需求。一是按照"绿色、生态、高效、特色"的总体目标和要求，以农户小额信用贷款为载体，以实施扶贫项目产业化为抓手，大力支持辣椒、大棚蔬菜、核桃种植、刺梨种植等特色农业的发展，积极帮助推动 10 个重点乡镇（林泉、谷里、金碧、甘棠、重新、金坡、仁和、钟山、素朴、定新）种植产业形成规模化。二是在扶持现有养猪、养羊、水产养殖示范场的同时，进一步加大牲畜养殖的信贷资金投入，重点支持农户发展能繁母牛、母猪的养殖，提高农民的养殖积极性，扶持一批养殖大户。三是加大妇女创业贴息贷款宣传和投放力度，积极帮助广大农村妇女创业、就业，有效解决其在发展过程中资金紧缺、融资成本高等问题。四是协调县委、金融办、小康办等部门，制定出台具体措施，单列信贷资金，重点支持"四在农家、美丽乡村"建设，努力满足 10 个重点乡镇农户美化居住环境等新农村建设需求，全面推动村村户户旧貌换新颜。

（三）以实现金融服务全覆盖为目标，不断创新金融产品和服务方式

为不断满足小微企业多元化、多层次融资需求和"三农"发展的多层次金融服务需求，实现金融服务全覆盖的目标，黔西县所采取的金融措施主要如下。

1. 创新金融产品

在做实做活"金纽带"小微企业贷款、"致富通"农户贷款两大品牌的基础上，进一步完善融资担保方式，全力支持 10 个重点乡镇小微企业、个体工商户和广大农户发展；积极探索开办应收账款、订单、仓单及"三权"抵押等新型抵质押贷款品种；加快个体工商户、小微企业授信评级，细分服务群体，在风险可控前提下，对小微企业等个私经济组织提供一对一的服务，不断满足小微企业多元化、多层次融资需求。

2. 创新金融服务

积极开展银政企、农民工及村民小组座谈会，主动对接客户，及时了解其资金需求；创新优化授信业务管理，合理提升网点负责人审批权限，缩短业务流程时间，满足客户时效性需求；加快金融电子化建设，不断增加和完善服务功能，逐步完善网上银行、手机银行业务，更好满足"三农"发展的多层次金融服务需求。

二、金融支持"一镇一策"

由于农村各地情况千差万别，金融助农不可能"一个方子治百病，一个模式齐步走"。自 2014 年以来，结合重点乡镇的贫困特征、自然禀赋和产业发展规划，黔西农商银行和农村信用合作联社精准落实"一镇一策"金融支持模式，以全面实施普惠制金融为抓手，全力推动林泉、谷里、金碧、甘棠、重新、金坡、仁和、钟山、素朴、

定新 10 个乡镇脱贫致富，取得良好成效。

（一）黔西县农商银行"一镇一策"金融措施

为了区别对待，做好各镇金融扶贫工作，农商银行针对 10 个乡镇的产业特点和发展规划，制定了存贷款业务发展计划，并根据产业特点选择信贷投放着力点。

1. 林泉镇

该镇位于黔西县的东部，镇域总面积 109.8 平方公里，辖 14 个行政村，1 个社区居委会，共 132 个村民组，总人口 3.8 万人，居住着苗、彝等少数民族。地形以坝地、槽子地为主，间有溶岩、溶丘及低山地，地势起伏不大。主要粮食作物有玉米、水稻、高粱，经济作物有烤烟、油菜。

针对上述镇情，采取的金融支持策略主要有：一是重点支持烤烟、油菜等传统经济作物种植，经与上海烟草公司合作沟通协调，采取"公司+基地+农户"的模式，加大公司基地 1321 亩种植烤烟农户支持力度。二是大力扶持农户扩大养殖规模，加大妇女创业贴息贷款宣传力度，促进广大农村妇女创业、就业。三是大力支持"四在农家、美丽乡村"建设，积极投入信贷资金支持广大贫困农户实施危房改造、美化居住环境，推动村村户户旧貌换新颜。四是突出能人示范带动，建立"农村能人库"，通过"信贷+农村能人+扶贫贴息"方式，加大对能人的信贷扶持力度，支持发展农村新型经济利益体。实施"以一带十"农村能人带动贫困的帮扶工程。

2. 谷里镇

该镇位于黔西县东部，距县城 17 公里，经贵毕路距贵阳 102 公里，距毕节 135 公里；镇域面积 65.95 平方公里，辖 16 个行政村，1 个社区，151 个村民组，总人口 3.3 万人，其中少数民族 0.5 万人；境内矿产资源丰富，万亩茶园远近闻名，且历史悠久，文化底蕴深厚。该镇紧紧围绕镇党委政府提出的"小城镇、大发展"的战略目标，全力打造好煤海茶香、古镇旅游文化，以市场为导向，加快扶持特色优势产业的发展，培植农民增收的新亮点，结合谷里镇党委政府扶贫攻坚规划，所采取的主要金融支持措施有：一是以农户小额信用贷款为载体，大力支持谷里镇万亩茶场打造，大力支持农户发展茶叶种植，积极支持谷里镇茶青交易市场建设，推动全镇茶叶产业形成从种植生产、加工到销售一系列产业发展链。二是在扶持现有养猪、养羊、水产养殖示范场的同时，进一步加大牲畜养殖的信贷资金投入，重点支持农户发展能繁母牛、母猪的养殖，提高农民的养殖积极性，重点扶持一批养殖大户。三是以"四在农家、美丽乡村"为支持重点，大力投入信贷资金支持全镇小城镇建设和农户危房改造工程，努力满足美化居住环境等新农村建设需求。

3. 金碧镇

该镇位于黔西县南部，距县城 13 公里，总面积 94.6 平方公里；辖 17 个行政村，1 个居委会，199 个村民组，总人口 4.5 万人，居住着布依、水等少数民族；粮食作物以水稻、玉米为主，经济作物主要是油菜、烤烟、小辣椒等，目前以油菜、畜牧、烤烟为主要经济支柱。该镇坚持以市场为导向，加快扶持特色优势产业的发展，培植农民增收的新亮点。首先重点扶持烤烟、油菜等传统经济作物种植，积极引导支持农户发展有机蔬菜、观光农业、核桃等经济价值较高产业，有效帮助借款户解决在扩大规模、引进技术管理、提高产量、增强防御自然灾害能力方面的资金瓶颈，积极推动形成规模化、产业化。同时，以点代面大力扶持渣耷村养牛工程、果这村和新寨村两个村能繁母牛养殖工程，促进和带动全镇农户扩大养殖规模，实现养殖业规模化、规范化。在扶持现有养猪、养羊、水产养殖示范场的同时，进一步加大牲畜养殖的信贷资金投入，提高农民的养殖积极性，重点扶持一批养殖大户。

4. 甘棠镇

该镇地处黔西县中部，距县城 11 公里，总面积 111.2 平方公里，辖 13 个行政村，1 个居委会，145 个村民组，总人口 3.8 万人，居住着苗、彝、布依、水等少数民族；全镇地势西北高、东南低，喀斯特地貌广布；经济作物以烤烟、油菜、西瓜为主，地表植物资源构成呈多样化，野生中草药材丰富；国家西电东送重点项目黔西 4×300MW 火电厂坐落该镇。

针对上述镇情，采取的金融支持策略主要有：一是以农户小额信用贷款为载体，重点扶持烤烟、油菜等传统经济作物种植，加大对观光农业、经果林等经济价值较高产业支持力度，有效帮助借款户解决在扩大规模、引进技术管理、提高产量、增强防御自然灾害能力等方面的资金瓶颈，积极推动形成规模化、产业化。二是在扶持现有养猪、养羊、水产养殖示范场的同时，进一步加大牲畜养殖的信贷资金投入，重点支持农户发展能繁母牛、母猪的养殖，提高农民的养殖积极性，重点扶持一批养殖大户。三是加大妇女创业贴息贷款宣传和投放力度，积极帮助广大农村妇女创业、就业，有效解决其在发展过程中资金紧缺、融资成本高等问题。四是以"四在农家、美丽乡村"为支持重点，大力投入信贷资金支持甘棠镇小城镇建设和农户危房改造工程，特别是重点支持甘棠镇贫困人口较集中的樱桃村高坡、木厂、方竹林，大营村黄沙槽、三岔土等村民组农户开展危房改造。五是突出能人示范带动，力争每个村培育致富能手 2 人以上，每个致富能手辐射带动 10 名贫困户脱贫致富。

5. 重新镇

该镇位于黔西县东北部，距县城 45 公里，总面积 139.8 平方公里；全镇辖 17 个行政村，1 个农村社区委员会，207 个村民小组，总人口 4.1 万人，其中满、苗等少数民族人口 1.1 万人；重新镇煤炭资源丰富，煤质优良，烤烟是该镇农民收入的主要来源，也是财政收入的主要支柱，每年种烟面积均在 2 万亩左右，有"重新烟海"之称。该镇紧紧围绕重新镇党委政府提出的农业稳镇、烟草强镇、商贸带镇、文化兴镇战略目标，坚持以市场为导向，加快扶持特色优势产业的发展，培植农民增收的新亮点，结合重新镇党委政府扶贫攻坚规划，所采取的主要金融支持策略有：一是以农户小额信用贷款为载体，大力支持重新镇 16730 亩连片种植烤烟，全方位支持重新镇农户烤烟种植增产、增收。二是在扶持现有养猪、养羊、水产养殖示范场的同时，进一步加大牲畜养殖的信贷资金投入，重点支持农户发展能繁母牛、母猪的养殖，提高农民的养殖积极性，重点扶持一批养殖大户。三是认真做好"四在农家、美丽乡村"支持工作，积极投入信贷资金支持重新镇 2132 户农户危房改造工程，努力满足美化居住环境等新农村建设需求，全面推动村村户户旧貌换新颜。四是突出能人示范带动。建立"农村能人库"，通过"信贷+农村能人+扶贫贴息"方式，加大对能手的信贷扶持力度，支持发展农村新型经济利益体，实施"以一带十"农村能人带动贫困户的帮扶工程。引导农民走集约化、专业化生产路子，形成"镇有能人示范基地、村有能人示范点、组有能人示范户"的发展格局，促使农村经济产业发展和贫困户脱贫致富有机结合。

6. 金坡乡

该镇原位于黔西县西北部，地处中国百里杜鹃森林公园"中心林区"，古驿道纵横乡里，野普公路穿乡而过，素有"黔之腹，方之喉"之称，总面积 72.69 平方公里，辖 10 个行政村，92 个村民组，1 个居委会，总人口 1.8 万人，包含苗、彝等少数民族 1.2 万人；主要粮食作物有玉米、马铃薯等，主要经济作物有生漆、烤烟等，煤、铁、磷、硅等矿产资源十分丰富。

该乡以市场为导向，加快扶持特色优势产业的发展，培植农民增收的新亮点，结合金坡乡党委政府扶贫攻坚规划，所采取的主要金融措施有：一是着力做好百里杜鹃风景区沿线金融服务，以党委政府开展农家乐、乡村旅馆提级改造为平台，积极投放信贷资金，支持引导景区贫困农户发展农家乐、观光农业、乡村旅游等行业产业，有效促进农户增收。二是以农户小额信用贷款为载体，大力扶持烤烟、油菜等传统经济作物种植，加大对经果林、生漆生产加工等经济价值较高产业支持力度，有效帮助借款户解决在扩大规模、引进技术管理、提高产量、增强防御自然灾害能力等方面的资金瓶颈，推动其形成规模化、产业化。三是在扶持现有养猪、养羊、水产养殖示范场的同时，进一步加大牲畜养殖的信贷资金投入，重点支持农户发展能繁母牛、母猪的养殖，提高农民的养殖积极性，扶持一批养殖大户。四是通过"信贷+农村能人+扶贫贴息"方式，加大对能手的信贷扶持力度，支持发展农村新型经济利益体，引导农民走集约化、专业化生产路子，形成"乡有能人示范基地、村有能人示范点、组有能人示范户"的发展格局，促使农村经济产业发展和贫困户脱贫致富得到有机结合。

7. 仁和乡

该镇位于贵州百里杜鹃风景名胜区东南部，距贵毕高等级公路25公里，乡主要交通干线连接黔西、大方两县，总面积101.8平方公里，辖12个行政村，129个村民小组，总人口2.4万人，居住着彝、苗等少数民族；是典型的喀斯特山区，矿藏资源极为丰富。

该乡以市场为导向，加快扶持特色优势产业的发展，培植农民增收的新亮点，结合仁和乡党委政府扶贫攻坚规划，所采取的主要金融措施有：一是以农户小额信用贷款为载体，重点扶持烤烟、油菜等传统经济作物种植，加大对观光农业、经果林等经济价值较高产业支持力度，有效帮助借款户解决在扩大规模、引进技术管理、提高产量、增强防御自然灾害能力等方面的资金瓶颈，推动其形成规模化、产业化。二是在扶持现有养猪、养羊、水产养殖示范场的同时，进一步加大牲畜养殖的信贷资金投入，重点支持农户发展能繁母牛、母猪的养殖，提高农民的养殖积极性，重点扶持一批养殖大户。三是以"四在农家、美丽乡村"为支持重点，大力投入信贷资金支持仁和乡小城乡建设和农户危房改造工程，努力满足美化居住环境等新农村建设需求，全面推动村村户户旧貌换新颜。四是突出种养殖大户的带动作用。通过新型农业经营主体的支持，带动贫困户增收创收。

8. 钟山镇

该乡位于黔西县城东南部，距县城 21 公里，距省城贵阳 96 公里，国家高等级贵毕公路横贯全境，是黔西县东部的交通枢纽、商贸集散地和名副其实的"旱码头"；镇域总面积 68.1 平方公里，辖 10 个村，1 个社区，145 个村民小组，总人口 3 万人，其中布依、彝等少数民族人口 1 万人；主要农作物为玉米、水稻、烤烟，畜禽资源以传统的养殖品种为主，主要包括猪、牛、羊等。

结合钟山党委政府扶贫攻坚规划，针对上述镇情，采取的金融支持策略主要有：一是以农户小额信用贷款为载体，大力支持钟山镇 40 万亩蔬菜、30 万亩经果林、20 万亩茶叶中药材、20 万亩种草、7000 亩连片种植烤烟和 15500 亩箐蒿种植。二是积极支持松狮村、猫山村畜牧交易市场建设和箐山村蔬菜产地批发市场建设，有效改善农户发展蔬菜种植产品的加工、包装、储运、运输条件，帮助它们建立稳定的原料基地，延长产业链，加快广大贫困农户脱贫致富步伐。三是在扶持现有养猪、养羊、水产养殖示范场的同时，进一步加大牲畜养殖的信贷资金投入，重点支持农户发展能繁母牛、母猪的养殖，提高农民的养殖积极性，重点扶持一批养殖大户。四是以"四在农家、美丽乡村"为支持重点，积极投入信贷资金支持钟山镇 1792 户农户危房改造工程，努力满足美化居住环境等新农村建设需求，全面推动村村户户旧貌换新颜。五是突出能人示范带动。建立"农村能人库"，通过"信贷+农村能人+扶贫贴息"方式，加大对能手的信贷扶持力度，支持发展农村新型经济利益体，实施"以一带十"农村能人带动贫困户的帮扶工程。

9. 素朴镇

该镇位于黔西县的东南部，贵毕高等级公路穿镇而过，东距贵阳 82 公里，西离毕节 142 公里，距县城黔西仅 31 公里；镇域总面积 111.7 平方公里，辖 20 个行政村，253 个村民组，1 个社区，总人口 3.9 万人，其中苗、彝等少数民族人口 0.3 万人；全镇有丰富的优质无烟煤和纯度较高的硫铁矿等矿产资源，旅游资源亦十分丰富。

该镇坚持以市场为导向，加快扶持特色优势产业的发展，培植农民增收的新亮点，据此，采取的金融支持策略有：一是重点扶持烤烟、油菜等传统经济作物种植，以农户小额信用贷款为载体，大力支持素朴镇 2 万亩特色蔬菜产业发展，重点支持 3000 亩辣椒、1000 亩大葱、2000 亩早熟脱毒马铃薯种植。二是积极支持素朴镇 7217 亩经果林种植，重点支持 2417 亩金钱柑种植，加大对观光农业、经果林等经济价值较高产业支持力度，有效帮助借款户解决在扩大规模、引进技术管理、提高产量、增强防御自然灾害能力等方面的资金瓶颈，推动其形成规模化、产业化。三是大力扶持学堂村 28 户农户 340 亩茶叶种植，积极扶助贵州黔西百顺源生物科技发展有限公司开发的"公司+农户"2300 亩青蒿种植项目，切实加大对项目涉及 6 个村共计 511 户农户信贷扶持力度。促进和带动全镇农户扩大种植规模，实现种植业规模化、规范化。四是在扶持现有养猪、养羊、水产养殖示范场的同时，进一步加大牲畜养殖的信贷资金投入，提高农民的养殖积极性，重点扶持一批养殖大户。

10. 定新乡

该乡位于黔西县城东北面，距县城 24 公里，是金沙至毕节和省城贵阳的必经之道；乡域总面积 94.5 平方公里，辖 12 个村，1 个社区，134 个村民组，总人口 2.3 万人，包含彝、苗、布依、仡佬等少数民族 0.7 万人；盛产玉米、水稻、红薯、洋芋等粮食作物和烤烟、油菜、土烟、花生、茶叶等经济作物以及构皮、杜仲、金银花等中药材土特产，属省定二类贫困乡。

该乡紧紧围绕党委政府提出"兴致富产业、建生态家园、创文明新村"扶贫工作思路，以市场为导向，以美丽乡村建设和特色优势产业的发展为重点，结合定新乡党委政府扶贫攻坚规划，所采取的主要金融措施有：一是按照"绿色、生态、高效、特色"的总体目标和要求，以实施产业化扶贫项目为抓手，大力支持以沁源食品有限公司为依托的"公司+农户+基地"的辣椒、刺梨种植模式，带动全乡特色产业发展，全力打造定新乡辣椒、刺梨示范经济区。二是以农户小额信用贷款为载体，加大对种植农户信贷支持力度，打造核桃产业示范园，积极推动形成规模化、产业化。三是在扶持现有养猪、养羊、水产养殖示范场的同时，进一步加大牲畜养殖的信贷资金投入，重点支持农户发展能繁母牛、母猪的养殖，提高农民的养殖积极性，扶持一批养殖大户。四是依托英雄村红色文化旅游基地，大力支持红色文化旅游的发展。

（二）黔西县农村信用合作联社"一镇一策"金融措施

与黔西农商行相互协调，黔西县农村信用合作联社对 10 个重点镇也开展了"一镇一策"的金融扶贫工作，取得良好成效。以林泉镇为例，主要做法和措施如下。

1. 立足实际，不断完善金融服务体系

根据林泉镇的贫困状况、产业发展与资金需求等情况，农村信用合作联社以三农需求为导向，构建了农村支付结算平台，将金融服务触角延伸到村组，一定程度上实现了"取款不出村，贷款不出镇"，让边远山区农户享受和城区一样方便、快捷、优质的金融服务。

一是以信合卡为有效载体，培育广大农户用卡意识，扩大信合卡受理范围，促进银行卡的普及应用。二是大力实施"诚者信合·村村通"工程，深入村寨对人口数量、地理位置、特色产业等信息进行摸底调查，择优选择信用等级好、综合素质高和资金实力强的商户，广泛布设安装 POS 机、自助终端及转账电话等电子机具，基本实现辖内行政村全覆盖。三是在有线、无线通信网络通达的行政村全面推广网上银行、手机银行业务，积极开办查询、转账、汇款、消费、缴费等相关金融业务远程服务功能，方便村民利用电脑、电话、手机等网络通信终端在线自助办理金融业务。四是不断加强对商户管理和操作培训，定期或不定期开展巡查，有效控制业务风险。五是通

过电子显示屏播放电子银行宣传标语、公告宣传栏摆放电子银行宣传资料等，大力开展营销活动，扩大宣传效果，提升农户兴趣度和认知度，加快推广网上银行、手机银行业务，引导运用电子货币。

2. 夯实根基，扎实推进信用体系建设

大力开展信用农户、信用村（组）、信用镇创建活动，营造良好的信用氛围。具体做法是：

一是层层召开信用工程创建动员大会，统一思想，提高认识，形成政府主导、村支两委配合、信用社主抓、农户积极参与的良好工作格局，全力推进农村信用体系建设。

二是以扎实开展建档评级维护推进工作为核心，及时将信用农户评级授信公示张贴到村，加大贷款证发证面，有效提升农户对其授信评级知晓度，严格实行信贷员分片包村管理制度，采取进村入户、集中宣传讲解等多元化宣传方式加大信用工程、贷款政策、信贷产品宣传力度，促进农户对农信社政策及小额农户贷款认识了解，全面打造普惠金融。

三是严格按照阳光信贷相关规定，在做实做细建档评级基础上，对于已评定的信用农户，保证信用农户能够持证办贷，进一步缩短农户办贷时间，真正实现"随用随贷"，切实建立贷款限时办结制度。四是积极与村委会、农业行业协会、种养殖大户合作，培育规范化运作的共建村农户担保公司。

3. 多措并举，全面夯实金融扶贫根基

为切实做好林泉镇金融扶贫工作，充沛存款资金是前提。一是以标准化网点建设为重点，全面提升柜面服务质量和企业形象，积极沟通协调地方财政、企业及个体工商户将资金存入农信社，不断加大资金组织力度，为满足区域"三农"发展信贷资金需求提供有力保障。二是扩大"金融服务不出村"覆盖面，以全面实施省联社年初提出的"诚者信合村村通"工程为契机，加大自助机具布放，逐步将服务点从行政村延伸到农户密集村寨。三是不断加大手机银行、网上银行推行力度，真正解决百姓取款难、办理业务远等难题，不断提升和改善支付结算环境。四是以电子渠道为平台，推进基础金融服务能力建设，扩大三农金融服务半径、提升服务三农能力与层次。持续优化新农保、新农合等代理项目金融服务，参保、参合农民"不出村"便可实现资金的支取和缴纳。五是扩大政策性惠农资金代理项目服务范围，通过代理农村水、电、通信等公用事业性项目，满足农户资金结算需求，方便农户日常生活。

4. 突出重点，加大优势产业扶持力度

坚持以市场为导向，加快扶持特色优势产业的发展，培植农民增收的新亮点。

一是林泉镇属烤烟种植大镇，重点扶持烤烟、油菜等传统经济作物种植，积极与上海烟草（集团）公司合作沟通协调，采取"公司+基地＋农户"的模式，加大对在清塘村建设现代烟草农业基地——黔西县林泉中华烟草原料基地1321亩种植烤烟农户支持力度。同时，积极扶助全镇烤烟专业、蔬菜专业和综合服务3个合作社发展，积极引导支持全镇农户发展有机蔬菜、观光农业、枇杷等经济价值较高产业，有效帮助借款户解决在扩大规模、引进技术管理、提高产量、增强防御自然灾害能力方面的资金瓶颈，积极帮助推动形成规模化、产业化。

二是大力扶持农户扩大养殖规模，实现养殖业规模化、规范化。在扶持现有养猪、养羊、水产养殖示范场的同时，进一步加大牲畜养殖的资金投入，提高农民的养殖积极性，重点扶持一批养殖大户。

三是对已有经济发展项目或有可行性发展经济项目的贫困户，具有信誉条件的，由其本人提出申请，经当地村委会、镇政府核实，按照项目发展的实际，优先发放贷款支持，带动广大农民致富，真正实现农业增效、农民增收。

四是加大妇女创业贴息贷款宣传和投放力度，积极帮助广大农村妇女创业、就业，有效解决其在发展过程中的资金紧缺、融资成本高等问题。

五是贯彻落实省联社提出"四在农家、美丽乡村"为支持重点，积极投入信贷资金支持广大贫困农户实施危房改造、美化居住环境等新农村建设需求，全面推动村村户户旧貌换新颜。

六是突出能人示范带动。建立"农村能人库"，通过"信贷+农村能人+扶贫贴息"方式，加大对能人的信贷扶持力度，支持发展农村新型经济利益体，实施"以一带十"农村能人带动贫困户的帮扶工程。引导农民走集约化、专业化生产路子，形成"乡有能人示范基地、村有能人示范点、组有能人示范户"的发展格局，促使农村经济产业发展和贫困户脱贫致富有机结合。

5. 创新机制，保障金融扶贫工作开展

为切实推进林泉镇金融扶贫工作顺利开展，成立林泉镇城乡建设金融扶贫领导小组。领导小组下设办公室，林泉信用社负责人担任办公室主任，具体负责林泉镇金融扶贫日常推进工作。

一是督促工作落实。金融扶贫工作需统筹规划，突出重点，分工协作，共同推动。领导小组办公室结合网点人员配置，明确工作职责，合理将任务层层分解落实。建立联系制度，确保每个村至少有1名工作人员负责推动金融扶贫工作开展。按照工作性质和工作要求，建立正向激励机制，实行定性、定量考核，科学设定考核分值权重。成绩显著的工作人员，将作为重点发展对象，对工作不负责、不作为、敷衍了事的工作人员，严格追究相关责任。

二是严密防范风险。认真落实"三个办法、一个指引"和致富通系列信贷管理办法，规范贷款调查、审查审批、发放、支付、贷后管理等行为。密切关注宏观调控形势下产业结构调整过程中潜在的信贷风险，完善重点项目信贷风险预警机制，特别是注意防止贷长、贷大、贷集中和严重的存贷期限错配产生新的系统性金融风险。认真评估重点项目，加强贷后管理，密切关注项目运行变化情况，确保贷款安全。

三是密切沟通联系。及时向地方党委、政府汇报工作推进情况，寻求帮助解决工作中遇到的困难和问题；加强与相关部门沟通，了解地方政策导向、经济发展、特色产业发展、小城乡建设等信息，为工作决策提供支撑；建立与村支两委的联动机制，充分掌握各村发展动态。充分运用墙报、标语、宣传栏等传统宣传办法，借助广播、电视、报刊、短信平台等有效载体，让广大农户知晓金融扶贫内容、措施及意义，积极引导参与到金融扶贫工作中来。

四是及时反馈信息。建立信息反馈机制，及时反应金融扶贫工作中存在的困难和问题，恳请相关部门予以帮助解决；定期或不定期反馈信息，总结提炼金融扶贫实践中好的做法和经验，加以推广，以点上的经验指导面上工作开展。

总结与启示

2016年3月16日，中国人民银行、国家财政部、国务院扶贫开发领导小组办公室等部门联合印发《关于金融助推脱贫攻坚的实施意见》，聚焦金融"精准"助推脱贫攻坚任务，提出了一系列发展要求。打赢脱贫攻坚战，需要金融各行业各类金融机构发挥各自专长、形成合力，支持贫困地区脱贫攻坚。黔西县发挥其作为全国唯一的创新涉农资金管理体制机制试验试点的优势，不断探索创新、总结经验，建立健全金融资金管理体制机制，结合区域差别化金融模式，为脱贫攻坚提供了坚实的资金支持。

一是创新涉农资金管理体制机制。黔西县为解决涉农资金多头管理、条块分割、交叉重复、分散使用等难题，提高资金的使用效益，大力探索建设高效运行的资金管理体制机制。通过强化领导，建立脱贫指挥中心，明确部门职责，并下设资金保障工作组，专项负责资金调度与使用工作。同时规范资金整合管理流程，实施民主监督措施，监督涉农资金的分配使用情况。此外，秉持效益最大化原则，科学配置资金使用，加快全县基础设施和产业建设，落实扶贫措施。并积极总结反思，推广试点经验。

二是精心部署金融支持模式。为有效利用助农资金，黔西县农商银行和农村信用合作联社以发展普惠金融为抓手、以加大信贷资金支持为重点、以实现金融服务全覆盖为目标，不断创新金融产品和金融服务方式，全面提升支付结算水平，结合各乡镇发展现状和党委政府扶贫攻坚规划，切实满足各区域金融服务需求。

三是因地制宜落实"一镇一策"措施。各乡镇的资源禀赋、贫困程度、经济发展现状和未来的产业发展规划各不相同，为保证金融助农资金精准落实使用，实现金融支持效益最大化，黔西农商行、农村信用联社精准落实"一镇一策"支持模式，根据各地实际制定不同的金融支持措施，有效推动了林泉等 10 个重点乡镇的脱贫致富。

习近平总书记在决战决胜脱贫攻坚座谈会上强调，要加大财政涉农资金整合力度，加强扶贫资金监管，提高资金使用效率和效益，用好扶贫的土地和金融政策。资金是脱贫攻坚战取得胜利的重要保障，同时也是脱贫攻坚中的难点所在。黔西紧紧抓住国家涉农资金管理体制机制试验试点机遇，围绕县域脱贫攻坚总体目标，对多渠道来源的涉农资金进行整合，并根据脱贫任务的轻重缓急，科学论证使用方向，合理安排具体投入，聚焦农业生产发展和农村基础设施建设方面，为全县脱贫摘帽提供了有力的财力保障。涉农资金整合，形式上是资金的整合，实质上是任务的整合，通过资金整合聚焦脱贫攻坚中最重要的任务和最需要的地方，集中力量办大事。黔西农商行和农村信用联社以村户为基本服务对象的金融支持模式，是涉农资金整合的有效补充，瞄准农户脱贫致富资金的实际需求，不仅解决了重点贫困地区的金融服务空白、推动群众收入，还有效增强了贫困户的市场观念、信用观念和致富内生动力。涉农资金整合使用与金融支持"一镇一策"模式，政府财政支持与市场资金支持两种力量形成联动合力，共同夯实了县域脱贫攻坚的财力保障基础。实际上，金融扶贫是输血的过程，也是造血的过程，只有配对"血型"，发挥好比较优势，探索多样化金融工具与贫困地区的深度融合，才能发挥金融支持在脱贫攻坚中的最大功效。

第八章

历史性跨越：脱贫攻坚成效与基本模式

党的十八大以来，以习近平同志为核心的党中央全面打响脱贫攻坚战。同全国其他贫困地区一起，黔西充分把握机遇，发挥优势，将各种积极因素综合起来构筑了全社会扶贫的强大合力，以前所未有的力度推进脱贫攻坚，农村贫困人口显著减少，贫困发生率持续下降，农民生产、生活条件显著改善，贫困群众获得感显著增强，脱贫致富获得历史性跨越。将该县脱贫攻坚取得伟大成效的主要做法进行凝练，形成"内外兼修，推拉联动"黔西模式。该模式为如期全面打赢脱贫攻坚战、全面建成小康社会作出重大贡献。为中国和全球的减贫事业贡献了力量，谱写了人类反贫困史上的辉煌篇章。

第一节　群众基本生活"有保障"

习近平总书记强调，到 2020 年稳定实现农村贫困人口不愁吃、不愁穿，义务教育、基本医疗、住房安全有保障，是贫困人口脱贫的基本要求和核心指标，直接关系脱贫攻坚战质量。黔西县各地区各部门精准施策，扎实推进，"两不愁三保障"突出问题基本解决。

一、吃饭穿衣问题已经解决

回忆往昔，黔西"一方水土难以养活一方人"，群众吃不饱、穿不暖问题极为普遍。经过多年的扶贫开发和脱贫攻坚，经济收入大幅增长，生活发生了翻天覆地的变化。2018 年，全县城镇居民人均可支配收入达到 29414 元，人均消费支出达到 17694 元，农村居民人均可支配收入达到 9473 元，人均消费支出达到 9409 元，均远远高于脱贫攻坚初期。农村贫困人口总量大幅减少，全县贫困发生率仅为 0.95%。食不果腹、衣不遮体的绝对贫困已成为历史，"不愁吃、不愁穿"成为乡村新常态，食物消费数量大幅增加、消费种类增多、营养水平不断提高，穿衣戴帽的舒适性、美观性逐渐提升，精神面貌焕然一新。

在安全饮水方面，通过大力实施脱贫攻坚安全饮水项目，保障群众安全饮水。2017 年县级投入资金 7470.62 万元，实施小水窖 1518 口、集中供水工程 256 处，其中：投入资金 2172.71 万元，新建 1518 口小水窖，解决 1601 户 6665 人（其中贫困人口 1053 户 4200 人）饮水不安全的问题；投入资金 4753.08 万元，新建、改建、扩建 256 处集中供水工程，解决 23138 户 90081 人（其中贫困人口 5238 户 19389 人）饮水不安全的问题。同时，通过实施饮水安全巩固提升项目，提高群众用水质量。自 2016 年以来，争取上级专项资金 658 万元实施巩固提升工程 3 处，巩固提升林泉镇以及金碧、五里、钟山等部分村组 42557 人（含贫困人口 5985 人）的饮水问题。

二、住有所居愿望全面实现

（一）易地搬迁，重焕生机

黔西抓住国家实施易地扶贫搬迁政策的机遇，坚持"以产定搬、以岗定搬"的原则，对"一方水土养不起一方人"地区的人口实施易地扶贫搬迁。2016 年，全县搬迁 1487 户 6664 人（其中建档立卡贫困户 1350 户 6032 人），建有 11 个搬迁安置点。2017 年，采取县城集中安置方式，委托恒大集团帮扶代建锦绣花都安置点，完成搬迁3827户16852人（其中建档立卡贫困户3627户16016人），并配齐家具、家电等生活用品，实现拎包入住。2018年，新增易地扶贫搬迁工程惠风花园安置点，搬迁686户2969人（其中建档立卡贫困户112户459人），安置房全部修建为6层步梯房，总用地面积62571平方米，安置房面积61772.63平方米，已全部搬迁入住。

（二）危房改造，补齐短板

黔西以脱贫攻坚为首要政治任务，着力做好以农房危改为主的住房保障工作。通过"分类统计、同步实施、统筹推进"的工作模式，对于符合农村危房改造条件的对象，由县财政垫资提前安排实施，并配套完成"三改"5126户；对于农村危房改造政策不能覆盖的建档立卡贫困户，参照农村危房改造政策和补助标准实施贫困户安全住房建设1861户；对存在跑风漏雨、门窗破损等情况的旧房大力开展整治，共整治11520户。在大力实施住房保障项目的同时，积极指导危旧房拆除工作，2018年共拆除旧房3313户，彻底消除安全隐患，有效改善农村群众生产生活环境，确保农村危旧房屋应改尽改、应整尽整、应拆尽拆。

三、义务教育得到充分保障

（一）狠抓"控辍保学"，义务教育完全得到保障

黔西县以"七长"负责制为责任主线，落实教育线"保学"和行政线"控辍"的"双线"承包责任制，构建以"学籍线"（就读学校）为控辍主体和"户籍线"（户籍地教育管理中心）为监测主体的"两线"控辍保学监控体系；坚持"核心义务教育，重点建档立卡户"控辍保学观，严格按照"五有一覆盖"的工作要求和方法，

深入村村户户，以不落1户、不漏1人的要求，落实劝返责任，扎实开展控辍保学工作。在国家第三方评估中，以"零辍学"的成绩实现教育保障目标。

（二）落实教育惠民政策，群众满意度不断增强

积极构建县申报、乡镇（街道）统筹、学校和村（居）委会协同包村、贫困户配合、教师个人包户的"六位一体"履职体系，全面落实各项学生资助政策，实现所有贫困家庭学生应助尽助、应贷尽贷。2018年，累计发放各类学生资助35117人次2849.7059万元。其中：幼儿资助57万元、寄宿生生活补助880.2625万元、高中助学金493.4万元、中职助学金207.7万元、教育精准扶贫资助767.4234万元，高中免学费206.62万元，中职免学费237.3万元。学生资助实现从幼儿园到大学全覆盖，确保辖区内每一个孩子都平等享有接受教育的权利，用知识改变学生及其家庭境况和命运，黔西老百姓特别是经济困难家庭真真切切得实惠，实实在在感受到了党和国家的温暖，群众满意度大幅提升。

四、病有所医覆盖所有人群

（一）医疗保障措施更加有力

2018年，全县发放医疗救助资金2571.63万元，救助困难群众63497人次（其中，农村建档立卡贫困人口37169人救助金665.31万元）。其中：发放救助金219.9万元资助35917人参合参保，发放救助金2381.73万元救助困难群众27580人次；发放医疗扶助金599.91万元扶助困难群众6635人次。2018年，参加城镇职工基本养老保险在职人数35789人，参加城镇职工基本医疗保险人数32815人，参加失业保险人数24128人，参加工伤保险人数31205人，参加生育保险人数 24113 人。参加新型农村合作医疗保险人数 800178 人，实际参合率为 82.9%。全年参合人口住院补偿人数 12.96 万人次，补偿金额 40841.54 万元，实际住院补偿率为 67.8%；参合人口门诊补偿人数 203.73 万人次，补偿金额 7265.8 万元，补偿率为 75.2%。

（二）医疗人才队伍更加充实

黔西积极补充一线医务人员，全县卫生健康系统医务人员 4000 余人，其中在编人员 1651 人。乡镇卫生院有在编医务人员 865 人，占全部在编卫生健康人员总数的 52.4%。县级及有关单位在编医务人员 786 人，占总数的 47.6%。在执业（助理）医师中，正高级职称 10 人（县医院 7 人，县中医院 1 人，县妇幼保健院 2 人），副高级职称 108 人（县级 68 人，乡镇 40 人），中级职称 218 人。初级职称 1030 人。全体医务人员中，硕士及以上人员 5 人，本科以上 1324 人。全县有执业（助理）医师 1432 人，每千常住人口有 2.01 人，有注册护士 2601 名，每千常住人口有 3.66 人。同时，全县有 735 名村医，364 个行政村村医实现全覆盖，群众看病难问题基本解决。

第二节　基础设施建设"成体系"

习近平总书记曾说过，消除贫困、改善民生、实现共同富裕，是社会主义的本质要求，是我们党的重要使命。脱贫攻坚是当前最大的民生，而基础设施的建设又是最基本的民生保障。《中共中央、国务院关于打赢脱贫攻坚战的决定》强调脱贫攻坚要加快补齐基础设施建设短板，大力推进交通、水利、电力和网络扶贫，改善人居环境。黔西县从交通设施、水利设施、医疗基础设施三方面同时发力，保证区域内的基础设施建设体系化发展。

一、交通基础设施建设稳步推进

黔西始终坚持"要想富，先修路"，"路通百业通"的交通发展理念，围绕打通群众出行"最后一公里"，在 2016 年实现 100%建制村通水泥路、100%建制村通客运的"双百"目标，2017 年实现100%村与村之间通水泥路，2018 年实现 100%组组通公路的既定目标，实现日常管养全覆盖，每百平方公里超过 158.8 公里等级公路建设，名列全省前茅，坚持"建养并重"，大力推进农村公路管理养护体制改革，农村公路全部纳入常态化管理，好路率达 95%以上。结合"五高一铁"的交通枢纽，逐渐构建以县城为中心，辐射 29 个乡镇（街道）的半小时经济圈，惠及人口约 94.86 万。充分发挥交通在脱贫攻坚中先导性、基础性作用，让方便快捷的交通有效满足广大农村群众出行需求。

二、农田水利工程建设初具规模

黔西积极抓好农田水利工程建设，防洪保安能力日益牢固。一是重点实施抗旱机井工程、引提调工程，保障群众干旱期间生产生活用水。自 2014 年以来，实施小型农田水利工程 30 处，恢复农田灌溉面积 4000 亩，保障 99333 人干旱期间生产生活用水。二是实施河道治理，提高防洪减灾能力。自 2017 年以来，实施甘家庄至驮煤河段防洪工程，综合治理河道长度 6.9 公里，保护人口 0.8 万人，保护农田（耕地）0.75 万亩；清淤龙潭河河道 4.2 公里，大大提高了甘棠镇周边村组产业基地防洪排涝能力。同时，规划治理河道 2 条，综合治理河道 12 公里，保护人口 20000 人，保护农田 0.6 万亩。三是高水平建设重点项目，用水需求得到保障。自 2014 年以来，实施中型水库建设 1 座、小一型水库 1 座，计划解决定新、甘棠、红林 3

个乡镇及县城周边 10 个村 24909 人、15049 头大小牲畜饮水及 3.4 万亩耕地用水和红林乡三岔土片区 6310 亩烟田灌区灌溉用水。2018 年开工建设小一型水库 1 座，解决雨朵、金碧、金兰 3 个镇农业生产生活用水。

三、医疗卫生基础设施更加完备

黔西高度重视医疗卫生设施的建设和完善，为群众体质健康保驾护航，实现县乡村三级医疗服务机构建设实现全覆盖，2014 年至今实施县人民医院、县疾控中心、县卫生监督所和 82 个村卫生室建设项目。同时，对 29 个乡镇卫生院进行"五室一中心"（会诊室、影像室、心电 B 超室、检验室、数字化预防接种门诊室和远程医疗中心）标准化改造，实现乡镇卫生院有关科室场地建设标准化。目前，全县 29 个乡镇（街道）364 个行政村（社区）医疗机构建设和服务实现全覆盖，人民群众看病就医有场所的目标完全实现。以第二人民医院为龙头项目，包括妇幼保健院、2 家社区卫生服务中心、5 家乡镇卫生院的《黔西县医疗卫生标准化建设项目》同步实施，能够为黔西县群众提供更加优质高效的看病就医服务。

第三节　特色产业发展"可持续"

习近平总书记强调，发展产业是实现脱贫的根本之策。要因地制宜，把培育产业作为推动脱贫攻坚的根本出路。在脱贫攻坚实践中，黔西县始终坚持以产业发展作为群众脱贫的重要支撑，守住发展和生态两条底线，聚焦产业扶贫全覆盖和"户户有增收渠道、人人有脱贫门路"目标，对照"八要素"要求，坚持"优势产业优先发展，优势品种率先突破"的原则，以农旅融合为核心，加快形成"专业化、精细化、特色化"的产业发展格局，以可持续的特色产业发展助推脱贫攻坚。

一、特色农业持续发展

黔西县把推进农业产业结构转型升级作为打赢脱贫攻坚战的关键一招，以推动农业供给侧结构性改革为主线，按照优势产业、优势区域相对集中及"一乡一品、一村一特"的规模化发展思路，纵深推进农业产业结构转型升级，全面调整农业产业种植结构。同时，积极拓展农产品销售渠道，发展电商模式，充分利用好东西部扶贫协作平台和"黔货出山"通道，推动特色农产品走出黔西，有效助力脱贫攻坚和农村经济健康持续发展。

（一）农业产业结构不断优化

黔西县立足自然气候优势和产业发展基础，按照"市场所需，本地适宜"的要求，重点发展蔬菜、茶叶、特色经果、高粱、食用菌、中药材、生态畜牧等特色优势产业，深入推进农业产业结构调整，促进经济发展质量和效益持续提升。按照农村产业革命"八要素"要求，2018年调减玉米种植面积24.27万亩，重点培育经果林、牧草、蔬菜等高效益产业，经济作物种植占比65.15%；建成县乡示范样板点120个，示范面积13.6万亩，建成1000亩以上蔬菜标准化生产基地4个、300亩以上核心基地15个；收购烟叶10.18万担，牛存栏16万头，生猪存栏41万头，家禽存栏320.9万羽。

（二）产品销售渠道不断拓宽

黔西县于2017年成功申请到国家电子商务进农村综合示范县项目，并以此为契机大力提升电商服务，发展电商经营主体85家，打造185个乡村电商服务站，加快电商产业孵化园和95个村级电商精准扶贫运营中心建设，成功引导广州和毕节60余家企业在黔西成立"广毕同心黔行产销扶贫联盟"，加强与各大网销平台合作，搭建"黔西产品特色馆"和网络直销店。同时充分利用微信商城的优势，积极打造互联网时代下多渠道营销模式。截至2018年底，网络零售额已达6906.93万元，增速90%。

二、工业经济乘势而上

黔西县立足"工业富县"战略，实施"千企改造"工程引导工业转型升级，通过引进重点项目支撑工业经济发展。同时，把"工业反哺农业、城市支持农村"作为一项长期工作方针，探索出以工哺农，实现工农互动、协调发展的新模式。

（一）打造工业园区，引进重点实体项目

黔西县立足打造以"煤电一体化"为主体的百亿级园区，积极引导企业转型升级，全面提升企业智能化、信息化、绿色化、集约化水平。建成了黔希煤化工、天泽化工、黔西电厂二期工程等重点工业项目，洪水沟、鑫黔、大坝等16对煤矿复产复建，生产原煤501.76万吨，发电98.54亿度，增长40.29%；完成"千企改造"工程11个，工业增加值增速持续保持全市领先水平；此外，成功引进黔西红木家具、制鞋产业园、节能环保产业孵化园等一批重大实体项目，带来巨大经济效益，对打赢脱贫攻坚战具有重要作用。

（二）工业反哺农业，就业增加带动脱贫

黔西通过建设一批返乡创业园、引进一批环保制造企业、培育一批农产品加工企业，鼓励贫困户就地就近就业，组织企业与贫困村对接，引导贫困人口到企业就业，让贫困户通过就业搭上"工业致富"

快车，实现"家门口的就业梦"。脱贫攻坚期间黔西县共培育出农产品加工企业22家、农业经营主体111家，建成农业园区35个，组建20家国有产业投资公司和29个乡镇（街道）产业发展公司，有效带动贫困户抱团发展。黔西经济开发区成功申报为省级开发区，建成面积11.62平方公里，入驻企业68家，建成标准厂房30万平方米，直接解决就业3000余人。

三、旅游发展方兴未艾

黔西自然生态良好，山水风光迷人，文化底蕴深厚，民族风情独特。这里有风景如画的乌江源百里画廊、浩渺壮阔的支嘎阿鲁湖，有寄托明代大儒王阳明哲思的古象祠、烙下黔西文明印记的三楚宫，还有古韵悠悠的"文琴戏"，活泼有趣的"花灯戏"，原始粗犷的"太来阳戏"，精彩纷呈的火把节、跳花节、吃新节等民俗和根雕根画、蜡染刺绣、竹雕剪纸等特产。旅游资源丰富，发展潜力巨大。黔西县结合"旅游品牌创建、旅游服务设施、旅游发展质量"三大提升工程，以全域旅游理念发展乡村旅游，对促进旅游业创收，助力脱贫攻坚具有重要意义。

（一）乡村旅游有声有色

黔西以美丽乡村建设为契机，通过不断完善乡村道路、电力、饮水、厕所、停车场、垃圾污水处理、信息网络等基础设施、公共服务设施建设，极大地提高了黔西乡村旅游服务接待能力，夯实了黔西县乡村旅游发展壮大的基础条件。截至2018年，黔西县共获批国家3A级景区1处，省级乡村旅游点27个，启动村寨乡村旅游开发102个，乡村旅游直接从业人员13908人，间接从业人员7万余人，全年接待游客1230.8万人次，旅游综合收入117亿。黔西也获得了"中国最佳养老养生宜居宜游名县""中国最具特色乡村体验旅游名县""中国避暑养生休闲旅游最佳目的地"等称号。

（二）全域旅游格局初显

黔西县以"发展全域旅游、打造旅客集散基地"为目标，强化规划引领，全域旅游发展有序推进。自2016年以来，编制实施了《黔西县旅游发展总体规划》等23个旅游总规、详规、专规，出台了一系列促进全域旅游发展的措施，不断完善旅游服务功能；建成贵黔、白黔、息黔等5条高速公路；整合项目资金176亿元，建成20条近200公里旅游公路、3个旅游码头、47座旅游公厕、14个城市旅游基础设施项目、6个重点旅游区基础设施项目；特色美食在省、市纷纷拿奖，剪纸、根雕根画、民族蜡染刺绣等一批工艺旅游商品已成为地方品牌；"中国杜鹃花都""中国最具活力投资示范县""中国最佳养老养生宜居宜游名县"等殊荣为黔西旅游增光添彩。"全景式规划、全季节体验、全产业发展、全方位服务、全社会参与、全区域管理"的全域旅游发展格局逐步形成。

第四节　群众脱贫致富"动力足"

习近平总书记指出，在脱贫攻坚伟大实践中要坚持群众主体、激发内生动力，充分调动贫困群众积极性、主动性、创造性，用人民群众的内生动力支撑脱贫攻坚。黔西县把"扶志""扶智""扶德""扶勤"教育贯穿脱贫攻坚全过程，坚持"物质扶贫"与"精神扶贫"双管齐下，以新时代讲习所为平台强化脱贫光荣导向，培育文明乡风，助力乡村振兴，使群众积极转变观念，牢固树立自力更生思想，释放出强大内生动力。

一、脱贫内生动力全面释放

黔西县按照"扶贫"与"扶志""扶智"相结合的原则，创办"新时代农民（市民）讲习所"，加强对贫困群众思想观念的转化，宣传讲解各级扶贫政策、脱贫攻坚思路、农村发展举措，有针对性地开展劳动力就业、创业培训，增强群众想发展、会发展、能发展的能力，切实把新时代农民讲习所办成开启民智、凝聚民心、发挥民力、助力民富的"脱贫攻坚大本营"，有效激发了脱贫内生动力。

（一）脱贫精气神不断提振

黔西县新时代农民（市民）讲习所以群众想来听、愿意听、听得懂、用得上为指向，宣传讲解各级扶贫政策、脱贫攻坚思路、农村发展举措，有针对性地开展劳动力就业、创业培训，增强了群众想发展、会发展、能发展的能力，有效激发了群众内生动力。近年来，累计建成规范讲习所514所，开展各类讲习1.58万余场次，涌现了60余个具有示范作用的先进典型，群众干事创业激情不断增长，主动退出精准贫困户，主动自力更生的群众不断增加。黔西县还积极选树喻朝芬、杨绍书、王朝会、王远贵、冯长书等"脱贫攻坚群英谱"116名上报到市和省，充分发挥了模范典型的示范引领作用。

（二）脱贫机制日趋完善

黔西县坚持大党建引导，创新机制建设，推动讲习所工作与夯实基层党建深度融合，大力开展讲习，充分激发群众内生动力，发挥其在脱贫攻坚中的主体作用。黔西县统筹市、县、乡、村、组各级帮扶干部党员力量，成立脱贫攻坚战时党支部347个，以党建带团建、带工建、带妇建，在扶贫前线成立群团工作站10个，组建脱贫攻坚青年突击队、巾帼志愿服务队363个，开展农村思想政治教育，引导群众转变观念，牢固树立自力更生思想，切实增强了内生动力。

二、群众获得感不断增强

为改善农村贫困人口居住环境，黔西坚持"生态立县"原则，守护农村绿水青山。同时大力开展"五子行动"，整顿村容村貌，重塑乡村对外形象，增加村民对乡村的认同感和生活的幸福感，从而激发了广大农民脱贫致富奔小康的精神动力。

（一）乡村面貌焕然一新

黔西立足实际，通过开展"五子行动"、采取"四个强化"措施，抓好城乡环境卫生整治行动，使农村环境卫生发生了深层次、全方位的改变。实施"一事一议"财政奖补路灯项目 186 个、安装太阳能路灯 9846 盏，涉及全县 135 个行政村，修建排污管道 40 余公里，建设乡镇污水处理厂 4 座，乱泼脏水、乱倒垃圾的现象逐步减少，环境卫生持续好转；在实施危房改造的同时，整治拆除易地扶贫搬迁和危房改造旧房 12906 栋，投入 1.77 亿元完成 4113 户 "四在农家·美丽乡村"贵州民居改造，农村环境"房子"卫生顽疾得到有效治理；发动 500 余名理发师和驻村干部在全县范围内开展"爱心理发"活动，惠及群众 3500 余人，并通过公益活动、社会捐赠等多种渠道适量添置部分特困户所缺基本生活用品，部分贫困群众蓬头垢面、衣衫不整的"样子"一去不返，初步展现了整洁、舒适、秀美的农村新貌，增强了居民的生活幸福感。

（二）生态建设持续推进

黔西坚持"生态立县"战略不动摇，建青山、护绿水、守净土，生态文明建设持续推进。一是环保督察问题整改效果明显。2018 年共完成中央、省委环保督察反馈问题整改 83 个；完成贯城河整治，拆除沙坝河网箱，加强附廓水库饮用水源地保护区、凉风洞垃圾填埋场、甘棠垃圾填埋场等环境治理。二是污染防治攻坚战成效显著。改善了大气环境，城区空气质量优良天数比例达 98.2%；建成城乡垃圾收运系统，新增城乡垃圾收运车辆 98 台，安装垃圾箱 1300 个，实现乡村生活垃圾集中处理；建成区绿化覆盖总面积 708.56 公顷，"300 米见绿、500 米见园"的绿地系统初具雏形。

三、乡风文明度显著提升

黔西县坚持培育和践行社会主义核心价值观，大力推进社会主义精神文明建设，深入开展文明城市、文明村镇、文明单位、文明家庭、文明校园等群众性精神文明创建活动，加强公民道德建设，提升群众文明素养，培育文明风尚、推动移风易俗、助力乡村振兴。如今，城乡环境面貌、社会公共秩序、公共服务水平、居民生活质量明显改善，城乡居民获得感、幸福感、安全感不断增强，市民素质和社会文明程度显著提升，向上向善、诚信互助、文明和谐的社会风尚日益浓厚。

（一）群众文化素养显著提升

黔西县持续以大喇叭响起来、赶场天赛起来等"七个起来"为抓手，紧扣大力宣传富民政策等"四个大力"宣传教育，扎实有序推进精神文明建设各项工作，不断提升广大群众文明素质和道德素养，为决战脱贫攻坚、同步全面小康提供思想保证、道德支撑和精神力量。通过开展先进典型评选活动激发了群众争当模范典型的热情，涌现出喻朝芬、申时凤、蔡加芹等 3 名全省道德模范，王朝会、张黎 2 人入选"中国好人榜"，杨绍书、许圣龙等 6 人入选"贵州好人榜"。同时配套以"十星级文明户"创建为载体，以"三识六计四张网"模式简化了创评程序，评选出"星级文明户"1万余户，涌现出县级"十佳"10户、"十星"158户，形成了争星、追星的良好氛围，群众文明素养日益提升。

（二）公共文化服务推进有力

黔西县立足群众文化需求，扎实推进文化服务，以加强文化基础设施建设和丰富人民群众文化活动为途径，强化文明培育，做大做强村级文化。依靠政府公共文化建设资金支持，2016年投入500万余元，2017年投入近1500万元，建成乡镇一级文化站29个、社区一级文化站29个、文化服务点393个、室内外活动场所场地398个；采用财政供养和市场运作的方式加强文艺队伍建设，全县组建了水西合唱团、水西艺术团、花都中老年艺术团、水西文琴社和黔西文化馆等文化队伍10支，建有乡镇（街道）文化队伍392支、农民艺术团2个；通过设"百姓大舞台"，举办文化艺术节、广场舞大赛、红歌会等形式，让群众成为文化建设的主角和生力军。围绕开展"讲好黔西故事，唱响黔西声音，展示黔西新貌"活动，推出《你的爱》《水西往事》等优秀歌曲，举办"油菜花"和"桃李花节"，承办市三运会开幕式文艺表演以及管弦乐、交响乐音乐会，贵州合唱节，常态化开展了"跳花坡、唱山歌"等少数民族活动，很大程度上满足了群众日益增长的文化需求。

第五节　脱贫攻坚的基本模式

作为首批贫困摘帽县，黔西走出了一条有自身特色的脱贫之路，为中国其他区域和世界贡献了一个良好样本，其成功的经验和措施值得深入总结与提炼。在实践工作中，黔西将彼此关联的各种积极因素综合利用起来，形成合力，是取得脱贫攻坚巨大成效的宝贵经验。这些积极因素与脱贫攻坚的关系如图1所示，根据它们所起作用的不同及彼此联系，将其概括为"内外兼修，推拉联动"模式。

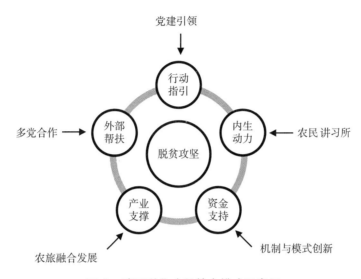

图1 黔西脱贫攻坚基本模式示意图

一、内外兼修

（一）弘扬创新农民讲习所，激发群众脱贫致富内生动力

新时代农民（市民）讲习所是一个用党的声音把全党和群众有效"组织起来"的新形式，也是夯实党的基层基础的有效载体以及密切联系群众的重要渠道，实现了把干部武装起来、把党员组织起来、把群众发动起来的目标。通过"讲给农民听，做给农民看，带着农民干""扶贫与扶志"相结合的途径，新时代农民讲习所成为黔西解决脱贫攻坚工作一些重要问题的抓手，极大地激发了广大党员干部干事创业的积极性和主动性，激发了群众脱贫致富的内生动力，实现从"要我脱贫"到"我要脱贫"的本质转变。

（二）坚持多党合作，引进脱贫攻坚外部帮扶力量

"人心齐、泰山移"，在不断挖掘内生潜力、充分利用内部资源的同时，脱贫攻坚还必须引入外部力量。黔西是民建中央参与毕节试验区建设的主要平台。多年来，黔西县始终积极主动向中央统战部和民建中央沟通协调，汇报情况，争取支持。多年来，民建中央坚持精准扶贫、精准脱贫基本方略，紧紧围绕"三大主题"（开发扶贫、生态建设、人口控制），在资金、项目、人才等方面提供了大量支持，共同推动黔西经济社会发展取得长足进步，以实际行动和优异成绩彰显了共产党领导的多党合作和政治协商制度的优越性，为黔西脱贫摘帽作出了突出贡献。

二、推拉联动

（一）坚持党建引领，保障脱贫攻坚行动正确性

打赢、打好脱贫攻坚战，核心在党组织，关键在党员干部。在实际工作中，黔西始终坚持党对一切工作的领导，始终坚持以"大党建"统领"大扶贫"，积极践行新时代党的组织路线，充分发挥各级党组织统揽全局、协调各方的领导核心作用，始终抓住党建这个"牛鼻子"，建机制，聚活力，强化党的建设，夯实党的基层战斗堡垒作用，着力打造一支敢打硬仗、能打胜仗的脱贫攻坚"铁军"，保障脱贫攻坚打法的正确性和先进性，保障所有行动始终沿着正确的路径、朝着正确的方向前行。

（二）创新机制与模式，强化脱贫攻坚资金支持

贫困人口的主体在农村，农业是群众脱贫的核心支撑。涉农资金是发展农业以及扶贫、脱贫的关键资源，必须高效率管好、高效益用

好。为解决"支农资金多头管理、使用分散、带动效率差、整体效益不高"等难题，黔西始终坚持"部门联动、政策集成、资金集中、资源整合"与"规划在前、项目跟进，创新机制、搭建平台"的管理理念，创新建立支农项目库制度和多方参与、联动协调的项目立项机制，着力完善项目牵引带动社会投入机制，创新群众评议、专家评估、项目管护等监督管理机制，最终形成"多个渠道引水，一个龙头放水"的财政涉农资金整合机制，最大限度地发挥了涉农资金的脱贫攻坚效益。同时，黔西将金融扶贫作为净化产业扶贫生态的重要一环，着力推动贫困地区形成政府主导、市场引导、贫困户响应、相互促进、共同参与的贫困治理机制，帮助贫困地区和贫困户树立市场意识和责任意识，变被动扶贫为主动脱贫，取得良好成效。

（三）推动农旅融合发展，夯实脱贫攻坚产业支撑

"产业兴旺是解决农村一切问题的前提"，农业与旅游业的融合是农村产业融合的重要路径，在脱贫攻坚战略实施中具有重要意义。黔西立足农业发展、生态条件与资源禀赋，确定以农旅融合助力产业发展新思路，根据各地区实际，因地制宜建立各具特色的农旅融合模式。通过这一模式建设了一批美丽乡村、特色风情小镇。采取"景区+贫困户""公司+贫困户"等多种方式，引导贫困农民直接参与旅游经营和旅游接待服务，支持农民通过出售农副土特产品或土地流转获得收入，鼓励农民通过资金、人力、土地等参与乡村旅游经营获取股利分红，农旅融合不仅增加了农民收入，同时有效改善了生态环境，夯实了农村产业基础，探索出一条产业发展、农民增收与生态优化共赢之路。

上述各类积极因素不是单独起作用，而是形成合力，围绕脱贫攻坚的主要任务和关键环节联合发力。在既定的时代背景和区域条件下，"内外兼修，推拉联动"模式为黔西人民实现脱贫致富的历史性跨越作出了重大贡献。

第九章

与时俱进：脱贫攻坚与乡村振兴的有机衔接

实施乡村振兴战略，是党的十九大作出的重大决策部署，是决胜全面建成小康社会、全面建设社会主义现代化国家的重大历史任务，是中国特色社会主义进入新时代做好"三农"工作的总抓手。

2018年7月18日，习近平总书记对毕节试验区工作作出重要指示，强调要着眼长远、提前谋划，做好同2020年后乡村振兴战略的衔接，着力推动绿色发展、人力资源开发、体制机制创新，努力把毕节试验区建设成为贯彻新发展理念的示范区。黔西坚决贯彻落实习近平总书记的重要指示和省委省政府的决策部署，积极做好脱贫攻坚与乡村振兴有机衔接，确保群众稳定脱贫、持续增收、安居乐业。乡村振兴是农村治理的新时代，是脱贫攻坚的升级版。对于刚刚脱贫奔小康的黔西而言，着力解决的群众所关注的痛点难点，也正是实施乡村振兴战略需要谋划和致力的焦点重点。黔西在脱贫攻坚与乡村振兴的有机衔接上做了许多有益尝试。

第一节　理论思考：明确脱贫攻坚与乡村振兴的内涵要义

一、脱贫攻坚战略内涵之精髓在于"精准"

2013年11月，习近平总书记在湖南十八洞村考察时首次提出

"精准扶贫"理念。2015年11月，中央扶贫开发工作会议通过了《中共中央国务院关于打赢脱贫攻坚战的决定》，习近平总书记强调坚决打赢脱贫攻坚战，确保到2020年所有贫困地区和贫困人口一道迈入全面小康社会。"精准"理念指导下的脱贫攻坚收效显著。在精准脱贫攻坚实施以前，我国扶贫工作长期瞄准的对象是区域而非个体。这种"大水漫灌"式的，以区域经济增长带动贫困人口脱贫的扶贫方式，在初期取得了显著成效，但随着客观环境等多重因素的变化，剩余贫困人口难以依靠这种扶贫方式摆脱绝对贫困问题。

黔西深刻认识到脱贫攻坚战略内涵之精髓在于"精准"，扶贫方式的核心是依靠科学有效的标准、程序，实行精准识别、精准帮扶、精准管理与精准考核。明确精准扶贫的关键是识别对象精准，贫困人口和扶贫资源是扶贫的两大核心要素，只有将真实的贫困人口准确识别出来，才能实现扶贫资源的高效配置，确保扶贫资源精确瞄准贫困人口。在工作实践中，黔西通过靶向"精准"实现有效扶贫。一是精准扶贫对象。对照"六看法"，按照"一申请、一对比、一评议、两公示、一公告"识别程序，精准识别贫困人口并建档立卡，组织县乡村组干部进行3次大规模摸排，精准识别、查漏补缺、动态调整，新增贫困户2054户7974人，清退5043户12562人，拟退贫困人口30018户123847人，实现贫困户有序进退。同时，建立"互联网+社会基础信息"平台，将贫困户"人、事、地、情、物、组织"纳入平台管理，创建"智慧门牌"，采集房屋数据12万条、人口信息46.8万条。二是精准帮扶主体。着力选优配强乡镇党政班子、村党组织书记，按照"党群干部到弱村、政法干部到乱村、经济干部到穷村、涉农干部到产业村"思路，派驻40名县级干部包保联系乡镇和深度贫困村、384名优秀党员干部任村第一书记，组建209个驻村工作队1.3万名干部驻村工作，全县87个县直单位3.6万名干部与所有村和贫困户结成对子，实现贫困村、贫困户帮扶全覆盖。三是精准资金保障。整合财政涉农资金，撬动民间资本和银行资本，形成

"多个渠道引水、一个龙头放水"的扶贫投入新格局，累计整合投入252亿元助推脱贫攻坚。建立扶贫开发投资公司，盘活存量资金，搭建扶贫融资平台，健全完善资金保障机制。建立扶贫资金公告公示、监督审计、报账规范、投诉监督等系列制度，加大资金监管，及时兑现扶贫资金，提高资金使用效益，保障资金安全。

二、乡村振兴战略要义在于乡村与城市区域的"平等互补"

党的十九大，习近平总书记明确提出实施乡村振兴战略，努力实现"产业兴旺、生态宜居、乡风文明、治理有效、生活富裕"的总要求。通过"七条道路"统筹推动产业、人才、文化、生态、组织的"五个振兴"，以完成目标任务：2020年乡村振兴取得重要进展，制度框架和政策体系基本形成；2035年乡村振兴取得决定性进展，农业农村现代化基本实现；2050年乡村全面振兴，农业强、农村美、农民富全面实现。乡村振兴五个方面的总要求是密切相关的有机统一体，且贯穿到乡村全面振兴的整个过程之中，每一方面于乡村振兴都至关重要，产业兴旺是有力支撑，生态宜居是关键环节，乡风文明是坚实基础，治理有效是基本保证，生活富裕是目的。

黔西在工作实践中，深刻认识到乡村外在与内在统一下的振兴才是真正的"产业兴旺、生态宜居、乡风文明、治理有效、生活富裕"的乡村振兴。其中，外在是从由城到乡推进的角度，实现乡村既有独特性的复归、延续，又有自身特色的乡村文化的繁盛，与城市文化平等互补；内在则是在城乡平等关系的基础上，乡村要实现自身内部在经济、环境、治理等多方面的自给，从而推进更深层次的发展与繁荣。就乡村振兴战略的现实意义而言，不单意味着乡村从必须发展迈进全面发展，更是作为解决城乡发展失衡这一社会主要矛盾的重大举措。黔西通过加快城乡统筹融合发展步伐，以人为核心推进新型城镇化水平稳步提升，常住人口和户籍人口城镇化率分别达到48.6%和41.4%。城乡居民收入比持续缩小，农村居民人均可支配收入增速连续五年高于城镇居民。全县小城镇围绕"小而精、小而美、小而富、小而特"的建设发展目标，全面推动全县特色小城镇建设。农村发展活力持续增强。全面推广农村"三变"和"塘约经验"，吸引资本、技术、人才等要素更多向乡村流动，呈现城乡要素双向流动的发展态势。农村集体土地承包经营权确权登记颁证任务基本完成，农村土地承包经营权流转面积达到家庭承包耕地面积的70%，土地经营规模化率达到65%以上。农村公共服务不断完善，整合建立起全省统一、城乡一体的居民基本医疗保险制度，医疗保险待遇水平稳步提升；推进城乡居民养老保险整合，基本形成完整的城乡居民养老保险制度体系；推进县域义务教育优质均衡发展，优质教育资源向农村和贫困地区延伸。

三、脱贫攻坚是乡村振兴的基础与关键

五年的精准扶贫为后续乡村振兴战略的实施做了大量的准备工作，主要表现在物质和文化基础两方面。一是物质基础有了一定量的积累。在基础设施建设上，大力推动易地扶贫搬迁、危房改造，逐步完善配套的基础设施建设，全面改善乡村人居环境，统筹推进水、电、路、网等基础建设，改善了农民生产生活条件；在农业产业发展上，通过企业、合作社、大户等发展产业带动贫困群众增收，大量"空心村"的集体经济不断壮大，为村庄未来发展积累了物质财富；在生态环境保护上，通过落实生态修复、生态补偿、生态产业等政策措施，推动乡村逐步实现绿色发展。二是文化基础随着脱贫攻坚中对公序良俗的不断挖掘，乡村文化得以逐步重拾。面对乡村文化底蕴深厚，文化丰富性与独特性并存，但却日益衰落的现象，在脱贫攻坚的契机下结合精神文明创建，推动移风易俗、树立文明乡风，建设公共

文化服务体系，脱贫攻坚提升了农民的主体意识，在一定程度为优秀传统文化的传承与弘扬奠定了基础。脱贫攻坚是乡村振兴战略实施的重要基础。

脱贫攻坚过程中贯穿的是底线思维，严格遵循现行扶贫标准，在"五个一批"具体方式下精确瞄准深度贫困地区、绝对贫困人口，以确保实现稳定脱贫为重心。随着 2020 年脱贫攻坚战的全面胜利，我国农村的绝对贫困人口将在统计层面消失，但是受客观环境和人口能力的限制，贫困地区在农村人口收入、公共服务等方面仍显著低于全国平均水平。从战略进程来看，脱贫攻坚为解决贫困人口的"两不愁、三保障"，使他们快速摆脱绝对贫困，必须在短期内迅速实现目标。而乡村振兴重点在解决乡村发展的不充分，以化解城乡间的不平衡，不是短期内可以成功实现的，是一场持久战。因此，在脱贫攻坚决胜期逐步缩小脱贫攻坚与乡村振兴之间的差异，是实现乡村振兴的关键，否则必然会为后续乡村振兴埋下隐患。黔西县以脱贫攻坚统揽经济社会发展全局，通过精准扶贫、精准脱贫，推动了经济发展势头更加强劲、群众生活更加美好、干群关系更加融洽、党的执政基础更加牢固。

黔西综合实力提升，成为乡村振兴的重要基础。2018 年，全县生产总值达到 223.55 亿元，人均生产总值达到 33252 元，与 2012 年相比，五年年均增长 13.37%。五年来投资、消费、财政总收入等指标保持两位数增长。城乡居民收入分别达到 26813 元和 8565 元，为2012 年的 1.96 倍和 1.55 倍。交通体系日趋完善。赤望、江都、黔织、贵黔、黔大五条高速公路在黔西县交汇，即将建成通车的成贵高铁过境黔西，形成了以高速公路、高速铁路为骨架，国省干道、县道为辅助，通村公路为补充的现代交通路网体系。交通运输、仓储、邮电业实现增加值 12.68 亿元，同比增长 18.7%。建成了一批重大水利、电力、电信等基础设施工程。全县综合经济实力快速提升，为乡村振兴奠定了重要基础。

四、乡村振兴是脱贫攻坚的巩固与提升

从达成目标来看，国家推出精准扶贫，通过精准识别、精准帮扶、精准管理、精准考核，旨在识别出贫困对象，实现精准脱贫，确保我国现行标准下农村贫困人口至 2020 年实现脱贫、贫困县全部"摘帽"。一方面，精准扶贫着眼于缩小乡村内部区域发展差距，促使全部乡村居民经济生活摆脱贫困，达到国家规定保障水平以上。乡村振兴战略则旨在通过以城带乡、以工促农、城乡互促的融合发展机制，以及产业振兴、人才振兴、文化振兴、生态振兴、组织振兴的"五个振兴"策略，实现产业兴旺、生态宜居、乡风文明、治理有效、生活富裕的总目标。另一方面，乡村振兴战略既着眼于缩小乡村内部区域发展差距，也着眼于缩小城乡区域发展差距，在夯实精准扶贫既有成果基础上，实现"农村美、农民富、农业强"的整体性发展目标。精准扶贫重在保底，而乡村振兴重在进取；精准扶贫重在单一经济维度脱贫攻坚，而乡村振兴重在经济、生态、文化、社会多维提质增效。

从实施内容来看：一方面，乡村振兴与精准扶贫一脉相承。国家对脱贫攻坚的要求是，既不降低扶贫标准，也不吊高胃口，同时限于精准扶贫运动的公益属性与扶贫资金的有限性特质，多数地方对贫困户脱贫的做法是符合脱贫标准即脱贫的，也就是只要满足"生活保障"目标就可以脱贫。为达到"生活保障"目标，地方政府的主要扶贫方式是产业扶贫，包括电商扶贫、光伏扶贫、旅游扶贫、农林产业扶贫；其他扶贫方式，诸如教育扶贫、职教扶贫、就业扶贫、异地搬迁扶贫等，也是直接指向"生活保障"目标。因此，精准扶贫主要对应乡村振兴的"产业兴旺、生活富裕"两大板块，而这两大板块则由于高标准、高要求成为"生产保障"与"产业发展"的"升级版"对应物。另一方面，乡村振兴是对精准扶贫的极大拓展。

在乡风文明方面，乡村振兴提出培育文明乡风、良好家风、淳朴民风，建设邻里守望、诚信重礼、勤俭节约的文明乡村；在治理有效方面，乡村振兴提出要加强农村基层党组织建设，构建简约高效的基层管理体制，实施自治、法治、德治"三治合一"的基层治理体系；在生态宜居方面，乡村振兴提出牢固树立和践行"绿水青山就是金山银山"的理念，坚持尊重自然、顺应自然、保护自然，统筹山水林田湖草系统治理，开展农村人居环境整治行动，全面提升农村人居环境质量。

第二节　摸索前行：建立脱贫攻坚与乡村振兴的有机衔接

一、共享共建导向的政策设计

精准扶贫意味着差异化扶贫，是对扶贫对象进行"特惠定制"的扶贫模式。"精准"理念指导的黔西扶贫，以聚焦聚力为原则，整合各类资源，逐步加大政策倾斜和资金投入力度，以贫困村与贫困人口为目标对象，精确瞄准机制使大量的政策、资源投向深度贫困村、贫困人口，并因地制宜、因户施策，层层分解落实脱贫攻坚责任，帮扶措施精准到户到人，提高扶贫实效。精准扶贫的实施推动偏远地区基础设施薄弱、公共服务不完善、产业发展滞后，甚至一方水土养不起一方人的贫困村，通过一系列的建设和发展实现脱贫。黔西在解决好绝对贫困问题后，也在更多地关注经济社会发展成果的全民共享问题，政策的制定也转向"全县普惠"。特惠式扶贫是解决绝对贫困的有效途径，而随着现行标准下的绝对贫困的消除，再实施特惠式扶贫难免会激化黔西社会矛盾，因此，黔西积极转向全县共享，使全县在共享共建中实现产业兴旺、生活富裕。

（一）初步构建了普惠金融体系

国务院《关于实施乡村振兴战略的意见》明确要求，普惠金融重点要放在乡村。普惠金融改变了以往金融机构只为大企业服务的传统金融服务模式和金融理念，从这个意义上来说，普惠金融也是金融领域最大的供给侧改革。从国际普惠金融发展经验来看，乡村振兴规划中提到的"农村金融"与"三农"相关的所有金融需求和金融服务都属于普惠金融范畴，农村金融是普惠金融的重要组成部分。大量事实证明，要实现乡村振兴的战略目标，就必须建立完善的、具有商业可持续性的普惠金融体系，确保农村金融服务可获得、全覆盖。黔西县致力于倡导普惠金融及乡村金融服务"最后一公里"问题的解决，普惠金融发展已成为黔西乡村振兴发展的重要支柱。

（二）推进落实了普惠金融政策

一是布放村村通，改善农村支付结算水平。布放村村通，行政村覆盖率为100%。二是加快电子银行建设力度，合理安排ATM机布放和规划，进一步加大电子银行替代率，为贫困户节省金融活动成本。三是开展助农脱贫流动服务站，切实打造老百姓"家门口的银行"，打通服务三农的最后一公里。四是以驻村服务站为抓手，缩短金融服务地方百姓的距离，将信用工程、存贷款业务、新型支付结算方式、农民工金融服务等业务带进村寨。目前，县农商行和贵阳银行已建立农村金融服务站。

二、乡村中坚人才的培育和发掘

2018年3月，习近平总书记在参加山东代表团审议时指出，乡村振兴靠人才，要把人力资本开发放在首要位置，强化乡村振兴人才支撑。乡村振兴与脱贫攻坚的战略主体都是"人"。脱贫攻坚是解决贫困乡村中人的生存问题，乡村振兴是解决县域乡村中人的发展问题。黔西县内无论贫困村还是非贫困村，大多难以摆脱空心化的命运。在乡村中留守的主要有三类群体：一是老弱病残群体，且与贫困人口大规模重合；二是半工半耕户，均为以代际分工、性别分工为主的部分劳动力外出务工的家庭；三是中坚农民，以返乡创业、中等规模农业生产经营者为主，是乡村社会的中坚力量。在黔西脱贫攻坚的主战场，首先还是让有意愿外出务工的务工；其次是采取易地搬迁的方式，让有意愿、有劳动能力的贫困群众摆脱地域对发展的制约（以太来乡为典型）；最后是让留在村庄的贫困人口有稳定的收入，不断完善村庄基础设施建设，并发展村集体经济，以实行"企业+合作社+农户"股份合作制发展模式的集体经济为主（以林泉镇海子村为典型），从而带动离不开村庄的弱势贫困人口脱贫，满足贫困人口的基本生活需求。

因此，黔西脱贫攻坚的战略主体主要以特殊的贫困群众为主。乡村振兴重点是解决全县乡村中人的发展问题，而人的发展和地区的发展是互为前提、互相促进的，换言之，乡村振兴也是解决广大乡村后续的发展问题，其中包括在现行标准下实现或即将实现脱贫的乡村。因而乡村振兴可依靠的人，或者说能够发展的人，一是留守的弱势群体；二是以村干部、中坚农民为主的主导群体。由于弱势群体的能力贫困不是短时间就可以解决的问题，因此，乡村振兴的关键还是在于主导群体，培育主导群体发展为人才精英。利用精英培植来守住乡村发展的人才数量底线，从而保持乡村秩序，推动乡村基础设施、公共服务、集体经济的发展，留守的弱势群体就能实现同步发展，乡村就能逐步实现振兴。黔西在培养当地精英或乡贤、优秀人才的引进，以及激发贫困人口的内生动力方面，进行了有益探索。

（一）打造出一批"懂农业、爱农村、爱农民"的工作队伍

黔西在实施乡村振兴战略、实现农业农村现代化、解决"三农"问题方面打造出了一批"懂农业、爱农村、爱农民"的工作队伍。黔西前期主要靠政府干部和进入企业进行初步引导，后期通过有效的手段，鼓励各类人才资源向农村流动，培养了一批学历高、专业强、技术好的知识型人才，让人才带动智慧、资金、技术等配套要素向农村聚集，先"输血"再"造血"，进一步促成优质教育资源向黔西农村正向流动，帮助农村居民由"被动脱贫"向"主动奔康"转变，以更好地调动人才资源和教育资源，聚合乡村发展的智力和资源，从而为乡村发展提供源源不断的内生动力。

（二）培养出一批干事创业的"土专家"

黔西利用省农科院在县内建农业科研基地的契机，引进人才，积极引导干事创业的人才到农村广阔的天地大展拳脚，在黔西县洪水镇解放村，30 多位村民在"土专家"代远富的带领下，提前一周开始播撒谷种。2016 年，省农科院在解放村推广红米种植，试验完全颠覆传统的耕种方法，不仅有效提升了红米产量和质量，还培养出了一批像老代这样的"土专家"。这两年，解放村走上了"农旅一体化"发展之路。2018 年，该村的油菜花开了，引来近 50 万游客。25 万公斤红谷更是销售一空，村民种植热情高涨。2019 年，在合作社负责人彭勇等 30 多位土专家的指导下，绿化乡调减玉米种植面积，高标准种植了 2 万亩试种成功的脆红李，实现了村村全覆盖。像代远富、彭勇这样由领导干部、农技专家、致富能手组成的讲习员，在黔西县有 1.49 万名。他们在遍布全县各乡（镇）村的 519 个新时代农民（市民）讲习所里，以群众愿意听、听得懂、用得上、能致富为指向，通过群众会、板凳会、院坝会等形式，把党的好政策、农村实用

技术送到田间地头、送到群众心坎上。

三、长效产业体系的初步构建

习近平总书记2018年2月视察四川时专门强调，产业兴旺是乡村振兴的物质基础，要把发展现代农业作为实施乡村振兴战略的重中之重，加快构建现代农业产业体系、生产体系、经营体系，推动农村一二三产业融合发展，以现代农业引领乡村产业振兴。产业是稳住农民、留住人才的关键。无论是脱贫攻坚还是乡村振兴，最为关键的任务都是发展生产力，但在不同时期，发展生产力的重心与目标是不同的。在脱贫攻坚阶段，黔西产业发展的首要目标是扶贫，并确保精准度。在精准扶贫、精准脱贫的目标导向下，黔西大量扶贫资金投向产业项目，并配套推进金融扶贫（如黔西特惠贷、银行到贫困村设点），大规模的扶贫资金直接贴补针对贫困户的银行贷款利息、农户增收等，推动扶贫产业顺利发展，确保贫困群体发展有资金、零风险。在脱贫攻坚精准性、紧迫性的影响下，多数扶贫产业将目标定位于带动贫困群体快速脱贫，同时，依靠扶贫资金推动、政府承担发展风险、借助政府开拓销路，扶贫产业的短期繁荣并发挥带动作用，保证贫困基本面的脱贫，黔西已经实现，如中建乡营盘村利用对口帮扶将农产品销售给来营盘旅游的全国游客。在脱贫攻坚向乡村振兴的过渡期，黔西逐渐将产业发展目标瞄准可持续，注意对政府、社会一条龙式保护发展下的扶贫产业在回归市场竞争后能否繁荣依旧问题进行了积极部署。保障返乡创业者、中等规模农业生产经营者等中坚农民愿意留在乡村、建设乡村，村干部也心无旁骛地抓工作、干事业。只有长期稳定的经济保障，才能稳住人心、留住人才，使村干部专心致力于村庄发展，同时，集体经济的壮大在服务村民的过程中也有效巩固了基层政权。基于此，黔西坚持脱贫攻坚对接乡村振兴，产业发展的着力点逐步从"快速脱困"逐步转向提升可持续发展能力的建设。

例如，在毕节试验区专家顾问组帮扶古胜村的大背景下，冯长书作为素朴镇古胜村支部书记，古胜村的领头人、先行者、示范者，带领村"两委"通过"支部引领、群众参与"的方式，勇敢向贫困亮剑，通过对石漠化恶劣的生态环境采取"高海拔自然恢复，中海拔退耕还林，低海拔种植经果林"的立体式生态修复模式，带领群众狠抓基础设施建设、产业发展，实现了百姓富、生态美的农村新景，成功探索了一条可持续、可借鉴的农村发展新路。

（一）延伸产业链，实现产业融合发展

黔西脱贫攻坚中的产业扶贫大多都是专项的、单一的产业，且多集中在农业方面。但一些乡镇（如太来、大关、中建、林泉）在三产融合上已经做了有益的尝试。在实现两大战略的有机衔接方面，找好了产业发展的衔接点，按照乡村振兴中"产业兴旺"的内在要求，重点向农产品加工业、农业服务业拓展延伸，实现三产融合发展，同时积极开发新产业新业态，实现多功能的发展。如林泉镇根据"实地采摘、观光旅游、休闲养生"融合发展的思路，探索农业绿色、特色、生态发展。围绕"村村有产业、一村有一品"的目标，林泉已建成了规模化、标准化、科技化猕猴桃基地 5.5 万亩、李子 1.3 万亩，年种植蔬菜 4 万亩、养殖蛋鸡 12 万羽。目前，林泉镇"山上果园、山下菜园、林间乐园"的产业布局逐步形成，集猕猴桃种植、康养、旅游于一体的"花果山"初见成效，有力助推了一二三产业融合发展，产业兴旺基础不断夯实。在黔西初具规模的种植业（如金秋李、脆红李、百香果、葡萄等）与三产初步融合的基础上，通过产业核心引领，从开放资源上突破——培育共享思维，从市场主导上突破——培育商业思维，从政策扶持上突破——产业带动思维，从产业融合上突破——助推产业升级，从用地政策上突破——提供土地保障，通过"五突破"实现了从脱贫攻坚到乡村振兴的有效衔接，形成了内生的、可持续的动力机制，架构了脱贫攻坚到乡村振兴的坚

固桥梁。

（二）确立以市场为导向的农业产业结构模式

为全面打赢脱贫攻坚战，2017年黔西县与广州等市场成功对接，采取"党建+电商"和"农户+合作社+经纪人+平台"的运作模式，由市场方提供订单，在10个乡镇试点种植蜜本南瓜3000亩；2018年又与贵州千喜鹤公司及重庆、福建等地合作，通过产销对接，以销定产，积极进行产业结构调整，在18个乡镇连片种植蜜本南瓜5万亩，获得丰收。目前，这种以销定产、以市场为导向促进农业产业结构调整的模式已经开花结果，形成了一批持续稳定的增收产业链，有效助推黔西县退出贫困县行列，成为贵州省毕节市摘帽退出贫困县第一县。下一步，黔西县将加大产销对接调整产业结构的力度，提高农特产品的质量和市场竞争力，使黔西县的农产品不仅能"出山"，而且能出省、出国。锦星镇结合新时代农民（市民）讲习所充分用好扶贫项目等各类资金，走"支部+合作社+贫困户"组织模式，全面推行"产业+就业"扶贫模式，以销定产推进供给侧结构性改革，让农业产业"接二连三"形成全产业链。目前，全镇建设"六个一万"：精品水果、高山冷凉蔬菜、优质水稻、高产油菜"4个一万亩"和能繁母牛、优质商品猪"两个一万头"产业基地深入推进，培育了一批新型经营主体，拓展农产品直销、电商、超市等销售渠道，吸引了农民工返乡和各类人才下乡创业当"新型农民"。近年来，在全镇返乡创业的新型农民中，有150多人家庭年收入实现"6位数"，超过百万的有5户，带动了大批贫困户家门口实现就业。

四、生态宜居的美丽家园建设

长期以来，由于受自然资源匮乏影响，生态环境脆弱、人地矛盾突出、基础设施和公共服务设施难以延伸等因素，成为制约当地经济社会发展的瓶颈和短板。如位于黔西县金兰镇瓦房村鸭池河岸边绝壁下的哈冲苗寨，前临大河峡谷，背抵悬崖峭壁，隔山断水，唯有一条挂在绝壁上的"羊肠小道"能够进出，"出行难、就医难、求学难、养家糊口难"成了堵在每户人家的"心头结"。像哈冲苗寨生存环境恶劣的村寨，在黔西并非少见。为解决"一方水土养不起一方人"的问题，黔西大力实施易地扶贫搬迁项目，在群众自愿的基础上，以居住点、自然村或行政村为整体搬迁单元，努力做到应搬尽搬，实行进城进园、乡镇和中心村三级梯度集中安置为主，掀起了一轮前所未有的易地扶贫搬迁工作热潮。自2016年以来，黔西共实施易地扶贫搬迁5328户23516人，万名人口完成了大迁徙。搬得出，还要稳得住、可脱贫、能致富。近年来，黔西县深入贯彻落实习近平总书记关于扶贫工作的重要指示精神，全面落实全国易地扶贫搬迁工作现场会和全省易地扶贫搬迁后续工作推进会精神，注重思想引领，强化观念转变，勾勒"安居"绚丽画卷，书写"乐业"精彩篇章，全力做好易地扶贫搬迁"后半篇文章"，黔西注意与生态宜居村庄建设相结合，实现人口聚集与农村新型社区建设的双赢。

（一）强化基础设施、完善公共服务设施建设

赤望、江都、黔织、贵黔、黔大五条高速公路在黔西县交汇，即将建成通车的成贵高铁过境黔西，形成了以高速公路、高速铁路为骨架，国省干道、县道为辅助，通村公路为补充的现代交通路网体系。自2014年以来，黔西筹集30.7亿元资金，完成县乡道改造131.4公里、通村通组路3321.41公里、连户路和院坝硬化148.54万平方米，实现100%行政村通客运班线。交通运输、仓储、邮电业实现增加值12.68亿元，同比增长18.7%。建成了一批重大水利、电力、电信等基础设施工程。投入6.64亿元建成樱桃坪水库，启动仙人洞水库、县城供水二期等一批骨干供水工程建设，建成小水窖1518口、集中供水工程284个，解决了25.67万人的饮水安全问题。投入3.7亿元

建成变电站5座，新建和改造电网线路874.13公里，新增变压器385台，全县综合电压合格率达95%。投入1.63亿元建成光纤1745公里、4G基站214个，改造原有基站189个，覆盖行政村291个。新增多彩贵州"广电云"用户5.5万户，实现"村村通宽带、户户通电视"。

群众"三保障"基本实现，实施危房改造、贫困户安全住房建设和旧房整治29603户，配套完成"三改"5162户。实施教育扶贫"全覆盖、零遗漏"，累计发放各类学生资助2.12亿元23.02万人次，对9.83万名农村义务教育学生营养午餐升级改造。实行贫困人口"四重医疗保障""先诊疗后付费""一站式"即时结算等制度，贫困人口参合率和家庭医生签约率均为100%，2017年贫困人口住院补偿比达94.72%，签约医生送医服务36.73万人次，从根本上遏制因病致贫、因病返贫。

（二）写好易地扶贫搬迁"后半篇文章"

黔西全面统筹谋划易地扶贫搬迁工作，结合产业结构调整、城镇建设、资源开发利用、就业和劳务输出的具体实际，围绕"搬得出、稳得住、能致富"的工作要求，充分整合利用各类资源，全面推进易地扶贫搬迁工作取得实效、群众满意。一是坚持易地扶贫搬迁安置与推进小城镇建设相结合。结合集镇建设规划，统筹推进安置点建设与集镇开发，采取了回购原有基础设施，在安置点规划新建综合服务中心、学校、卫生室、农家超市、电商网点、图书室、文化广场等措施，充分满足搬迁群众后续发展需求。二是坚持易地扶贫搬迁安置与建设美丽乡村相结合。整合美丽乡村建设项目，整合资金，按照"贵州民居"的风格和美丽乡村"富学乐美和"建设内涵，同时融入中国梦、社会主义核心价值观、优秀传统文化等元素，积极引导搬迁群众树立健康文明的生活方式。完善村党支部、便民服务中心、卫生室、文化广场等基础设施，力争把安置点建成"看得见山，望得见水，留得住乡愁"的美丽乡村。三是坚持易地扶贫搬迁安置与推进旅游服务业相结合。各安置点结合历史文化和旅游资源，发展集餐饮、观光农业旅游服务业于一体的乡村旅游。

（三）突出生态宜居，建设美丽乡村新家园

乡村振兴，生态宜居是关键。黔西坚持绿色发展理念，把生态建设放在乡村振兴发展的突出地位，融入农村生产生活各方面和全过程，树立"绿水青山就是金山银山"理念，尊重自然、顺应自然、保护自然，结合推进大生态战略行动，以绿色为底色，打造设施便捷完善、村容村貌整洁、山绿水清景美、宜居宜业宜游、人与自然和谐共生的生态宜居乡村。首先继续把基础设施建设重点放在农村，强力打造"四在农家·美丽乡村"升级版，着力加强农村人居环境整治，加快补齐农村基础设施短板，促进城乡基础设施互联互通，推动全县农村基础设施提档升级。继续大力实施农村人居环境整治三年行动计划，以农村垃圾、污水治理、改厕和村容村貌提升为主攻方向，开展农村人居环境整治行动，稳步有序地推进农村人居环境突出问题治理，全面提升农村人居环境质量。进而以绿色发展为导向，推动形成农业绿色生产方式，以"一控两减三基本"为重点，确保耕地数量不减少、质量不降低，化肥、农药使用量零增长，秸秆、畜禽粪污、农膜高效利用，实现农业可持续发展。最后大力实施乡村生态保护与修复重大工程，完善重要生态系统保护制度，促进乡村生产生活环境稳步改善，自然生态系统功能和稳定性全面提升，生态产品供给能力进一步增强。

五、乡村文化营建与社会治理

"扶贫先扶志"，志气是脱贫攻坚与乡村振兴的动力源泉，而志气的激发在很大程度上取决于是否存在积极向上的文明乡风。为此，

各地都在重视志智双扶的基础上，努力构建乡风文明，通过良好的乡村治理营造出人人参与脱贫攻坚与乡村振兴的社会氛围，把志智双扶与构建乡风文明、提高乡村治理效果协同推进，黔西县已经通过农民讲习所打下了良好的基础。黔西县新时代农民（市民）讲习注重"讲"与"习"相结合。聚焦贫困群众"智力"与"志气"提升，围绕"由谁讲""讲什么""怎么讲"三个重点，紧扣广大群众所需所盼，实行"问需式"讲习，大力开展"六讲六干"讲习活动，为打好打赢脱贫攻坚战提供精神动力、理论支撑和方法指导，在夺取脱贫攻坚战全面胜利中取得了明显成效。乡村要振兴，乡风文明是保障。坚持物质文明和精神文明一起抓，以社会主义核心价值观为引领，将现代文化中新的思想理念、道德标准、行为准则与黔西丰富多彩的民族文化相结合，加快形成道德文化进步、现代文化活跃、民族文化兴盛、乡土文化延承、生态文化繁荣的乡村文明新风尚。

（一）志智双扶，助力脱贫内生动力

黔西通过讲习活动的开展，除了向广大贫困户进行"开发式""输血式""造血式"扶贫以外，重点把贫困户自己主动脱贫的志气"扶"起来，把"内因"激活起来，开展教育引导式讲习 17000 余场，让贫困农民有"我要脱贫"的迫切愿望，而非党委政府"要我脱贫"的被动督促。同时，从职业教育、农技推广、拓展信息流通渠道入手，通过讲习培养"有科技素质、有职业技能、有经营意识与能力"的新兴知识化农民，发展农业种植养殖等专业合作社 961 个，并提供低成本、便利化、专业化讲习 2200 余场，让讲习所达到"授之以渔"的效果，倡导"扶志"与"扶智"并重，让讲习所真正"接地气"。甘棠镇还创新采用"早课"和"晚课"形式每天让帮扶干部及农技专家当讲习员进行轮流讲习，取得了良好的效果；大关镇还将惠民政策、法律法规、应知应会等讲习内容编成《讲习手册》，发放到广大干部群众手中，提高了知晓率。

（二）营造乡风文明，焕发乡村治理新气象

乡村振兴与脱贫攻坚都强调乡风培育，但其内涵随着脱贫攻坚战的胜利而有了更高的标准。脱贫攻坚阶段注重贫困地区乡村新风的树立，在扶贫开发过程中关注典型，发挥典型的示范带动和引导作用，让群众在耳濡目染中提升文明素养，黔西以"十星级文明户"创评为载体，强力推进农村思想政治教育活动，有效弘扬乡风文明。通过村级认定，评选出"星级文明户"10000余户。并推进乡村公共文化服务体系建设，如建设文化馆、图书馆等基础设施，成立理事会，制定村规民约，以民族文化为载体发展旅游业等。形成积极发展的氛围后，用文化激活乡村振兴的乡风建设，是乡风文明、治理有效的内在动力。此外，文化也是乡村风貌的基础，乡村要振兴，要打造别具一格的乡村生态环境，离不开深厚的文化底蕴。留住绿水青山，守住乡景乡愁，就要守护住、传承好黔西乡土文化，振兴有别于城市的乡村文化，与城市平等互补。文化既是乡村经济的增长点，也是乡村振兴的灵魂，因此，乡村振兴不仅要进一步提升农民的文明素养，巩固乡村新风，更要守护并弘扬优秀传统文化，找回过去的乡情、乡德、乡风。

（三）创新社会治理、推动乡村组织振兴

乡村振兴，治理有效是基础。把夯实基层基础作为固本之策，建立健全党委领导、政府负责、社会协同、公众参与、法治保障的现代乡村社会治理体制，着力构建以党的基层组织为核心，以村民自治组织为主体，以信法守法为准绳，以崇德向善为基础的乡村治理新体系，打造充满活力、和谐有序的善治乡村。黔西建成110社会联动中心，利用"天网工程""雪亮工程"，整合社会视频监控资源，着力细化网格管理，依托大数据信息系统和科技手段，整合110、119、120、122、12315、12345等服务电话以及微信、微博、手机APP、

短信等群众诉求渠道，打造"110社会联动"工作平台，建成了以联动单位为依托、以网格覆盖为载体的服务管理一体化综治工作平台。通过大数据"扫"、网格员"巡"、老百姓"报"三条路径促"智治"，充分发挥"中心"、部门、村社在协调处置调解方面的三级联动作用促"众治"，建立协调配合、应急联动、督办查究三项机制促"严治"。2018年，群众安全感、满意度名列全省第六位、第一位，荣获全国法治先进单位。

第三节　美好愿景：乡村振兴的历史机遇与实施路径展望

一、乡村振兴面临的历史机遇

在新时代背景下，黔西县乡村振兴战略面临着历史性机遇。从国内来看，乡村振兴战略是我国立足新的历史起点，在新的历史背景下农业农村发展到新阶段的必然要求。习近平总书记提出把毕节建设成为贯彻新发展理念示范区的新要求，省委省政府出台支持毕节建设新发展理念示范区的意见，为全县实施乡村振兴战略指明了方向，必将形成推动乡村振兴的强大动力。党中央、国务院以及省委、省政府高度关心重视毕节，在政策、资金、项目、改革试点等方面给予大力倾斜，为黔西三农发展注入了强大动力、政策支撑和良好条件。发达地区立足资源禀赋和自身实际，围绕搞好乡村建设和发展，进行了积极探索和有益尝试，着力打造宜居乡村、共富乡村、人文乡村、乐活乡村、善治乡村，已成为宜居宜业宜游的标杆。部分省份借助互联网、大数据等现代信息技术，加大对传统农业农村的全面改造，着力推动高端特色农业、乡村民俗旅游发展，有效激发了乡村发展动力和潜力。这些政策和经验都为黔西县推动乡村振兴提供了经验借鉴。

从省内来看，随着经济实力的显著增强，脱贫攻坚的加快推进，基础设施的日益改善，发展环境的不断优化，资源红利、生态红利、劳动力红利、政策红利、改革红利正在叠加释放，这些积极因素为乡村振兴战略实施创造了有利条件。黔西县新型城镇化进程显著加快，城乡消费结构的优化升级，人民群众对优质农产品、生态产品、乡村旅游等的需求更加迫切，质量和效益成为新时代农业农村发展的主题，乡村经济将进一步加快转型升级。在政府和市场力量的共同作用下，城乡发展要素双向流动，城市资本、技术、人才下乡的进程不断加快，农业农村成为投资兴业新的热土，为乡村振兴战略实施拓展了广阔空间。

二、乡村振兴的路径展望

2018 年 7 月 18 日，习近平总书记对毕节试验区工作提出重要指示，强调要着眼长远、提前谋划，做好同 2020 年以后乡村振兴战略的衔接，着力推动绿色发展、人力资源开发、体制机制创新，努力把毕节试验区建设成为贯彻新发展理念的示范区。乡村兴则黔西兴，乡村衰则黔西衰。实施乡村振兴战略，对落实习近平总书记重要指示精神，激活"三农"发展活力，谱写新发展理念示范区黔西篇章，意义重大，影响深远。按照产业兴旺、生态宜居、乡风文明、治理有效、生活富裕的总要求，对黔西县实施乡村振兴战略提出"坚持党的领导、一个规划引领、两个核心攻克、三个辅助推动"的建设路径，确保乡村振兴战略扎实推进、走在前列。

（一）坚持党的领导

如何贯彻落实乡村振兴战略，实现目标任务，关键在于坚持和完善党的领导。中国共产党在我们各项事业发展中处于领导核心地位，必须毫不动摇地坚持和加强党对农村工作的领导，为乡村振兴战略的实施和建设提供强有力的政治保证。2018年，中央一号文件将"坚持党管农村工作"作为一条单独的基本原则给予强调并提出了具体的任务要求，强调各级党委和政府要认识到实施乡村振兴战略的重大意义，在各自的工作中贯彻落实乡村振兴战略。文件明确了农村工作领导相关的体制机制问题，特别提出党政一把手是第一负责人，五级书记抓乡村振兴工作，把工作落到实处，统筹兼顾，抓主要矛盾又兼顾次要矛盾。2018年，中央一号文件把"懂农业、爱农村、爱农民"作为"三农"工作干部队伍培养和建设方向，并且就如何培养、如何配备、如何管理和如何使用干部提出了具体措施。在黔西基层实际运作的过程中，必须坚持党的领导，乡村振兴探索在政策以及实践方面，减少零散性和盲目性，形成统筹协调推进的规划，避免重复投资和建设的现象，兼顾短期收效与长期效益。

相较于脱贫攻坚，乡村振兴所涵盖的范围更广、要求更高，黔西县委县政府应紧密围绕在以习近平同志为核心的党中央周围，以习近平新时代中国特色社会主义思想为指导，结合黔西县情，扎实做好脱贫攻坚战与乡村振兴战略的有机衔接，在着力保障和改善民生的基础上乡村振兴的推动要循序渐进，尊重经济社会发展规律，根据对不断变化的社会形势的科学预测，制定好中长期发展规划，逐步实现"产业兴旺、生态宜居、乡风文明、治理有效、生活富裕"的要求。

（二）一个规划引领

乡村振兴的战略定位决定乡村振兴规划具有宏观战略性和前瞻性。乡村振兴规划是新型城乡关系下对乡村发展宏观把握、战略引导的纲领性指导谋划，是对规划区经济、生态、文化、政治、社会等条件的全局性、战略性设计。其核心思想是从战略、宏观、全局、整体的角度明确规划区乡村阶段性发展目标、关键问题、核心主题、特有理念等内容。更值得关注的是，实施乡村振兴战略是一项长期历史任务，因此乡村振兴规划需摒弃规划编制的惯性思维，重视以长远发展目标为基础，合理确定短期发展目标。黔西县已经编制完成《黔西县乡村振兴战略规划（2018—2022)》，要强化该规划的权威性和约束力，发挥规划的引领作用，完善规划实施机制，确保规划顺利实施。

黔西县各乡镇（街道）、部门要按照国家、贵州省及毕节市乡村振兴战略规划（2018—2022）统一要求，根据黔西县乡村振兴战略规划（2018—2022）明确的目标任务、责任部门、责任人，细化实化工作重点和政策措施，编制乡村振兴规划或方案，部署相应项目工程和行动计划。加强与各类规划的统筹管理和系统衔接，形成城乡融合、区域一体、多规合一的规划体系；强化政府在实施乡村振兴战略中的主体责任。全县各级部门要把农业农村优先发展的原则落到实处，结合本地区发展实际，在干部配备上优先考虑、在要素配置上优先满足、在资金投入上优先保障、在公共服务上优先安排，做到乡村振兴事事有规可循、层层有人负责。各级财政部门要确保对农业农村的优先投入，强化对规划实施的保障作用。根据发展现状和需要分类有序推进乡村振兴工作，县住建局对具备条件的村庄，要加快推进城镇基础设施和公共服务向农村延伸；县文广局对自然历史文化资源丰富的村庄，要统筹兼顾保护与发展；县移民局对生存条件恶劣、生态环境脆弱的村庄，要加大力度实施生态移民搬迁。要把编制规划纳入工作考核内容，严格实行规划审批制度，监督建立村镇基层规划建设管理队伍。

（三）两个核心攻克

乡村地域系统是由多种要素相互作用而形成的具有综合多维性和动态演变性的开放系统，人口、土地和产业是影响乡村社会经济发展的核心要素。其中，人口作为乡村地区的发展主体，是优化乡村地域结构、强化地域功能、实现乡村振兴的动力之源；土地以其多功能性发挥着保障乡村居民生产、生活及生态空间需求的多元价值，作为区域发展的本底因素，也催生了不同的乡村产业发展模式；产业发展通过利用土地资源和吸纳人口就业将乡村人口和土地有机结合，构成乡村经济发展的关键动力，产业结构的优劣影响着农民增收、农村经济发展及农业生产决策，甚至决定着乡村地域社会经济发展的可持续性。人口、产业、土地的内在耦合是优化乡村地域系统结构、强化或优化地域功能、实现乡村振兴与城乡融合发展新格局的关键所在。

1. 产业兴旺的出路——三产融合

"产业兴旺"既强调了产业振兴是乡村振兴战略的实施要点，又突出了要增强现代农业发展的多功能性，把农村产业之间的渗透、融合发展作为应对农业资源约束瓶颈的突破口，由产业兴旺带动乡村全面振兴。因此，探讨乡村振兴战略与农村三产融合发展、协同发展的路径，是黔西乡村振兴战略顶层设计的必然，也是重新审视和拓展乡村价值，促进城乡融合发展的现实需要。把握城乡发展格局发生重要变化的机遇，构建完善现代农业产业体系，加快培育乡村发展新动能，延长产业链、提升价值链、完善利益链，构建与乡村资源禀赋相适应、充分发挥比较优势的三次产业融合发展新机制和产业发展新格局。通过2—3年的努力，成为省内农村一二三产业融合发展试点县。

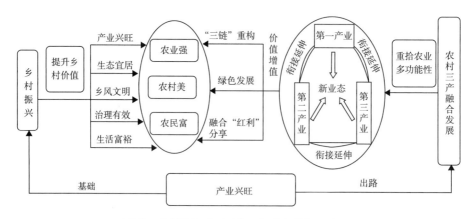

图2　乡村振兴与乡村三产融合发展示意图

推进试点示范。按照"基在农业、利在农民、惠在农村"的原则，坚持以精品蔬菜、高山生态茶、精品水果等优势产业为发展基础，以现代高效农业示范园区为平台，以公司企业为龙头，农民为主体，以"园区+公司+村集体+农民"利益联结为纽带，不断创新完善农村产业融合发展的多元化投入机制，深入探索并构建"园区+农业产业+农产品加工、冷链物流+休闲观光、农旅结合"农村产业融合发展的新型模式。

发掘农业新功能新价值。顺应城乡居民消费拓展升级趋势，深入发掘农业农村的生态涵养、休闲观光、文化体验、健康养老等多种功能和多重价值，促进农业功能从提供物质产品向精神产品拓展，从提供有形产品向无形产品拓展。遵循市场规律，充分发挥乡村特色资源富集、生态环境优美的优势，推动乡村资源全域化整合、多元化增值，增强地方特色产品时代感和竞争力，形成新的消费热点。依托高山生态茶、特色蔬菜、食用菌、特色经果林、中药材、生态畜牧业和生态渔业等特色优势产业，发展农产品精深加工和产地初加工，打造特色农产品加工产业体系。大力发展农产品加工、贮藏、保鲜、分级、包装、运销等业务，提高农产品加工转化率和附加值，加快发展大宗农产品生产加工，建设农产品加工技术集成基地。合理适度利用农耕文化遗产，发展以农耕文化为载体的文化创意产业。

培育农业新产业新业态。立足乡镇（街道）优势特色产业（产品），做大做强1—2个特色主导产业，全面建设规模化、标准化、专业化、优质化的绿色高效生产基地，深入推动农产品产后加工增值，因地制宜推进农业与文化、信息、教育、旅游、康养等产业深度融合，挖掘农业生态价值、休闲价值、文化价值，发展一批新产业、新业态、新模式，培育壮大乡土经济、乡村产业，达到一产优、二产强、三产旺，形成相互紧密关联、高度依存带动的完整产业链。实施农村新产业新业态培育工程，大力发展农业生产性服务业，探索建立集农技指导、信用评价、保险推广、产品营销于一体的农业公共服务组织，利用大数据、互联网、物联网等现代信息技术，构建县级农业综合信息服务平台，为广大农民、专业合作社、企业等用户提供政策、科技、市场等各方面的信息服务。大力发展休闲农业、森林康养、创意农业、电子商务、农村服务业、乡村共享经济等新产业新业态，推动建立多种业态互相融合、多元发展。推动科技、人文、创意等元素融入农业，鼓励发展生产、生活、生态有机结合的功能复合型农业，推动"农业+文创"产业融合发展，推出创意农产品、创意景观农业、创意农业活动，打造农村民俗文创产品，积极培育特色消费、体验服务等新增长点。积极推进中央厨房模式，构建覆盖生产、加工、会员宅配、餐饮、亲子体验等的产品及服务体系。

打造农业新载体新模式。围绕农业生产力空间布局，大力拓展农业园区功能，支持现有的黔西县林泉果蔬农业示范园区、黔西县金碧中药材产业示范园区、黔西县食用菌产业示范园区、黔西县银河综合农业示范园区、黔西县众农生态循环农业示范园区、黔西县御庄生态农业示范园区等一批省级、市级和乡镇农业园区做大做强。推进农业与休闲旅游、教育文化、健康养生等深度融合，推动农业新业态、多模式融合发展，着力打造农村产业融合发展的示范样板和平台载体，加快建设产业融合发展的示范区和先导区。开展产城融合示范区建设，加快培育一批"农字号"特色小镇，推动农村产业发展与新型城镇化相结合。以市场需求为导向，注重规模适度、差异竞争，突出地域特色、乡土风情，形成可持续发展的商业运营模式。

2. 生活富裕的手段——土地制度改革与中坚农民的培育

统筹物质空间振兴——土地制度改革。土地制度是一个国家经济社会发展最基本的制度，处理好农民和土地的关系是乡村振兴的重要命题。土地不仅是亿万农民的安身立命之本，更是释放中国乡村进一步发展能量的钥匙。在当前中国快速工业化和城市化进程中，农地非农化的土地制度改革的重要性在乡村振兴中日益凸显出来。土地是财富之母，劳动是财富之父。农村劳动力的收入大幅上升，工资性收入逐渐成为农民收入增长的主体部分。而农村土地的财富效应却没有体现，原因是多方面的，其中一个重要原因就是由于制度设计人为地限制了市场机制对乡村土地的优化配置作用，土地作为最重要要素的市场价值被扭曲了，使稀缺的土地资源在市场经济条件下无法成为加快乡村发展最具活力的要素，无法实现乡村资源的利益最大化，无法就位于天然的"财富之母"。而且由此产生了连锁反应：资本等现代要素缺乏进入乡村的积极性，使乡村资金供应严重不足，要素成本如劳动力、科技成本反高于工业和城市，这已成为当前乡村发展内在动力不足的核心症结。农村改革成功的经验就是在土地和农民关系上的松动，让农民获得经营自主权和收益权，激活乡村发展的巨大活力。按照十八届三中全会的要求发挥市场在资源配置中的决定性作用，这就意味着乡村各种资源要素进入市场，作为乡村最稀缺的土地资源无疑要通过市场机制实现应有的价值与优化配置。那么，政府要从对乡村土地资源要素市场的过多控制干预中退出来，建立逐步摆脱行政对乡村土地资源配置的新体制模式，使土地成为乡村振兴的推动力，从而把土地资源作为杠杆，发挥其他资源要素如劳动力、科技、资金对乡村振兴的积极作用。这样才能既有利于解决土地要素优化配置的问题，提高土地有效利用率、产出率和生产率，又有利于促进乡村劳动力转移到非农就业，加快土地规模经营。因此，以市场配置资源为取向，推动土地产权的流动，实现土地资源由资产向资本的转变，是推进乡村振兴的必然选择。正如习近平总书记所指出的，处理好农民和土地关系是农村改革的主线。

在黔西脱贫攻坚中脱颖而出的林泉镇、大关镇正是处理好了农民与土地的关系，成为全县农业规模经营的典范。在推进乡村振兴中，黔西将其经验进一步推广，加大农业土地制度改革。从十一届三中全会到十八届三中全会，农村土地制度实现了所有权、承包权、经营权的三权分置制度变迁，这实质上是在推进以市场配置资源为取向的制度变革，是对十一届三中全会以来改革的进一步向前推进。在坚持农村土地集体所有的前提下，颁发权属证书，前所未有地明确了农地的物权归属，使农地的物权具有了法律化的保护，从而为农地产权的市场流转奠定了坚实的基础，是继林权改革颁发林权证书之后又一个农村改革的制度创新，也是依法治国在农村改革上的深入推进。在黔西实施乡村振兴战略中，清除要素下乡的各种障碍，必须以市场配置土地资源为突破，使集体和农民的资源变为资产以实现价值增值，推动黔西农民增收，并带动人才、资金下乡，产生的效应要比国家财政的投入更有效率也更有作用。现在各种要素为什么没有大规模下乡，主要原因就是土地的权能不清晰、不明确，难以资本化，也就难以与各种要素进行优化组合。同时，各种市场主体也不清楚什么样的资源要素能够进行优化配置，乡村最稀缺的土地资源发挥不了有效作用。

在实践中解决这样的难题：一是确权。将全县每一寸土地包括荒地，以及土地上所有的附着物包括每一棵树，明确到具体的村民小组、农民或村集体。耕地、林地土地经营权确权到户，土地承包权确权到户，林木所有权确权到户，宅基地使用权确权到户，使所有权、承包权非常清晰，并明确按每个村民小组所占有的股份比例进行分红。从而通过土地确权让农民的土地资源变为资产，为市场优化配置资源创造条件。二是赋能。就是赋予土地资源的市场配置价格能力，把全县所有的土地包括荒地，以及土地上所有的附着物包括每一棵树，明确流转的年限及相应价格；并进行生态空间、生活空间、生产空间的规划布局，赋予生态空间的土地生态价值，使所有的土地价值都能体现出来。从而形成土地经营权流转、宅基地置换的市场交易清单，推动农民的资产价值变为资本，实现乡村资源资产化后的资本化。使土地及土地上各种要素的权属清晰，以保障农民的核心利益；赋予土地价值的市场实现能力，以推动乡村资源的资产化并进而资本化甚至证券化，实现以现代经济的发展方式引领乡村传统产业变革。

针对不同乡村地域类型，提升农村土地制度改革助推乡村振兴的效能，需要立足乡村发展实际与乡村转型发展类型，实现乡村多功能发展与全方位振兴。农村土地制度改革旨在通过管理方式与产权安排的调整，实现农村发展要素的优化配置，激活乡村发展潜能，适应城乡生产力发展的生产关系再调整。根据乡村发展规律与城乡关系演变，立足乡村发展区域、禀赋条件，与《黔西乡村振兴规划》将乡村振兴类型划分为集聚提升型、城郊融合型、特色保护型与搬迁撤并型四个主要类别对接，因地制宜探讨农村土地制度改革助推乡村地域功能演变与乡村振兴的区域类型与典型模式。一是集聚提升振兴模式。在快速城镇化进程中，乡村人口流失与自然村减少是不可逆转的发展趋势。产业集聚发展、农民集中居住、资源集约利用是乡村重构的本质内涵。发展中心村镇，实现黔西乡村聚落的集聚发展有利于实现公共基础设施与服务的集中供给以及发展要素的集中配置，培育多个黔西乡村综合体。发展集聚提升型村落将成为全县乡村振兴应用最广的典型模式。二是城郊融合振兴模式。黔西城郊融合型村落需要防范土地征收等制度改革风险，严格实行土地用途管制，不得违规违法买卖宅基地，为城里人下乡建房画红线，同时充分保障进城落户农民的土地权益。发挥城郊优势，健全土地抵押贷款政策安排，多渠道为乡村振兴筹集资金。以土地流转优化土地利用方式、效率与空间，实现产业培育。在通过健全产权交易机制，尊重农民在土地与城镇社会保障之间的自由选择，助推乡村振兴的同时，推进市民化进程，促进新型城镇化发展。作为城市后花园与保障基地，推进土地整治、产业升级，促进乡村全方位发展。三是特色保护振兴模式。历史文化名村、传统村落、美丽乡村等是黔西传统文化赓续与传承的载体，是留住乡愁的精神空间。特色保护型村落需要坚持保护优先、永续利用的原则，发挥土地制度管理与产权配置的作用，保护传统空间与环境，扶持培养乡村工匠、文化能人与非遗传承人，引导资本下乡，发展乡村旅游与特色产业，促进乡村产业的深度融合与创新开发，优化村落三生空间，提取记忆符号与文化要素，突出文化功能，塑造精神空间，实现乡村地域特色化发展。四是拆迁撤并振兴模式。黔西拆迁撤并型村落在农村土地制度改革进程中需要通过土地复垦还绿等方式，配合增减挂钩与占补平衡等土地管理制度，实现土地权益的跨区域转移，为村落的跨区域重构或农民进城上楼积累发展资金。同时，需要统筹精准扶贫、生态移民搬迁与乡村振兴，整合资金，保障制度供给，从土地、住房、就业、公共服务等多个维度保障搬迁户合法权益。

培育引领乡村发展和有序治理的新主体——中坚农民。"要培养造就一支懂农业、爱农村、爱农民的'三农'工作队伍"，这就意味着必须培育出引领乡村发展和有序治理的新主体，着力解决原子化乡村组织化程度低、力量分散、合作不足等问题。因此，"懂农业、爱农村、爱农民"的新主体在乡村振兴战略实施中发挥着重要作用。根据黔西乡村发展的基本状况，中坚农民是指长期坚守乡村发展农业经营和近年来返回乡村谋发展，具有一定经济积累和较好资源禀赋的中青年农民群体，他们在乡村发展适度规模的农业经营和其他特色乡村产业，农业经营面积、资金投入比家庭经营中的普通农民要大，但又远远低于少数乡村经济精英和农业公司的农业经营面积和投入，这一群体是乡村社会集体中最有力量和起较大作用的主体，是新时代乡村振兴的重要社会基础。

培养成为黔西乡村振兴新主体即中坚农民的对象，应包括以下四种群体：乡村社会中的"小康农"或"专业户"，土地流转中的"中等规模生产者"或"小资本生产者"，具有一定规模资源积累的中青年返乡创业农民工，上述群体在农村谋发展的成年子女。其中，"小康农"是农民阶层的主体，他们依靠自身的经济条件和知识技能，进行专业化的农业生产经营，已经发展出面向市场、一定规模的特色种植或养殖业，这一群体以农业经营专业户和经济收入较好的个体户为主体。黔西还应从市场中引导成长一批中坚农民、各种培训中成长一批中坚农民、政府政策优惠导向成长一批中坚农民。根据《黔西县乡村振兴战略规划》划分的不同行政村类型（242 个集聚提升类、

53 个特色保护类、55 个城郊融合类、9 个搬迁撤并类），制定不同的乡村中坚农民培养目标和数额。

将中坚农民培养成为黔西组织和发展"小农"的中坚力量，中坚农民因农业生产与小农在农业生产性基础设施供给中具有共同利益，他们利用乡村社会关系网络将小农组织起来，联合小农建立起生产合作互助组织，有组织地共同解决农村生产中面临的公共问题；将中坚农民培养成为国家政策性资源的对接主体，弥合国家资源供给偏好与农民需要、乡村社会实际情况脱节现象，弥合普通农户难以受惠于国家项目资源的资源分配失衡现象，提高国家政策资源配置效率，培育真正扎根于农村的新主体。将中坚农民培养成为黔西多元经营主体的利益联结纽带，充分地保护普通农民的利益。

中坚农民作为组织小农的中坚力量、对接国家项目资源的理性主体以及多元主体利益联结纽带，是不同乡村振兴道路的"接点"。从乡村治理层面考虑，中坚农民作为农村社会阶层的中坚力量，能够缓冲乡村阶层分化中的利益冲突，是乡村社会秩序的守护者、乡村政治与治理的重要主体，在乡村治理中扮演着十分重要的角色。

（四）三个辅助推动

1. 生态宜居的推动——生态振兴

习近平总书记指出，保护生态环境就是保护生产力、改善生态环境就是发展生产力，良好生态环境是最公平的公共产品，是最普惠的民生福祉，生态兴则文明兴，生态衰则文明衰；2018 年中央一号文件再次强调推进乡村绿色发展，打造人与自然和谐共生发展新格局，希冀在统筹山水林田湖草系统治理、加强农村突出环境问题综合治理、建立市场化多元化生态补偿机制以及增加农业生态产品和服务供给上综合发力。坚持生态保护优先，全面实现农业农村绿色发展，推进农村生态文明全面进步，促进人与自然和谐共生，建设一个山清水秀、环境优美、生态宜居的黔西美丽新乡村，让农村回归青山绿水，充溢满满乡愁；让农村回归山清水秀，处处风光无限，实现生态宜居和农村生态现代化。需重点补齐生态发展短板，当前最为迫切的是要抓好黔西农村生活污水处理设施、农村面源污染防治和农业多功能利用三个关键问题。

农村生活污水处理设施问题。黔西县在脱贫攻坚时期，解决了贫困村的集中供水问题，对于污水处理并未进行全面谋划，仍有部分行政村未对生活污水进行处理。未经处理的生活污水随意排放，导致沟渠、池塘等地水质发生变化，影响黔西农村人居环境，威胁居民身体健康。解决此问题，黔西需加大财政专项资金投入、建立城乡统一统计指标体系、广泛吸引社会资本等。

农村面源污染问题。我国化肥和农药使用长期处于过量状态，导致土壤养分失衡、土壤肥力和有机质下降，使土壤和水环境污染问题日益突出，而且大量有毒有害物质的残留也带来了严重的安全隐患，使农产品和环境安全受到威胁。解决此问题，一是需分类梯次推进，要实行"双减双控"，将化肥、农药使用强度控制在国际警戒线以下的安全合理区间之内。二是建立化肥、农药减量增效示范区，在黔西全县范围内进行大胆探索，先行先试，在全县建立一批不同类型的化肥、农药减量增效示范区，充分发挥其引领、示范和标杆作用。三是支持新型肥料、农药的研发和应用。进一步加大资金和政策支持力度，以科研院所、高校和企业等为主体，特别是已经在黔西设立研究基地的贵州省农科院。深入推进产学研全面合作，加快生物肥料、水溶肥料、高效缓释肥料、生物农药、高效低毒农药、病虫绿色防控产品等新型肥料、农药的研发和推广应用，不断提高化肥和农药的使用效率。

农业多功能利用问题。对于黔西县内生态优势明显，生态资源丰富的地方，生态价值和绿色发展潜力巨大，要实行多措并举，促进生态优势向经济优势转化，充分挖掘农业的多维功能，尤其是生态功能、景观功能、休闲功能、文化传承功能等，大力发展生态农业、休闲农业、观光农业、创意农业等，推进农业的景观化改造和产业链多维延伸，实现农业的纵横向融合和一体化，促进农民增收、农业增效、农村增绿；应充分利用黔西乡村的生态优势，培育发展一批能够带动农民增收、具有竞争力和影响力的生态产业、生态企业、生态品牌和生态村庄，制定实施分类指导的乡村生态振兴标准、考核指标和示范体系，加快促进潜在的生态优势转化为现实的经济优势，真正让"绿水青山"变成"金山银山"；可以考虑建立完善市场化多元化的生态补偿机制，尤其是要启动农业生态价值的核算，以生态价值为基础，积极争取国家政策支持，开展好农业生态价值补偿的试点工作。

2. 乡风文明的推动——文化建设

乡风文明建设既是乡村振兴的重要内容，也是乡村振兴的重要推动力量和软件基础。同时，乡风文明也是农民提高自身素质、增强幸福感的需要。坚持物质文明和精神文明一起抓，以社会主义核心价值观为引领，将现代文化中新的思想理念、道德标准、行为准则与黔西丰富多彩的民族文化相结合，加快形成道德文化进步、现代文化活跃、民族文化兴盛、乡土文化传承、生态文化繁荣的乡村文明新风尚。乡风文明建设应坚持农民是建设主体的原则，要有整体规划，在体系建设上下功夫。乡风文明建设需从乡村的实际情况出发，用好农村各种传统文化资源；要始终尊重农民的文化需求和文化创造，着力塑造新时代农民的精神面貌。

一是深入开展乡村文明行动。持续推进农村精神文明建设，提高农民思想觉悟、道德水准和文明素养，提高农村社会文明程度，奠定乡村振兴的思想道德基础。二是传承发展乡村优秀文化。文化是乡村存活的灵魂，不同类型的乡村都存在各自的特色文化，倡导村民投入到乡村文化资源抢救挖掘行列，传承乡村文脉，提升乡村品质，繁荣乡风文明。三是推动乡村公共文化建设。推动城乡公共文化服务体系融合发展，增加优秀乡村文化产品和服务供给，活跃繁荣农村文化市场，为广大农民提供高质量的精神营养。四是发展乡村特色文化产业。倡导乡村经济多元发展，培育发展乡村文化产业，培育多个文化产业带和文化产业集群，打造乡村文化产业品牌，健全乡村特色文化市场主体，实现乡村文化振兴。

3. 治理有效的推动——制度创新

在费孝通看来，"陌生人所组成的现代社会是无法用乡土社会的习俗来应付的"，乡土社会的礼治秩序就不足以应对愈加复杂的乡村利益纠纷和社会矛盾，只有制度约束力才是不可或缺的前提条件。因而在市场经济的现代社会，契约制度成为陌生人紧密地联结到一起的黏合剂，每一个人都极大地依附于制度。从这个意义上来说，契约制度意味着社会公共秩序的存在，所有市场经济的社会都生存在契约制度之下。因此，市场经济必然是契约经济、制度社会，乡村振兴的市场逻辑就必然是制度逻辑。在推进农业农村现代化进程中，乡村发展不是一个封闭的体系，而是一个开放的体系，需要现代性的各种要素进入乡村。尽管中国乡村社会已经全面卷入市场经济浪潮之中，但由于处于社会大转型时代，一方面，熟人社会秩序无疑已经极大弱化，另一方面，与市场经济相适应的现代经济制度秩序还未完全建立。没有有效的现代经济制度作为保障，各种市场要素缺乏安全感就会望而生畏不敢下乡。在市场经济下，乡村振兴首先不是钱的问题，也不是人才的问题，而是制度的问题。

黔西要实现乡村治理体系和治理能力现代化，关键是怎样构建乡村社会价值与利益的命运共同体。在乡村振兴的市场逻辑中，从宏观层面而言，必须破除城乡二元结构，在城乡平等发展中建立城乡融合发展的体制机制与政策体系，确保下乡资本等要素的市场权利安全。从微观层面而言，迫切需要用现代经济的契约制度来整合与规范乡村的制度体系，从而形成市场利益共享的现代乡村制度框架和治理结构。依靠黔西在脱贫攻坚过程中建立的新时代农民（市民）讲习所、农村合作社，构建宏观层面的乡村社会价值与利益的命运共同体，建立完善"农民公投""农民合作社"的乡村自治体制。黔西必须继续坚持制度创新，走向分工经济，实现从土地规模经营向服务规模经营转变，同时强化政策性导向，鼓励社会资本进入农业生产性服务行业，构建与农业生产性服务外包相匹配的财政、税收、土地、信贷、保险等支持政策。

第十章

黔西脱贫攻坚的
经验启示与思考展望

当前，全球有7亿多人口生活在极端贫困之中，消除贫困是全球共同面临的重大挑战。党的十八大以来，党中央把脱贫攻坚作为全面建成小康社会的底线任务和标志性指标，作出一系列重大部署。党的十九大以后，党中央把打好精准脱贫攻坚战作为全面建成小康社会的三大攻坚战之一，成功走出了一条中国特色扶贫开发道路，使数亿农村贫困人口成功脱贫，实现了历史性跨越。习近平总书记深刻指出，在发展中国家中，只有中国实现了快速发展和大规模减贫同步，贫困人口共享改革发展成果，这是一个了不起的人间奇迹。联合国秘书长古特雷斯认为，中国在减贫方面的骄人业绩，对全球产生了积极的"溢出效应"，中国的经验可以为其他发展中国家提供有益借鉴。贵州是全国脱贫攻坚的主战场，毕节是贵州脱贫攻坚的主战场，黔西则是毕节战场的首战场。在脱贫攻坚历程中，黔西取得了重大成就，成为中国首批脱贫出列县，积累了具有长远启发意义的经验，为中国新时代的脱贫攻坚实践乃至全球贫困的减轻或消除提供了有益借鉴。

第一节　黔西脱贫攻坚的经验与启示

改革开放以来，针对长期的绝对贫困问题，黔西人民走上了艰苦卓绝的脱贫之路。总体上来看，黔西脱贫攻坚经历了以下四个前后延续的阶段，即脱贫攻坚的探索起始阶段（1987—1999 年）、加速推进阶段（2000—2012 年）、精准施策阶段（2013—2018 年）与巩固提高阶段（2018 年至今）。30 多年来，经过自身的艰苦奋斗和外部大力支援，黔西经济发展突飞猛进，人民生活水平极大提高，生态恶化有效遏制，城乡面貌重大改观，社会治理日趋完善，人民群众的获得感、幸福感、安全感、满意度显著增强。

黔西走出了一条有自身特色的脱贫致富之路，为中国其他区域和世界贡献了一个良好样本，其成功的经验和措施值得深入总结与提炼。实地调研及理论思考发现，该县在脱贫攻坚中将彼此关联的各种积极因素综合起来，构成合力，形成一种所谓的"内外兼修，推拉联动"模式，是脱贫攻坚取得巨大成效的基本经验。其中，"内外兼修"主要是指：其一，新时代农民（市民）讲习所激发了群众脱贫致富内生动力。黔西县以新时代农民（市民）讲习所为主要阵地，集中全面地展开了大范围的群众宣传讲习活动，实现群众思想从"要我脱贫"到"我要脱贫"的转变，为实现精准扶贫、精准脱贫提供精神动力。黔西县新时代农民（市民）讲习注重"讲"与"习"相结合。聚焦贫困群众"智力"与"志气"提升，围绕"由谁讲""讲什么""怎么讲"三个重点，紧扣广大群众所需所盼，实行"问需式"讲习，大力开展"六讲六干"讲习活动，为打好打赢脱贫攻坚战提供精神动力、理论支撑和方法指导，在夺取脱贫攻坚战全面胜利中取得了明显成效。其二，共产党领导下的多党合作开启了脱贫攻坚的外部帮扶之门。毕节试验区创建至今，黔西县积极主动与民建中央沟通协调，争取民建中央的积极支持。多年来，民建中央坚持精准扶贫、精准脱贫基本方略，紧紧围绕"三大主题"，在资金、项目、人才等方面提供了大量支持，共同推动黔西经济社会发展取得长足进步，以实际行动和优异成绩彰显了共产党领导的多党合作和政治协商制度的优越性，为黔西脱贫摘帽做出了突出贡献。

"推拉联动"主要是指：其一，加强党的建设为脱贫攻坚指明了方向和路径。黔西始终坚持党对一切工作的领导，始终坚持以"大党建"统领"大扶贫"，积极践行新时代党的组织路线，充分发挥各级党组织统揽全局、协调各方的领导核心作用。始终抓住党建这个"牛鼻子"。进一步健全完善总支连支部、支部连小组、小组连党员、党员连农户的基层党组织机制，突出抓好乡镇党委书记、村支部书记、农村致富带头人"三支队伍"建设。坚持建机制，聚活力，强化党的建设，夯实党的基层战斗堡垒作用，着力打造一支敢打硬仗、能打胜仗的脱贫攻坚"铁军"。通过增强党对脱贫攻坚的思想引领、组织引领和行动引领，保障脱贫攻坚打法的正确性和先进性，保障所有行动始终沿着正确的路径、朝着正确的方向前行。其二，创新涉农资金管理体制机制与金融支持模式为脱贫攻坚提供积极的资金支持，为解决"支农资金多头管理、使用分散、带动效率差、整体效益不高"等难题，黔西始终坚持"部门联动、政策集成、资金集中、资源整合"与"规划在前、项目跟进，创新机制、搭建平台"的管理理念，创新建立支农项目库制度和多方参与、联动协调的项目立项机制，着力完善项目牵引带动社会投入机制，创新群众评议、专家评估、项目管护制度等监督、管理机制，最终形成"多个渠道引水，一个龙头放水"的财政涉农资金整合机制，最大限度地发挥了涉农资金的脱贫攻坚效益。同时，黔西将金融扶贫作为净化产业扶贫生态的重要一环，着力推动贫困地区形成政府主导、市场引导、贫困户响应、相互促进、共同参与的贫困治理机制，帮助贫困地区和贫困户树立市场意识和责任意识，变被动扶贫为主动脱贫，取得良好成效。其三，农旅融合新业态为群众持续增收和乡村振兴夯实了产业基础。黔西立足农业发展、生态条件与资源禀赋，确定以农旅融合助力产业发展新思路，根据各地区实际，因地制宜建立各具特色的农旅融合模式。通过这一模式建设了一批美丽乡村。采取"景区+贫困户""公司+贫困户"等多种方式，引导贫困农民直接参与旅游经营和旅游接待服务，支持农民通过出售农副土特产品或土地流转获得收入，鼓励农民通过资金、人力、土地等参与乡村旅游经营获取股利分红，农旅融合不仅增加了农民收入，同时有效改善了生态环境，夯实了农村产业基础，探索出一条群众增收、产业发展与生态优化共赢之路。

第二节　黔西脱贫攻坚的思考与展望

黔西脱贫攻坚取得了巨大成效，积累了宝贵经验。但是，面对未来的返贫风险和任重道远的乡村振兴之路，必须清醒地认识现有的成绩，从战略的高度思考下一步努力的方向，从战术上做好预判性部署，未雨绸缪。

一、构建返贫预警和防范机制

贫困县摘帽后不能马上撤摊子、摘责任、丢政策、放松监管和帮扶，必须建立返贫预警监测机制，防止返贫现象发生，进一步巩固提升脱贫成效。未来应该着力构建防范返贫四大机制。

（一）建立完善的预警机制

主要内容包括：一是进一步完善基层跟踪回访制度。通过基层干部不定期跟踪回访和返贫户自行申报等多种途径，及时掌握脱贫户返贫情况。二是实行预警分级管理。针对脱贫对象构建定向跟踪数据录入监测系统，根据严重程度可由高到低分别标识为红色、橙色、黄色三个区域。对纳入红色预警区的脱贫户给予重点关注，及时拿出应对方案。对确认返贫的家庭，及时纳入扶贫对象，参照初次脱贫的办法，继续给予帮扶，直至重新脱贫。

（二）建立精准的识别机制

主要内容包括：一是畅通渠道，及时发现。各级扶贫部门应建立电话、网络平台，畅通信息收集、整理、反馈渠道。通过基层上报、个人申请等措施及时发现返贫户。二是严格标准，精准识别。既要坚持标准又不盲目提标，参照贫困户认定标准，遵循现场调查、群众评议、乡镇审核、县级认定程序，准确识别返贫户并及时纳入帮扶对象，推进返贫人口再脱贫。三是跟踪回访，动态管理。发挥基层干部、包户干部积极作用，对脱贫户进行定期跟踪回访。帮扶联系人和村扶贫专干要经常走访，特别是对脱贫户继续享受脱贫攻坚政策和增收项目实施情况密切关注。

（三）建立利益联结机制

建立紧密的利益联结机制，是稳定脱贫、防止返贫的重要保证。主要内容包括：一是建立新型农业经营主体带动贫困户的利益联结机制。通过政策引导，将产业扶持与扶贫相挂钩，鼓励龙头企业、农民合作社、家庭农场等新型农业经营主体，通过土地托管、牲畜托养、土地经营权股份合作等方式，扶持贫困人口就业，带动周边群众稳定脱贫。二是积极推进农村集体产权制度改革。将农村集体经营性资产以股份或者份额的形式量化到本集体成员，保障贫困户获得收益和共享发展机会。三是扎实推进"资源变资产、资金变股金、农民变股东"改革。在贫困地区扎实开展"三变"改革，盘活农村集体资源、资产和资金，激活农村各类生产要素潜能，采取"经营主体+基地+贫困户""经营主体+集体+基地+贫困户""旅游公司+贫困户""旅游公司+集体+贫困户"等多种形式，发展股份合作，着力发展贫困地区现代农业、壮大贫困村集体经济、增加贫困户收入。

（四）建立政策保障机制

脱贫政策保障机制就是要建立可持续稳定脱贫机制，防止脱贫户返贫。主要内容包括：一是完善政策兜底保障。政府应逐年提高农民的基础养老金、低保线、五保线和医疗保障水平。二是保持政策的连续性。将贫困户"扶上马"还要"送一程"，落实好中央和贵州省的有关规定，坚持贫困户"脱贫不脱政策"，即建档立卡脱贫户可以继续享受脱贫扶持政策。三是明确将要延续的政策。明确延续的政策范围，以减少工作中的矛盾，同时打消脱贫户的顾虑，给贫困群众吃上"定心丸"。四是提前谋划关键政策衔接事项。

二、加快衔接和推进乡村振兴战略

黔西卓有成效的扶贫、脱贫工作为乡村振兴战略的实施做了大量准备工作，二者有较高程度的衔接，但仍然存在一些需要改进的地方，必须在理论、体制机制、战略、政策等方面找准乡村振兴与脱贫攻坚的结合点，打好组合拳。

（一）理论认识上的有效衔接

主要内容包括：一是注重理论指导的连续性，深刻领会并贯通把握习近平总书记关于扶贫工作重要论述和乡村振兴战略思想精神实质，将理论武装贯穿于实施乡村振兴战略的始终。二是在乡村振兴工作中继续坚持脱贫攻坚过程行之有效的原则要求。三是站在实现"两个一百年"奋斗目标的战略高度认识乡村振兴的重大意义，将其作为经济社会发展的一号工程和最大民生，真正把推进乡村振兴摆在更加突出的优先位置。

（二）体制机制上的有效衔接

主要内容包括：一是借鉴脱贫攻坚成功经验，贯彻执行"中央统筹、省负总责、市县乡抓落实"工作机制，强化各级书记抓乡村振兴的制度保障，研究出台责任落实、工作推进、督查考核等方面实施细则。二是适时调整并优化各乡镇乡村振兴协调机制规格和人员编制，指导各乡镇逐步将工作重心全面转移到乡村振兴上来。三是加大农村综合改革力度，尤其是农村土地制度、产权制度等"三农"发展亟须的改革事项，有效激发农村发展内生动力。

（三）战略规划上的有效衔接

充分吸纳脱贫攻坚的经验和成果，并将其融入推进乡村振兴的顶层设计和政策措施之中，着力在巩固提升、提质转化上做好文章。对照中央、省市《乡村振兴战略规划（2018—2022年）》等系列文件精神着重在生态产业、战略新兴产业、重大基础设施、农村人居环境整治等方面细化完善各专项实施方案。

（四）政策措施上的有效衔接

主要内容包括：一是按照推进乡村振兴的目标要求，总结梳理脱贫攻坚中成熟的理论成果、实践经验，在国家和贵州省、毕节市的政策体系下完善本县乡村振兴政策体系、制度框架。二是重点强化对产业发展加工、销售环节及其对农户利益联结的补助力度，逐步补齐"产业发展这一最大短板"。三是加快推进农村土地制度、集体产权制度改革和深化农村"三变"改革等重点农村改革，有效破除体制机制弊端，盘活农村资源、资产，激发农村发展活力。四是鼓励金融资本、社会资本参加乡村振兴，同时积极争取国家和省级的财政转移支付资金。

三、进一步发挥农民讲习所价值

等、靠、要禁锢了人的思想，无所作为让人变得呆滞而僵化，因循守旧难以让"三农"释放生机与活力。所以，只有和时代的脉搏一起跳动，从而创造出富有成效的新机制，方能带领群众走出贫困的夹缝和"沼泽"。千言万语地疏通劝说，千方百计地谋求发展，千辛万苦地致力发展，在新的历史条件下，黔西创新发展农民讲习所，大胆向旧有的思维即精神贫困挑战。这种创新思想是新时期自力更生、艰苦奋斗的生动诠释，是基层党组织不忘初心、扶贫创业的生动活剧。新时代的农民讲习所被赋予了新的内涵。重在扶贫先扶志、治穷先治愚、脱贫先脱旧，以精神层面的脱贫促进物质层面的脱贫，以文化小康助推全面小康，为实施脱贫富民和乡村振兴战略提供强大精神动力、智力支持、道德滋养和文化条件。

习近平总书记在参加党的十九大贵州省代表团讨论时强调，新时代的农民讲习所，赋予它新的内涵，这是创新。作为新时期中国共产党开展群众思想政治工作的新载体，农民讲习所在贫困县摘帽后仍然应该发挥更大作用，应继续不忘初心、砥砺前行，把讲习所开好办好，使之继续成为凝心聚力的大阵地、脱贫攻坚的大课堂、同步小康的大本营。

四、充分发挥金融赋能作用

脱贫攻坚和乡村振兴的最大障碍之一是资金匮乏，金融支持是净化产业扶贫生态的重要一环，是输血式扶贫变为造血式扶贫的重要渠道。在根本上，造血式扶贫的实质是打通城乡要素的自由流动渠道，让贫困地区生产要素自由流动，让贫困地区和贫困人口的土地与资源按照市场原则得到合理配置。实践证明，在所有的精准扶贫举措和办法中，金融扶贫最综合、最有效，也最持久。从更广阔的背景和时代发展需要考量，金融介入扶贫攻坚具有全局和战略的多重意义，能够产生多方面的溢出效应，尤其是为乡村振兴打下坚实的产业基础与市场化基础，黔西县的工作实践也深刻证实了这一贡献。

长期以来，黔西部分地区的部分群众信用意识淡薄，贫困户时常存在违约、失信、逃债等现象，而失信惩戒手段有限，导致整体信用环境不佳，农村金融供给受到抑制。金融机构扶贫贷款一旦形成不良，短期内无法消化。因此，受农村扶贫固有的高风险、低收益特点制约，各商业银行过分偏好资产抵押，而大部分贫困户缺乏资产抵押和保证担保等，扶贫贷款投入不足。这一现象虽然不多，但在一些地区确实客观存在。因此，需要创新体制机制，不断提升金融机构参与扶贫的积极性，积极引导金融机构精准对接特色产业金融服务需求，不断开发新型信贷产品，平衡好商业利益和社会责任的关系，积极发展普惠金融。

参考文献

1. 《习近平谈治国理政》第一卷，外文出版社 2018 年版。

2. 《习近平谈治国理政》第二卷，外文出版社 2017 年版。

3. 《习近平关于社会主义社会建设论述摘编》，中央文献出版社 2017 年版。

4. 《习近平总书记系列重要讲话读本》，学习出版社、人民出版社 2016 年版。

5. 习近平：《决胜全面建成小康社会　夺取新时代中国特色社会主义伟大胜利——在中国共产党第十九次全国代表大会上的报告》，人民出版社 2017 年版。

6. 《十八大以来重要文献选编》（下），中央文献出版社 2018 年版。

7. 《胡锦涛文选》第一卷，人民出版社 2016 年版。

8. 黔西县地方志编撰委员会：《黔西县志》（1986—2007），方志出版社 2008 年版。

9. 黔西县志编写委员会：《黔西县志》，贵州人民出版社 1990 年版。

10. 中国营养学会：《中国居民膳食指南（2016）》，人民卫生出版社 2016 年版。

11. 何桂芳：《喀斯特山区土地生产潜力和人口承载力研究——以黔西县为例》，贵州大学 2006 年硕士学位论文。

12. 巢洋、范凯业、王悦：《乡村振兴战略：重构新农业》，中国经济出版社 2019 年版。

13. 汪三贵、刘未：《"六个精准"是精准扶贫的本质要求——习近平精准扶贫系列论述探析》，《毛泽东邓小平理论研究》2016 年第 1 期。

14. 张志胜：《精准扶贫领域贫困农民主体性的缺失与重塑——基于精神扶贫视角》，《西北农林科技大学学报》2018 年第 3 期。

15．安华：《刺激消费拉动经济增长的政策反思——基于逻辑学的分析视角》，《理论学刊》2008 年第 2 期。

16．陈耀、陈钰：《资源禀赋、区位条件与区域经济发展》，《经济管理》2012 年第 2 期。

17．韩会庆、李松等：《贵州省贫困发生率与生境退化程度相关性分析》，《湖南师范大学自然科学学报》2017 年第 3 期。

18．张晓艳、张玲：《基于增强脱贫内生动力的贫困人口主体性培育》，《未来与发展》2018 年第 8 期。

19．牛祥荣、王启蒙：《让新时代农民讲习所思想之火燎原祖国大地》，《农村经济与科技》2019 年第 19 期。

20．叶浩豪：《毛泽东主办广州农民运动讲习所的思想基础和实践经验》，《广州社会主义学院学报》2019 年第 3 期。

21．蔡晓良、谢强、陈宝国：《习近平新时代精准扶贫思想研究》，《广西社会科学》2017 年第 12 期。

22．李佳：《"讲"出精气神 "习"出新作为——新时代农民（市民）讲习所现场观摩研讨会专家发言摘登》，《当代贵州》2018 年第 27 期。

23．黄承伟：《习近平扶贫思想体系及其丰富内涵》，《中南民族大学学报》2016 年第 6 期。

24．杨颖：《法制社会公民法律意识的培养与塑造》，《法制与社会》2018 年第 11 期。

25．燕连福、马亚军：《习近平扶贫重要论述的理论渊源、精神实质及时代意义》，《马克思主义与现实》2019 年第 1 期。

26．韩广富、葛一璇：《习近平新时代脱贫攻坚思想及其指导意义》，《东北师大学报（哲学社会科学版）》2018 年第 3 期。

27．徐方方：《民族地区旅游扶贫开发路径研究——以黔东南台江县为例》，《中国集体经济》2017 年第 16 期。

28．项晓艳：《全域旅游驱动乡村振兴：内在机理与实践路径》，《江南论坛》2019 年第 11 期。

29．李莉：《休闲农业的五大模式》，《农村百事通》2019 年第 8 期。

30．来玲、吴欣月：《利用红色旅游文化促进革命老区经济发展探讨——以黄冈市红安县为例》,《中国集体经济》2019年第39期。

31．杨志国:《共享经济模式下乡村度假休闲旅游资源开发路径》,《农业经济》2019年第8期。

32．莫光辉、张菁:《绿色减贫:脱贫攻坚战的生态精准扶贫策略》,《广西社会科学》2017年第1期。

33．李强:《持续推进财政涉农资金统筹整合最大限度发挥涉农资金整体效益》,《发展》2019年第11期。

34．黄承伟:《党的十八大以来脱贫攻坚理论创新和实践创新总结》,《中国农业大学学报(社会科学版)》2017年第5期。

35．陈明华、刘玉鑫:《农村普惠金融助力全面脱贫攻坚》,《马克思主义与现实》2019年第5期。

36．陈健:《习近平新时代精准扶贫思想形成的现实逻辑与实践路径》,《财经科学》2018年第7期。

37．韩广富:《习近平关于新时代教育脱贫重要论述的主要内容及其指导意义》,《思想政治教育导刊》2018年第11期。

38．周刚:《精准扶贫要变"大水漫灌"为"精准滴灌"》,《协商论坛》2017年第2期。

39．鲁春艳:《实施精准扶贫、精准脱贫的难点及对策建议》,《农村经济》2016年第7期。

40．陈运贵:《乡村文化振兴的逻辑内涵探究》,《湖北经济学院学报(人文社会科学版)》2019年第11期。

41．王先山、徐少炜:《五位一体总布局视角下的习近平精准扶贫思想的维度分析》,《中共济南市委党校学报》2018年第4期。

42．李定林:《传达学习贯彻习近平总书记对毕节试验区工作的重要指示精神》,《贵阳日报》2018年7月26日。

43．李淼:《汇聚起乡村全面振兴的蓬勃动力》,《四川日报》2018年3月7日。

44．王文伟:《奋力推进乡村振兴 打造齐鲁样板》,央广网,2019年3月4日。

45．李丹华:《这是一个了不起的人间奇迹》,求是网,2019年8月19日。

后　记

　　脱贫攻坚是实现我们党第一个百年奋斗目标的标志性指标，是全面建成小康社会必须完成的硬任务。党的十八大以来，以习近平同志为核心的党中央把脱贫攻坚纳入"五位一体"总体布局和"四个全面"战略布局，摆到治国理政的突出位置，采取一系列具有原创性、独特性的重大举措，组织实施了人类历史上规模空前、力度最大、惠及人口最多的脱贫攻坚战。经过8年持续奋斗，现行标准下9899万农村贫困人口全部脱贫，832个贫困县全部摘帽，12.8万个贫困村全部出列，区域性整体贫困得到解决，完成了消除绝对贫困的艰巨任务，脱贫攻坚目标任务如期完成，困扰中华民族几千年的绝对贫困问题得到历史性解决，取得了令全世界刮目相看的重大胜利。

　　根据国务院扶贫办的安排，全国扶贫宣传教育中心从中西部22个省（区、市）和新疆生产建设兵团中选择河北省魏县、山西省岢岚县、内蒙古自治区科尔沁左翼后旗、吉林省镇赉县、黑龙江省望奎县、安徽省泗县、江西省石城县、河南省光山县、湖北省丹江口市、湖南省宜章县、广西壮族自治区百色市田阳区、海南省保亭县、重庆市石柱县、四川省仪陇县、四川省丹巴县、贵州省赤水市、贵州省黔西县、云南省西盟佤族自治县、云南省双江拉祜族佤族布朗族傣族自治县、西藏自治区朗县、陕西省镇安县、甘肃省成县、甘肃省平凉市崆峒区、青海省西宁市湟中区、青海省互助土族自治县、宁夏回族自治区隆德县、新疆维吾尔自治区尼勒克县、新疆维吾尔自治区泽普县、新疆生产建设兵团图木舒克市等 29 个县（市、区、旗），组织中国农业大学、华中科技大学、华中师范大学等高校开展贫困县脱贫摘帽研究，旨在深入总结习近平总书记关于扶贫工作的重要论述在贫困县的实践创新，全面评估脱贫攻坚对县域发展与县域治理产生的综合效应，为巩固拓展脱贫攻坚成果同乡村振兴有效衔接提供决策参考，具有重大的理论和实践意义。

脱贫摘帽不是终点，而是新生活、新奋斗的起点。脱贫攻坚目标任务完成后，"三农"工作重心实现向全面推进乡村振兴的历史性转移。我们要高举习近平新时代中国特色社会主义思想伟大旗帜，紧密团结在以习近平同志为核心的党中央周围，开拓创新，奋发进取，真抓实干，巩固拓展脱贫攻坚成果，全面推进乡村振兴，以优异成绩迎接党的二十大胜利召开。

由于时间仓促，加之编写水平有限，本书难免有不少疏漏之处，敬请广大读者批评指正！

本书编写组

责任编辑：刘海静

封面设计：姚　菲

版式设计：王欢欢

责任校对：张红霞

图书在版编目（CIP）数据

黔西：内外兼修助脱贫/全国扶贫宣传教育中心 组织编写. —北京：人民出版社，
　2022.10

（新时代中国县域脱贫攻坚案例研究丛书）

ISBN 978－7－01－025182－0

Ⅰ.①黔…　Ⅱ.①全…　Ⅲ.①扶贫-研究-黔西县　Ⅳ.①F127.734

中国版本图书馆 CIP 数据核字（2022）第 193675 号

黔西：内外兼修助脱贫

QIANXI NEIWAI JIANXIU ZHU TUOPIN

全国扶贫宣传教育中心　组织编写

人民出版社 出版发行

（100706　北京市东城区隆福寺街 99 号）

北京盛通印刷股份有限公司印刷　新华书店经销

2022 年 10 月第 1 版　2022 年 10 月北京第 1 次印刷

开本：787 毫米×1092 毫米 1/16　印张：16.5

字数：229 千字

ISBN 978－7－01－025182－0　定价：49.00 元

邮购地址 100706　北京市东城区隆福寺街 99 号

人民东方图书销售中心　电话（010）65250042　65289539